교육과 공부

'학생들이 주도적으로 공부하려면 어떻게 해야 할까?'

::

함세정 저

학지사

/ 머리말 /

이 책은 기본적으로 '학생들이 교과를 주도적으로 공부하게 하려면 어떻게 해야 할까?' 하는 궁리 끝에 기획하게 되었다. 누구나 세상에 태어나는 순간부터 죽는 순간에 이르기까지 숙명적으로 하게 되는 것이 공부다. 하지만 실제로는 적지 않은 사람들이 초등학교 시절부터 어떻게 공부해야 하는지를 잘 모르고 우왕좌왕하는 모습을 보이는 것이 숨길 수 없는 현실이다.

물론 간혹 남다른 능력으로 공부의 핵심을 꿰뚫고 일찍부터 발군의 실력을 발휘하는 유능한 학생들이 없는 것은 아니다. 하지만 대부분의 학생은 학년의 고하를 막론하고 높은 시험 성적을 얻기 위해 교과를 단순히 암기하거나 관련 문제를 풀어 해결하는 것을 공부하는 것으로 생각하고 각종 암기 요령이나 해당 문제집을 찾아 동분서주한다. 이것은 학생들이 도대체 왜 공부를 하는 것인지, 어떻게 하는 것인지 등에 대하여 나름대로의 분명한 생각을 갖고 있지 못한 것이기 때문이다. 이러한 문제의 커다란 원인 중의 하나는 대학입시에서 찾아볼 수 있다.

사실 오늘날 우리나라 공교육의 원동력은 대학입시에 있다고 해도 과언이 아니다. 이 점에 착안하여 교육당국은 초·중등교육을 개선

한다는 명목하에 거의 해마다 대학입시 정책을 뒤바꾸고 있다. 이처럼 모든 학교교육을 오로지 대학입시의 관문을 통과하기 위한 과정으로 단순 도식화하여 판단한다. 교육은 학생들의 장래를 위한 든든한 토대를 마련하여 주는 것이라는 기본적 인식마저도 망각하고 있다. 여기에서 국가의 교육관을 운운하는 것은 아무런 의미가 없다.

이러한 국가의 그릇된 인식은 수많은 학생들로 하여금 오직 일류대학을 향한 집념에서 단 한 치도 벗어날 수 없도록 강요한다. 주지하는 바와 같이 초·중등학교에 다니고 있는 대다수의 학생은 오로지 대학입시를 위한 긴박한 경쟁에 쫓기어 정작 성장 과정에서 스스로 자신의 삶을 주도적으로 체험해 볼 수 있는 기회마저 빼앗겨 그들의 진정한 꿈과 이상을 찾지 못한 채 방황한다.

그러나 이처럼 학생들이 오로지 높은 시험 점수를 얻는 것만이 공부하는 것이라고 철칙처럼 믿고 있는 현실에서 하루속히 벗어나지 않는 한 결코 참다운 교육을 논할 수가 없다.

이런 현실에서 필자는 우리나라 교육이 바로 서기 위해서는 무엇보다 학생들에게 공부한다는 것이 무엇인가를 제대로 알려 줄 필요가 있다는 생각에 이르게 되었다. 그리하여 일차적으로 1996년 6월 '교육과 공부'라는 홈페이지(https://www.ok.ac.kr/sjham~, 현재는 폐쇄됨)를 개설하여 '공부란 무엇인가'라는 글에 관한 다양한 자료를 제공하였다. 개설 초기에는 주로 공부의 개념과 그에 관한 참고할 만한 기본적 내용을 알려 주는 일에 주력하였고, 그 이후에는 학습과 공부, 공부 방법, 독서, 교과 공부 등의 심층적 내용들을 차례로 보강하였다.

그런데 막상 홈페이지를 개설한 이후 수년이 경과되면서 여기에 집중되는 반향을 보니 그것은 우리의 현실적 교육 풍토를 개선하기에는 아무런 도움이 되지 못한다는 사실을 깨닫게 되었다. 어느 정도 예상은 하였지만 우리의 학교교육이 그토록 심각하게 시험 성적과 연계되어 있을 것이라고는 미처 예상치 못하였다. 즉, 진정으로 자신을 위해서 공부하는 일과 학교 성적을 관리하는 일은 서로 다른 것이라는 점을 아무리 인식시키려고 해도 학생들이나 학부모들에게는 한갓 헛된 구호에 그칠 뿐이었다. 이것은 난감함을 넘어서 처참함 그 자체였다. 결국 홈페이지를 접을 수밖에 없었다.

그동안 홈페이지에 실린 글에 대하여 적지 않은 호응과 몇몇 뜻있는 분의 격려도 있었다. 하지만 필자의 당초 의도와는 달리 학교 성적에 대한 학생들과 학부모들의 한결같은 집착은 난공불락(難攻不落)의 철옹성과도 같다는 생생한 현실을 그저 확인하는 것으로 만족해야 했다. 좀 더 분명하게 말하면, 학교에서 공부를 한다는 것이 바로 좋은 점수를 얻는 것이라는 단순 도식을 벗어나 진정으로 공부가 무엇인가를 깨닫는 것에 이르기까지는 아무나 쉽게 건너지 못하는 심연의 괴리가 엄연히 존재하고 있음을 뼈저리게 느낄 수밖에 없었다.

물론 학생들과 학부모들의 입장에서 볼 때 그렇게 생각할 수밖에 없는 사회적 요인 또는 교육의 제도적 요인이 있는 것은 사실이다. 하지만 그것은 결코 공부의 길이 아닐 뿐만 아니라 오히려 해로움이 더 크다고 분명히 말할 수 있다. 우리 사회가 교육과 공부에 대한 올바른 인식을 외면할수록 학교교육은 더욱더 붕괴될 수밖에 없다. 이와 같은 조짐은 이미 여러 가지 현상을 통하여 확인되고 있다. 정규 학교교육보다는 사설 학원 교습의 성행, 도피성 해외 유학의 증가, 영어교육의 이상 과열 현상 등은 우리 사회가 당면하고 있는 대표적 교육 문제들이다.

예컨대, 밤낮을 가리지 않고 각종 학원이나 해외에 있는 학교로 마구잡이로 내몰리고 있는 어린 학생들이 점차 활기를 잃고 시들어 가고 있다. 일찌감치 학교 공부에 흥미를 잃어버린 수많은 학생은 뚜렷한 목표와 대책도 없이 매일 반복되는 수업 시간을 힘겹게 보내고 있는 것이다. 이와 같은 여러 현상의 원인이 오로지 입시제도에 있다고 할 수는 없지만, 문제는 본말이 전도되어 자기주도적인 공부 본래의 의미가 심각하게 왜곡되는 현상을 피할 수 없다는 점이다. 실제로 세칭 일류 대학의 학생들마저 수동적 학교생활로 인하여 기초학력이나 사회 적응력이 부족하여 별도의 보완조치를 받지 않으면 안 되는 실정에 있다.

이제 이와 같은 교육 문제는 단순히 학교교육의 문제만이 아닌 우리 사회가 직면한 수많은 문제 가운데 무엇보다 중요한 문제로 부각되고 있으나, 일순간 쉽게 해결방안을 찾을 수 있는 문제가 아니다. 하지만 분명한 것은 무엇보다 속히 교육에 대한 여러 가지 잘못된 사회적 인식을 바로잡지 않으면 안 된다는 점이다. 교육의 문제는 우리 사회 모두의 운명이 걸린 문제이다. 교육 문제의 해결 없이는 결코 우리 사회의 발전을 기약할 수 없다.

이 책은 이와 같은 사회적 또는 제도적 모순과 갈등을 바로잡아 나가기 위해 관련 제도나 법적 조문을 개선해 나가기보다는 교육의 가장 근간이 되는 '교육과 공부'의 핵심적 의미를 많은 사람이 보다 정확하게 인식하는 것이 더 중요하다는 판단 아래 기획되었다. 즉, 교육과 공부에 대한 정확한 인식이 비록 지금은 의미 없는 것으로 여겨지고 혹 비난을 면치 못하는 일이 있다 할지라도 언제인가는 어린 학생들이 그들의 바른 길을 찾아가는 데 반드시 도움이 될 것이라는 판단 아래 그동안 홈페이지에 올려놓았던 내용에 기반을 두어 조금 더 체계적으로 보완하여 이 책의 내용을 구성하였다.

이 책의 내용이 처음에는 다소 이해하기조차 어렵고 실천하기 힘들다 해도 '진정으로 자신을 연마하기 위한 공부'를 하기 위해서는 다른 길이 없기에 어느 정도 뜻이 분명히 드러날 때까지 계속 반복하여 읽어 나가는 것이 중요하다.

이 책은 본래 어린 초 · 중등학생들을 대상으로 기획한 것이나 책으로 재구성하는 과정에서 논의가 요구되는 측면이 부각되어 부득이 대학생 이상의 학생들이 읽을 수 있도록 정리하였다. 하지만 어린 학생들이 있는 가정의 부모님들도 자녀 지도에 활용할 수 있도록 책의 구성을 어느 정도 배려하였다. 모든 가정의 자녀들이 어릴 적부터 바른 공부 습관이 몸에 배어들 수 있도록 지도가 이루어지기를 바랄 뿐이다.

이에 다시 한번 강조하거니와 이 책은 오직 진정으로 자신의 삶을 걱정하고, 그에 따른 준비 과정으로서의 공부에 대한 문제를 제기하고 함께 생각해 보는 장으로서의 역할에만 관심을 두고 있다는 점을 분명히 하고자 한다.

이 책은 교육철학을 정립하기 위한 바탕으로 인간론, 공부의 방향을 정립하기 위한 공부론, 그리고 마지막으로 학교교육의 방향을 정립하기 위한 교육론의 세 부분으로 구성되어 있다. 이 책을 차례대로 차분하게 음미하면서 읽어 나간다면 공부에 대한 보다 바른 길을 찾아 참다운 삶이 이루어질 것이라는 점을 믿어 의심치 않는 바이다.

그리고 유난히도 무더웠던 지난해 여름, 충청대학교 박선영 교수가 시간을 할애하여 원고를 검토해 준 덕에 원고를 탈고할 수 있었다.

끝으로 이 책의 출간을 흔쾌히 허락하여 주신 학지사 김진환 대표님과 설승환 과장님 그리고 관계자 여러분에게 감사드린다.

2019년 4월
다락골 정산재에서
저자 함세정 배

/ 차례 /

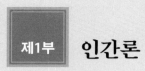

제2부

공부론

제1부

인간론

❶ 삶의 의미

❷ 인간의 심리

❸ 인간과 사회

❶ 삶의 의미

1. 자연과 인간

인간이 일생을 살아감에 있어 무엇보다 분명하게 인식하지 않으면 안 되는 것 중의 하나가 바로 '자연'이다. 흔히 자연은 '스스로 그러한 것' 또는 '천지 만물의 제 현상' 등으로 적당히 생각하는 경향이 적지 않다. 그러나 그것은 그렇게 대충 생각하여 넘길 수 있는 것이 결코 아니다. 인간 자체도 역시 하나의 자연이기 때문이다. 인간이 아무리 자신의 생각에 따라 생을 영위하여 나간다 해도 그 근본은 자연이라는 사실에서 단 한 치도 벗어날 수가 없다. 그러므로 자연에 대한 이해가 부족할수록 주변 환경은 물론 자신에 대한 이해도 부족하게 된다.

일찍이 인류가 학교를 세워 후손들에게 자연에 대한 이해를 증진시켰던 궁극적인 목적도 결국은 인간 자신을 위한 것이었다. 따라서 인간에게 있어서 자연에 대한 이해는 그 무엇보다 우선한다.

자연은 한마디로 '기(氣)의 작용체계'이다. 여기서 기(氣)란 광활한 우주 공간을 빈틈없이 가득 채우고 있는 세상 만물의 가장 원초적 구성단위를 일컫는 말이다. 기(氣)는 항상 서로 간 일정한 취합(聚合)과

이산(離散)을 이어 가는 상호작용을 한다. 이러한 가운데 우주가 형성되고, 우리의 자연환경이 조성된다.

기(氣)를 이해하는 첩경은 그 상호작용의 바탕이 되는 에너지와 작용 원리로서의 이(理)로 구분하여 생각해 보는 것이다. 흔히 세간에서 기(氣)라는 것은 에너지의 의미로 자주 사용된다. 그런 까닭에 간혹 기(氣)와 이(理)를 서로 분리하여 대비되는 성격의 것으로 보는 경우도 있으나 실제로 이들은 분리할 수 없다. 다만, 논리적으로 기(氣)의 작용적 측면과 그 작용의 원리적 측면을 구분할 뿐이다.

현대 물리학에서는 그러한 원초적인 가장 작은 단위로서 원자를 설정해 놓고 있다. 원자는 물체를 이루는 최소단위로서 그 내부에서는 원자핵을 중심으로 양자, 중성자, 전자 등이 양과 음의 전기적 에너지로 나뉘어 일정한 원리에 따라 계속 움직이면서 다른 원자들과 서로 결합하고 분리하는 활동을 이어 가고 있다. 최근에는 양자나 중성자도 힉스(Higgs)와 같은 더 작은 입자로 구성되어 있는 것으로 밝혀지고 있어서 기(氣)의 근원적 실체에 대해서는 이론이 있지만, 아직까지 그 작용의 원리적 측면에서는 변함이 없다.

이러한 의미에서 원자가 지니고 있는 전기적 에너지와 기(氣)를 동일한 것으로 생각하기에는 다소 무리가 있다. 그러나 분명한 것은 양자 모두 일정한 음양의 에너지라고 하는 기(氣)의 측면과 취합과 이산의 원리라고 하는 이(理)의 양측이 논의의 중심을 이룬다는 점에서는 정확하게 일치한다.

일반적으로 사람을 정신과 물질로 구분하여 기(氣)는 물질에 속하고, 이(理)는 정신에 속하는 것으로 생각하는 경향이 널리 퍼져 있다. 그러나 실제로 정신과 물질의 어느 한 측면을 고려하여 구분하는 것은 많은 어려움이 있다.

비록 논리적이기는 하지만 기(氣)를 내·외적으로 구분할 수 있다면 그것은 분명 물질의 특성을 나타내는 것으로 볼 수 있다. 이와 달리 물질이 갖는 감각적 현상의 이면에 항시 그 작용의 원리가 감추어져 있음을 감안한다면 그것은 정신의 특성을 나타낸다. 그러므로 이들은 각기 고정되어 있는 특정한 실체가 아니라 그 작용의 형편에 따라 양측 가운데 어느 한쪽의 현상을 특정하여 자유로이 나타낸다고 보는 것이 더 정확한 표현이다.

여하튼 이(理)는 기(氣)가 내·외적으로 상호작용하는 일정한 활동 법칙이며, 이것은 곧 자연이 자신을 드러내는 기본 질서이다.

기(氣)는 그 자체의 특성과 원리에 따라 기본적으로 음기(陰氣)와 양기(陽氣)의 두 가지 형태가 있다. 동일한 기(氣)는 서로 배척하고, 다른 기(氣)는 서로 호응하여 일정한 균형을 이룬다. 그러나 만일 어느 한쪽이 과다하게 되면 음기는 정적이고 취합하는 작용을, 양기는 활동적이고 이산하는 작용을 위주로 한다. 이러한 작용의 순환이 반복적으로 이루어지는 것이 곧 자연이다.

이러한 기(氣)의 취합과 이산 작용은 다음과 같은 기(氣)의 다섯 가지 성향에 따라 조금씩 다른 양상을 나타낸다.

기(氣)는 기본적으로 양기로서 목기(木氣)와 화기(火氣) 그리고 음기로서 금기(金氣)와 수기(水氣)가 있으며, 조화의 기로서 토기(土氣)와 함께 다섯 가지의 성향으로 구분한다.

목기(木氣)와 화기(火氣) 등 양의 성향에서는 기(氣)가 이산되어 왕성한 활동을 펼치는 한편, 금기(金氣)와 수기(水氣) 등 음의 성향에서는 기(氣)가 취합되어 활동이 위축된다. 즉, 음기와 양기가 일정한 조화를 이루어 나가되 일단 음기가 성하면 취(聚)하여 축적되고, 양기가 성하면 산(散)하여 번성하게 된다. 자연은 언제나 이와 같은 기본 원리를 철저히 고수한다.

이때, 한 가지 더 살펴보아야 할 것은 기(氣)는 항상 상대적 크기를 지니고 있다는 점이다. 주변에 분포되어 있는 기(氣)와 상호 밀접하게 연계되어 취합된 기(氣)나 이산하여 있는 기(氣)는 모두 상대적으로 강한 기(氣)에 흡수되거나 배척된다. 이러한 까닭에 특정한 기(氣)가 아무리 강하게 응집되어 있어도 또한 멀리 떨어져 있어도 기(氣)는 주변 상황에 따라 어느 순간 취합되거나 이산되는 경향을 지닌다.

더 구체적으로 말해, 강한 양기가 상대적으로 더 강한 음기를 만나면 그 양기는 음기로 변하고 그 반대의 경우도 마찬가지다. 이처럼 음과 양이 변화하는 가운데 순간적으로 음기와 양기가 서로 대등한 기세(氣勢)를 이루고 있는 상황을 토기(土氣)라고 한다. 그러나 이것 역시 기(氣)의 특성을 분명하게 지니고 있기 때문에 주변의 여건에 따라 음기 또는 양기로 변화할 수 있다.

이러한 의미에서 보면 자연의 본성은 변화이며, 이것은 기본적으로 기(氣)의 취합과 이산의 작용에 따른 것이다. 결국 자연의 변화는 기(氣)로 이루어진 물체가 생성되거나 소멸되는 현상에 대한 인간의 감각적 차이이다.

이제 여기에서 이러한 기(氣)의 작용에 대한 보다 더 근원적 의미를 살펴보면 다음과 같다.

기(氣)에서 가장 중요한 전제는 그 자체가 본원적으로 항상 동적 성향을 지니고 있다는 점이다. 이것은 두 가지 의미로 구분하여 생각해 볼 수 있다.

첫째, 만일 원소가 기(氣)의 작용에 따른 최소단위라고 가정한다면 그 자체가 스스로 가지고 있는 내적 동력이다.

둘째, 원소들의 분포 여건에 따라 주변에 있는 외부 원소들이 소유하고 있는 에너지의 영향을 받아 나타나는 외적 동력이다.

사실 이러한 구분은 독자의 이해를 돕기 위한 것일 뿐 실제로는 별다른 의미가 없다. 광활한 우주 공간을 가득 메우고 있는 기(氣)는 논리적으로 다소 내·외의 구분이 있을 수 있지만, 에너지 자체는 단지 기(氣)와 기(氣)의 관계적 작용에 지나지 않기 때문이다. 에너지 작용의 현상 측면에서 보면 그것은 오직 관계적 힘만이 존재할 뿐이다. 아무리 거대한 에너지를 지니고 있어도 서로 동일한 세력일 경우 아무런 변화가 나타나지 않으며, 반대로 아무리 작은 에너지라고 할지라도 서로 간 미세한 차이가 있다면 반드시 그에 따른 변화가 분명 발생하기 때문이다.

기(氣)는 이러한 특성으로 인하여 경우에 따라 분화하여 약화되기도 하고, 또 다른 기(氣)와 취합하여 보다 강해지는 현상을 촉발하게 된다. 여기에서 중요한 것은 이와 같은 기(氣)의 관계적인 힘 속에 우주 만물의 생성을 주관하는 신비한 원리로서 '이(理)가 숨겨져 있다'는 사실이다. 이것은 빅뱅 또는 블랙홀 이론 등과 같이 우주의 근원에 대한 논의도 아직까지 명확하게 확립되어 있지 않은 상태이기 때문에 다소 논란의 여지가 있지만, 자연을 이해하는 첩경으로서의 가능성을 지니고 있다는 점은 부인하기 어렵다.

이러한 의미에서 자연은 기(氣)의 취합과 이산이 일정한 원리[理]에 따라 반복되는 작용 또는 그 현상을 일컫는 말이 아닐 수 없다. 따라서 흔히 자연을 단순히 천지 만물 또는 스스로 그러함 정도로 생각하는 것은 기(氣)의 특성과 그것이 지닌 에너지 자체의 관계적인 힘을 명확하게 인식하지 못하고, 단지 그 작용의 결과에 따른 감각적 현상만을 생각하는 협소한 사고에 기인하는 것으로 이는 하루속히 지양해 나가야 할 점이다.

이제 인간과 자연의 관계를 살펴볼 수 있는 계기가 마련되었다. 인간에 대한 이해에서 자연에 대한 이해는 거의 절대적이다. 인간 역시 다른 세상의 만물과 마찬가지로 기(氣)의 작용에 따라서 취합하여 몸체가 되고 그것이 다시 이산하여 흩어지는 엄연한 자연이기 때문이다. 다시 말해, 자연 한가운데에서 생성과 소멸이라는 변화를 거듭하고 있는 수많은 물체 중의 하나일 뿐이다. 비록 인간이 다른 존재들과 달리 비교적 확연하게 구분할 수 있는 정신을 소유하고 있다고는 하지만, 기본적으로 기(氣)의 취합인 신체를 그 바탕으로 삼고 있다는 점에서는 여타의 존재들과 정확하게 일치한다.

뿐만 아니라 논리적으로 볼 때, 인간의 정신이라는 것도 신체를 벗어나 그 자체만으로 하나의 독자적 존재가 되는 것이 아니며, 그것이 인간의 고유한 특성도 아니다. 광활한 우주 내에 있는 만물은 단지 기(氣)의 취합 작용에 의한 것이며, 그에 따라 크고 작은 정신적 의미가 내재할 뿐이다. 따라서 인간의 본질은 철저히 자연이며, 이것 이상의 의미를 그 어느 곳에서도 발견할 수가 없다.

예컨대, 우리가 일상적으로 숨을 들이마시고 내쉬는 것, 음식을 먹고 배설하는 것, 사랑하고 미워하는 것 등이 모두 기(氣)의 취산 작용에 따른 것이라 할 수 있다.

그 밖에 우리가 일상 속에서 접하는 광활한 우주 속의 제반 변화 현상 모두가 한결같이 기(氣)가 취합과 이산을 거듭하고 있는 과정 속에 나타나는 결과인 것임을 분명히 알지 않으면 안 된다.

다만, 인간이 다른 존재들과 비교하여 조금 다른 특징이 있다면 비록 순간일지언정 그 어느 것보다 비교적 정교하게 구성되어 있는 독특한 조화태(調和態) 중의 하나라고 하는 점이다. 그리하여 지구상의 다른 존재들과는 달리 보다 우수한 정신력을 소유하고 있기 때문에 자신의 존재를 뚜렷하게 인식하고, 때로는 그에 따른 삶의 족적을 남긴다. 이것은 인간의 삶 속에서 매우 중요한 의미를 갖는다. 하지만 인간도 다른 것들과 마찬가지로 일정한 이산의 때가 되면 그 조화를 잃게 되어 모든 기(氣)가 흩어져 허공으로 날아가는 그러한 허무한 존재에서 벗어날 수는 없다.

이상의 의미를 종합하면 인간이 세상에 태어나는 것도, 운명이 다하여 세상을 떠나는 것도 모두 자연의 흐름, 즉 기(氣)의 취산(聚散)에 따른 것이라는 점을 분명히 알 수 있다. 다만, 사람이 사람으로서 최소한의 의미를 찾을 수 있는 것은 여타 존재에 비하여 자신의 존재의식을 비교적 뚜렷하게 지니고 있다는 점이다. 비록 '나'라고 하는 존재의식이 자연의 흐름 속에 잠시 주어지는 것이기는 하지만, 인간은 자연의 일부로 존재하는 자신의 본모습을 어느 정도 있는 그대로 인식할 수 있다.

그러나 많은 사람은 이러한 의식을 도외시하고 마치 자신이 한없이 존재할 수 있는 것처럼 착각하며, 과도한 욕망을 좇아 힘겨운 삶을 이어 가고 있다. 인간의 삶이란 진정 무엇인가를 조금이나마 잠시 엿볼 수 있는 대목이 아닐 수 없다.

2. 삶과 가치

앞서 살펴본 바와 같이 인간의 삶을 자연의 의미에 따라 원리적으로만 보면 의외로 간단하다. 그저 잠시 물질로서의 몸체를 부여받아 한동안 세상에 머물다가 때가 되면 저절로 스러지는 자연 그 자체이다. 여기에서는 좀처럼 다른 의미를 살펴볼 틈도 없다.

그런데 한 가지 특이한 것은 인간은 다른 존재물과 달리 자신이 존재하고 있다는 사실, 곧 실존(實存)을 의식하고 있을 뿐만 아니라 존재 분석을 통하여 매 순간 스스로 자신을 형성하여 나가는 소위 현존재(現存在)라는 점이다. 이 점이 바로 인간에게 있어 삶의 문제를 야기토록 한다.

만일 인간이 자신의 실존을 의식하지 못하는 존재라면, 다른 동물들과 같이 단순히 먹고 활동하고 잠을 자면서 지내다가 일정한 시기가 되면 생을 조용히 마감하는 그러한 삶에서 벗어날 수 없을 것이다.

그런데 인간은 항상 자신의 존재 한계를 의식하면서도 한편으로 끊임없이 자신을 개선해 나가고자 노력하는 존재이다. 특별히 죽음 이전에 자신이 감당해야 할 모종의 사명을 부여받고 있는 것이 아님에도 불구하고 무엇인가 완수해야 한다는 강박의식에 사로잡혀 살아가고 있는 서글픈 존재이다.

이처럼 인간이 다른 존재물과 달리 불안한 강박의식 속에서 삶을 이어 가고 있는 근본적 원인은 물론 인간 특유의 정신력 때문이며, 이것은 그 신체 구성의 정밀성에 기인하는 것으로 볼 수 있다. 다른 생명체와 달리 인간이 지니고 있는 섬세한 신경조직, 특히 뇌의 우수성은 익히 검증된 사실이다. 그러한 신체의 제반 신경조직과 연계되지 않은 별개의 정신력이란 결코 아무런 의미를 지닐 수 없는 공허한 것이다.

이러한 의미에서 정신력은 오직 신체 조직의 특성에 따라 결정되는 것임을 알 수 있다. 그런데 여기에 하나의 역설이 등장한다. 예상대로라면 신체가 앞서서 정신을 지배하는 것이어야 합당하다. 그러나 실제로는 오히려 정신이 신체를 구속한다는 사실이다. 이것은 인간을 이해하고자 할 때 반드시 유념해야 할 중요한 사항이다.

순수 자연의 관점에서 볼 때 정신은 신체의 부속물일 뿐이다. 이것은 틀림없는 논리적 사실이다. 하지만 정신은 신체에 부속된다는 것만 인정되는 것이 아니라 정신이 부속되기에 신체가 존재한다는 논리에 주목해야 한다. 다시 말해, 정신이 부속되지 않는 신체는 존재하지 않는다는 의미이다.

이러한 의미에서 우주를 가득 채우고 있는 기(氣)는 물질[實]인 동시에 정신[理]이며, 정신인 동시에 물질임을 알 수 있다. 만일 어떠한 실체도 그것의 변화를 담보하고 있는 기(氣)의 자연성, 즉 정신을 떠나 실체 단독으로서 존재할 수 없다면 정신 역시 실체를 떠나 단독으로 존재할 수 없다고 보는 것이 타당하다.

이와 같이 실체와 정신의 근원은 동일하지만 그 성격은 분명한 차이를 지닌다. 소위 가치(價値)는 바로 이 점에서 발아한다. 다시 말해, 동일한 근원임에도 불구하고 물질은 시 · 공간의 제약을 지닌 감각적 실체[實]로서 일정한 제약이 있는 반면, 정신은 기본적으로 시 · 공간의 제약이 없는 비감각적 원리[理]로서의 규칙성을 강요하므로 상호 간 괴리가 발생한다.

이 점이 바로 가치 갈등의 원인을 제공하는 단서가 된다. 즉, 모든 물질적 선택에는 언제나 실체를 넘어선 정신의 이성적 선택을 추구하려 하지만, 그것은 실체가 제공하는 감각적 즐거움을 포기해야 한다는 딜레마가 숨겨져 있다.

예컨대, 이른바 뇌물을 받지 않는 것이 정신의 바람직한 이성에 따른 선택임은 분명하지만, 이것은 먼저 재화가 우리에게 안겨 주는 실질적 즐거움을 포기할 수 있는 용기가 정신 내에서 작동되어야 비로소 가능하다. 한마디로 말해, 정신의 합리적 선택은 실체가 제공하는 신체의 편의를 희생하는 대가를 요구한다.

가치는 이처럼 물질적 손실을 감수하고, 합리적 선택을 이끌어 냄으로써 본래 하나의 모습으로 다시 환원하고자 하는 인간의 정신 현상이다. 다시 말해, 가치란 정신[理]의 물질[實]적 극복의 문제이다.

그러므로 일반적인 선택에서 정신과 신체를 대척점으로 하여 가치의 수준을 상대적으로 평가한다면 가급적 정신 방향으로 부합되는 선택일수록 그 가치의 수준은 높아지며, 신체의 감각 쪽으로 향해 가는 선택일수록 낮은 가치를 지니게 된다고 말할 수 있다. 왜냐하면 신체는 비교적 한정된 자아인 소아(小我)를 고집하는 경향이 강한 반면, 정신은 그러한 소아의 한계를 넘어 무한의 대아(大我)를 추구하는 경향이 있기 때문이다.

실체로서 신체는 자신의 생리적 안정을 도모함이 우선이다. 하지만 정신은 자신을 구속하고 있는 신체, 즉 소아를 벗어나 광활한 우주, 광대무변(廣大無邊)한 자유로운 활동 무대에서 새로운 세계, 곧 대아를 일구어 나아감이 우선시된다. 더 구체적으로 말하면, 소아가 신체를 중심으로 개인의 이익과 쾌락을 추구하는 것에 반해, 대아는 정신을 중심으로 대자연과 하나가 되어 그 생성과 소멸의 순환 과정에 흔쾌히 동참한다.

이러한 의미에서 대아의 추구는, 곧 자신의 정신이 건강하게 작동하고 있음을 분명하게 반증하는 것으로서 이것은 곧 가치의 차원을 높여 나아가는 일에 동참하는 것이다. 이처럼 인간에게는 언제나 실체가 지닌 시·공간의 한계를 넘어서려는 정신의 작용이 살아 꿈틀거리고 있다. 인간이 만물의 영장으로서 의심할 수 없는 의미를 지니는 것도 바로 이러한 정신 때문이다.

가치의 참다운 실체는 바로 여기에서 발견할 수 있다. 가치란 소아로서 오직 자신에 한정하는 것을 고집하는 것인가 아니면, 대아로서 만물과 하나가 되는 정신을 추구하는 것인가와 밀접하게 연계되어 있다. 신체와 정신이 모두 온전하지 못한 가운데 존재하는 것이 인간이기에 항상 나름대로의 욕구가 발생하지만, 정신은 항상 신체의 욕구를 넘어선 궁극적 만족감을 추구하며 그 과정에서 참다운 가치가 들어서는 것이다.

일반적으로 신체적 만족을 '좋음'이라 하고, 불만족을 '나쁨'이라고 일컫는다. 흔히 이러한 '좋음'과 '나쁨'을 가치로 생각하지만, 사실 이것은 개인의 한정된 신체적 감각으로서 '쾌적함'과 '불편함'에 따른 정신의 판단이다. 그러므로 '좋음'과 '나쁨'이 보편적 가치로서 의미를 갖기 위해서는 개인의 신체적 감각을 벗어난 것이어야 한다.

다시 말해, 참다운 가치로서의 정신적 가치는 일단 개인의 신체적 한계는 물론 시·공간의 한계를 벗어나려는 특성을 지니기에 모든 사람이 함께 공유할 수 있는 그러한 '좋음'과 '나쁨'이 되어야 한다. 이러한 경우 '좋음'이라는 가치는 누구나 한없이 추구해 나가야 하는 우리 모두의 '즐거움' 또는 '기쁨'이라는 정신적 흥분의 경험으로 우리에게 직접 다가온다.

따라서 우리는 항상 '좋음'과 '나쁨'을 '쾌적함' 또는 '불편함'과 분명하게 구분할 수 있어야 한다. 전자는 오로지 정신적 현상으로 사고의 대상이 되는 가치의식의 준거이며, 후자는 단지 일정한 자극에 따른 생생한 감각적 경험이다. 즉, 가치와 경험은 서로 다른 성격일 수밖에 없다. 다만, 가치의식이 오로지 후자의 생생한 감각적 경험에 따른 개념적 사고를 토대로 하여 형성된다는 점은 놓치지 말아야 한다.

감각적 경험은 특성상 만족에 따른 다양한 자극강도와 양태를 지니고 있는 것은 분명하다. 하지만 그 어떠한 경우에도 자극과 감각의 한계에 따른 반복은 가치 효용성을 감소시킴으로써 궁극적인 좋음, 옳음, 아름다움, 성스러움 등의 제반 가치에 대한 새로운 욕구를 자극하는 원인이 된다는 점에서 중요한 의미가 있다.

다양한 감각 체험은 비록 '쾌적함'과 '불편함'을 제공하지만, 감각에 따른 일정한 한계로 이를 넘어서고자 하는 초월성을 유발함으로써 참다운 가치 논의의 출발점이 된다는 점을 분명하게 인식해야 한다. 다시 말하면, 감각적 체험에 따른 만족감이나 쾌감 등을 개념적으로 정리하여 '좋음'이라는 개념적 의미로 일반화한 이후 그것을 넘어선 '즐거움' 또는 '기쁨' 등의 정신의 보편적 경험을 통하여 비로소 참다운 가치가 나타난다.

그러므로 그러한 가치의식에 의한 즐거움이나 기쁨 등의 직접적 경험은 타인의 체험도 자신의 것처럼 체험할 수 있는 토대를 마련한다. 따라서 감각적 체험이 수반되지 않은 오로지 가치로서의 '좋음'과 '나쁨'은 생각하기 어렵다.

이와 같이 참다운 가치 논의의 중심에는 언제나 대아의 추구가 자리 잡고 있다. 대아의 정신이 추구하는 궁극적 가치는 대체로 진(眞), 선(善), 미(美), 성(聖) 등이다. 진(眞)은 시·공간을 초월하는 판단의 준거로서 이(理)의 실체를 나타낸다. 그리고 선(善)은 이(理)의 순탄한 작용을 나타내며, 미(美)는 이(理)의 바람직한 구현을 의미한다. 성(聖)은 광대무변하고 신비하며, 불가사의한 이(理)의 고유한 특성을 나타낸다.

이러한 의미에서 볼 때 가치란 모든 생명과 만물에 자연의 이치[理]가 적용되는 정도, 곧 순리에 따르는 정도로 이것은 곧 대아의 추구와 동일한 의미를 지니는 것임을 알 수 있다. 만물의 현상이 상호 조화를 이루는 대아[理想]에 다가설수록 높은 가치를 지니며, 이것에서 멀어져 소아[現實]인 자신을 고집할수록 낮은 가치를 지닌다. 이것은 만물은 각각 자연 그대로의 순수한 모습을 간직할 때 가장 이상적 가치를 드러내는 것임을 나타낸다.

결국 인간의 가장 이상적인 모습은 바로 우주 자연과 조화를 이루어 하나가 되는 것이 아닐 수 없다.

옛 희랍의 철학자 소크라테스(Socrates, BC. 469~399)는 이 점을 명확하게 밝히고 있다. 그는 신체의 욕구를 억제할 수 있는 영혼의 정화(catharsis)가 가능할 때만이 참다운 인간의 삶이 나타난다는 점을 분명히 한다. 그는 일찍이 자신의 신체가 보잘것없는 헛된 것임을 깨닫고, 항상 신체의 구속을 벗어나 하염없이 대아의 얼과 넋을 찾아 나선 용감한 방랑자였다. 이것을 증명이라도 하듯이 억울하게 생을 마감하는 죽음의 순간에서도 한결같이 여유롭고 의연한 모습을 보여 주었다. 그는 언제나 자유로운 정신과 함께하는 생을 살았던 인류의 스승이었다.

여기에서 소중한 인간의 정신력 중에서 대아와 관련하여 자제력과 극기력을 지적하지 않을 수 없다. 주지하는 바와 같이 감각적 즐거움이나 기쁨을 과도하게 추구하려는 성향을 억제하는 힘이 자제력이며, 반대로 어려움이나 괴로움을 이겨 내는 힘이 극기력이다. 이들이 중요한 까닭은 자제력이 부족하면 패가망신(敗家亡身)을 자초하며, 극기력이 부족하면 진정한 삶의 의미를 깨닫지 못하기 때문이다. 이것은 추후 '공부하는 이유'와 '교육의 목적'을 논하는 장에서 상세하게 논의될 것이다.

이제 대아의 얼과 넋이 신체 이전에 있는 것인가 아닌가 하는 것은 아무런 의미가 없게 되었다. 그 이유는 자신의 대아 추구에 대한 열정은 오직 독자 여러분 자신만이 알아볼 수 있기 때문이다.

3. 이름과 의미

이름! 특히 나의 이름! 이것이 얼마나 소중한 것인지를 모르고 지금까지 우리는 이것을 너무도 소홀하게 생각해 오고 있다. 이 절에서는 이제 이름과 의미가 하나로 연결되어 있다는 점에서 이름의 중요성을 다시 생각해 보고자 한다. 이름의 기능을 중심으로 이러한 의미에 대한 두 가지를 살펴보고자 한다.

첫째, 이름은 사물 또는 현상의 지시 기능에 따른 의미를 지닌다. 이름은 특정의 대상을 지시한다는 언어의 표현이다. 대상의 지시뿐만 아니라 단 한 가지 대상에 대하여도 그 대상의 유형, 부분, 구조, 본질, 형태 등 다양한 특성을 면밀하게 지시할 수 있다. 뿐만 아니라 실체의 동작 유무, 대상 간의 관계, 상황 등에 따라 사물의 현상이나 원리 또는 가치 등 여러 가지 유형으로 구분할 수도 있다. 즉, 이름은 실물은 물론 사태 또는 현상 그리고 더 나아가 가치나 사상 등을 지시하여 표시한 것이다. 하지만 단순한 지시는 일차적으로 몸이나 손가락 등으로 할 수 있으나 그것만으로는 다양한 대상을 구분하는 데 많은 제약이 따른다.

그러므로 인간은 언어를 활용하여서 물(物), 기(器), 상(象), 상(相), 상(狀), 상(像), 상(想), 사(事) 등의 다양한 대상에 대하여 자유롭게 이름을 정하여 지시한다. 언어에 의한 이름에는 대체적으로 인간의 개별 생각에 따른 의미가 부가된다.

예를 들면, 두 사람이 동일한 사과를 지시하는 경우에도 한 사람은 그것을 음식으로 생각한 반면, 다른 한 사람은 정물화의 대상으로 생각하여 지시할 수도 있다. 이와 같이 사람이 무엇인가를 지시하기 위하여 소정의 이름을 정하는 것은 기본적으로 지시자의 특정한 생각의 발로에 따른다. 즉, 지시자가 무엇인가를 지시하는 순간 그 이름과 관계없이 이미 지시자의 일정한 생각이 개입된다.

다시 말해, 아무런 생각이 없이 특정의 대상을 지시하는 사태는 생각하기 어렵다. 만일 아무런 생각이 없이 무엇인가를 지시한다면 그처럼 무의미한 일은 세상에 없을 것이기 때문이다. 따라서 무엇인가를 지시함에는 항상 일정한 의도가 수반되지 않을 수 없다. 이때, 그 지시에 따라 수반되는 지시자의 일정한 의도를 '의미'라고 한다. 곧, 의미에는 지시자의 일정한 의도가 담겨 있다. 그런데 여기에서 중요한 것은 그러한 의도를 불러일으키는 원천은 특정의 대상 속에 이미 담겨 있다는 점이다.

예컨대, 사과를 사과라고 지칭하는 경우 그 의도가 음식이었다면 음식 재료의 특성이, 정물화의 대상이었다면 조화롭고 아름다운 특성이 이미 사과에 내재하여 있기 때문이다.

이러한 관점에서 보면, 단순히 어떠한 사물의 지시 수단으로서 이름을 생각할 때 그것은 별다른 의미를 지닌다고 볼 수 없다. 그것은 단지 특정의 대상을 자의적으로 연결하고 있을 뿐이다. 그러나 인간이 지시의 대상으로 그것을 실제로 사용하는 경우에는 사정이 전혀 다르다. 이러한 맥락에서 자신의 이름을 중심으로 구체적으로 살펴보면 다음과 같다.

나의 이름 세 글자는 일차적으로 다른 사람이 나를 지시하기 위한 수단이지만, 그 속에 담겨 있는 의도는 전적으로 자신의 존재 가치에 따른다. 문제는 자신의 존재 가치는 자신의 노력과 능력 여하에 달려 있다는 점이다. 그러므로 자신의 이름 세 글자가 지니는 그 의미는 자신이 만들어 가야 한다. 다시 말해, 이름이 나타내는 의미는 다른 사람이 나를 어떻게 지시하는가에 의존하는 것이 아니라 나 자신을 위하여 내가 어떠한 노력을 하였는가에 달려 있다.

이처럼 남이 나를 칭할 때 사용하는 언어 수단으로 그 명칭 속에는 나의 의미, 곧 나에 대한 남의 평가가 들어 있다. 그러나 중요한 것은 그러한 평가는 비록 다른 사람에 의한 것이지만, 그 평가 속에 숨겨진 의미와 나의 이름이 그와 같이 연결되게 한 것은 다름 아닌 나 자신이라는 사실이다. 그리하여 자신의 이름에 부여되는 의미가 충실하면 할수록 그 사람은 존재감을 드러낼 수 있다. 여타 사물의 경우에는 실체를 전제로 이름이 형성되지만, 사람의 경우에는 이름을 전제로 실체가 형성되는 사태가 발생한다.

이름과 의미가 언제나 분명한 자기 동일성을 확보하는 것은 바로 이처럼 이름이 각 개인의 처신에 따른 것이기 때문이다. 자신의 이름을 소중하게 만드는 것도 자신이요, 욕되게 만드는 것도 자신이다. 어찌 나의 이름이 세상의 무엇보다 소중하지 않을 수가 있겠는가.

둘째, 이름은 한계 초월의 기능에 따른 의미를 지닌다. 이름이 처음 시작되어 일컬어질 때에는 비록 특정의 대상에 대한 지시에서 비롯되기는 하지만, 이것은 단순한 지시만으로 끝나지 않는다. 지시 대상에서 발산되는 형상을 비롯한 다양한 감각적 요소는 물론 이에 더하여 가급적 그 본질을 파고들어 시 · 공간을 넘어서는 항구적 의미를 구축하려 한다. 뿐만 아니라 그 의미는 그 대상이 소멸된 후에도 영원히 지속되는 기능이 있다. 즉, 이름은 대상의 주요 속성 자료를 추출하여 시간과 공간의 제약을 벗어나 지시의 영역을 무한히 확대하여 나간다. 이러한 이름의 기능은 의미의 영속성을 추구하는 경향을 나타낸다.

이러한 경향이 나타나는 것은 기본적으로 인간이 지닌 정신력에 의존하는 것이지만, 원래 이름이라는 것은 간접적 지시 기능에 한정되기 때문이다. 간접적 지시는 본래의 제 모습을 충분히 대변할 수 없는 한계를 스스로 지니기 때문에 끊임없이 그 지시 대상의 본질적 의미를 추구하는 경향을 보일 수밖에 없다. 이러한 과정에서 자연히 나타나는 현상이 의미의 추상화 경향이다.

예컨대, 처음에는 생활 주변에서 흔히 접할 수 있는 공중을 날아다

니는 각종 새, 땅을 기어 다니는 각종 짐승 그리고 물속을 헤엄쳐 다
니는 각종 물고기 등을 지시하는 방식으로서 각각 그 이름을 사용
하다가 점차 이들의 본질을 추상화하여 동물이라는 이름으로 사용하
게 된다. 물론 새의 경우에도 참새, 까치, 기러기, 비둘기, 제비 등이
추상화된 것이며, 참새도 각기 다른 수많은 참새를 체험하여 추상화
한 것이다.

이와 같은 이름이 갖는 추상화 경향의 심화는 결국 그 의미를 단순
화하되 극한적이고 포괄적인 의미로 변환시켜 그 의미의 강도를 높
임으로써 영속성을 마련하게 된다. 구체적으로 말하면, 실제의 참새
가 지니고 있는 본질적 공통 속성인 '날아다님'보다는 일반 동물이 지
니고 있는 '살아 움직임'이라는 공통 속성이 더 포괄성을 지닌다.

이러한 포괄성은 그 포괄성이 확대되는 만큼 보다 더 시·공간의
제약에서 훨씬 자유롭기 때문에 포괄성을 극대화하면 결국 영속성을
띠게 된다. 즉, 실체는 사라져도 이름은 남을 수 있으며, 이름은 사라
져도 의미는 남을 수 있다. 이것이 곧 의미의 영속성이다.

여기에서 의미의 영속성은 특히 인간에게 중요한 행동 지침을 알
려 준다. 옛 속담에 "사람은 죽으면 이름을 남기고 범은 죽으면 가죽
을 남긴다."라는 말이 있다. 사후에 그 이름의 의미를 부가시킬 수 있
는 실체가 없음에도 불구하고 사람의 이름이 남긴 자취는 더욱 심화
되는 경향마저 보인다. 한 인간의 평가에서 대부분의 경우 생전과 사
후의 평가가 다르게 나타나는 것은 이것 때문이다. 이제 이러한 의미
를 조금 더 구체적으로 살펴보고자 한다.

수많은 사람이 오늘도 무엇인가를 추구하며, 지구촌 언덕을 분
주하게 누비고 있다. 무엇이 그들을 그토록 분주하게 만드는 것인

가. 그것은 대부분의 사람이 부귀와 명예를 독차지하려고 하기 때문이다. 물론 남들보다 조금 더 잘 먹고 편안한 잠을 자고 더 나은 대접을 받고자 하는 것 자체를 문제 삼을 수는 없다.

하지만 조금 냉정하게 생각해 보면 우리가 일생을 살아가기 위하여 필요한 것에는 일정한 양의 한계가 있으며, 단순히 높은 지위를 차지한다고 하여 남들로부터 진정한 대접을 받는 것도 아님을 쉽게 알 수 있다. 그런데 사람들은 이러한 사실을 명확하게 인지하지 못하고 필요 이상의 욕심을 떨쳐 버리지 못하거나 헛된 명예에 집착하는 것은 아닌지 의심스럽다.

아무리 재산이 많다고 해도 하루 세 번 이상은 먹을 수 없으며, 죽은 다음에 그것을 무덤에 가지고 갈 수 있는 것도 아니다. 또한 아무리 귀한 보석이라 해도 그것을 사용할 일이 없다고 한다면 아무런 쓸모가 없는 것이 된다.

그리고 대통령, 국회의장, 대법원장, 대학 총장, 도지사, 재벌 회장 등의 남다른 지위에 있는 사람일지라도 모두가 빛나는 명예를 보장받는 것도 아니다. 오로지 그에 걸맞은 자질과 인격을 갖추고 있는 경우에만 한정된다. 매 선거철이나 인사철에는 모두가 한결같이 당선이나 승진에 명운을 걸고 그 이름을 빛내고자 하지만, 과연 자신이 얼마나 그 지위에 합당한 자질을 갖추고 있는가를 반문하여 본다면 사정은 많이 달라질 것이다.

만일 그렇지 못하다면 소위 명예라는 것도 단지 한때 스쳐 지나가는 바람과 같은 것이 아닐 수 없다. 아니, 광기 어린 한순간의 광대놀음일 뿐이다. 겉으로는 매우 존경하는 척 행하면서 속으로는 온갖 비난을 일삼아 오히려 자신에게 욕이 되는 것은 아닌지 의심해 보지 않을 수 없다. 지금의 내 자리가 자신에게 자칫 명예의 탈을 쓴 오욕과 치욕이 되어 그것이 공연히 인생을 허비하는 것이 되는 것임을 모르고 있다면 이처럼 어리석은 일이 세상 또 어디에 있겠는가.

대부분의 사람은 단지 명예만 탐하려고 하지, 과연 자신이 그것을 얻을 수 있는 자질과 능력을 갖추고 있으며 또한 그것을 지키기 위해서 얼마나 자기 헌신을 꾀하였는지, 더 나아가 혹시라도 그러한 명예 속에 숨겨져 있는 오욕이 자신에게 무서운 독이 될 수 있는 것은 아닌지 등 자신을 살펴보는 일에는 전혀 관심이 없는 듯 보인다.

만일 부와 권력 그리고 명예를 얻고자 한다면, 적어도 그에 합당한 자질을 갖추고 항상 사회적 의무와 책임을 다하고자 하는 최소한의 노블레스 오블리주(noblesse oblige) 정신은 반드시 지니고 있어야한다. 즉, 고상한 신분이 주는 명예가 중요한 것이 아니라 그에 걸맞은 책임과 의무를 다하는 것이 중요한 것임을 분명히 살펴야 한다.

더 구체적으로 말해, 명예는 그에 합당한 능력과 책임의식이라는 두 가지 조건을 반드시 요구한다. 그리하여 사전에 일정한 능력을 갖추기 위해서는 반드시 남다른 자기 연마의 과정이 전제되며, 이것은 일순간이라도 결코 소홀히 할 수 없는 분명한 자기 정진의 정신이 살아 움직일 때 가능하다. 또한 사회적 책임의식은 이미 개인의 사적 차원을 넘어 공적 차원의 문제 의식하에서 자기희생을 기꺼이 감수하고자 하는 명료한 정신이 작동하는 순간에야 비로소 가능하다.

예컨대, 갑자기 내란이 발발하자 제일 먼저 자신의 관용차를 동원하여 가족만 챙겨서 도망치는 그러한 장관에게 명예라는 것이 무슨 의미가 있는 것인가.

이러한 의미는 명예가 결코 아무나 쉽게 얻고 버릴 수 있는 것이 아니라 거기에는 분명한 자기 정진과 헌신적 사랑이 중심에 자리하고 있는 것임을 반증한다. 문제는 오직 그의 고유한 정신과 사랑뿐이다.

위대한 정신과 사랑을 창출해 낸 인사들은 장구한 세월에 걸쳐 세인들의 생각 속에 지속적으로 남아 회자된다. 같은 명예라 하더라도 이들을 일컫는 이름은 단순한 수월성에 따른 명예와 확연히 다른 측면이 있다. 이들은 시·공간의 제약을 벗어나 영원 속에 머문다. 이러한 차이는 어디에서 비롯되는 것인가. 그것은 이름이라는 것이 본래 허와 실의 양면성을 지니고 있기 때문이다.

이름 속에는 언제나 해당 존재의 관련 의미가 내포되어 있다. 한마디의 단순한 이름일지라도 거기에는 반드시 그에 걸맞은 자질과 능력에 따른 의미가 내재한다. 그런데 사람들은 이러한 간명한 사실을 잘 이해하지 못하고 있다. 많은 사람이 단지 겉으로의 이름만을 추구할 뿐 그 속에 가려진 의미를 백안시하는 성향을 갖고 있다.

우리 사회도 이와 비슷한 풍토가 만연되어 있다. 이것은 매번 명예가 보장되어 있는 고위 공직자 자격 검증을 위한 소위 국회인사청문회가 열릴 때마다 수많은 해당인사가 거의 예외 없이 심한 고초를 겪고 있다는 사실이 증명한다. 매번 국회의 청문회장에서 적나라하게 파헤쳐지는 부도덕과 비리에 대하여 변명과 사죄로 일관하는 사람들, 그처럼 속수무책으로 공개적 수모를 당한 사람을 보란 듯이 장관이나 국무총리 등 고위 공직자로 임명하는 대통령은 물론 그러한 상황에서도 당당하게 임명장을 받아들고 만족하는 이해 당사자들 모두 한결같이 명예에 한 맺힌 사람들이 아니고서는 그렇게 할 수가 없다.

이러한 현상은 많은 사람이 대부분 명예를 얻기 위한 철저한 사전 준비와 노력은 소홀히 한 채 함부로 나서기만을 즐기려 하기 때문이다. 더욱이 공적 차원의 자기 헌신의 보석 같은 정신은 꿈에라도 찾아볼 수가 없다. 유사 이래 지금까지 수천 년 인간의 역사가 흐르고 있건만 진정으로 많은 사람이 가슴속에 그 이름을 간직하고 싶은 사람이 과연 몇 명이나 될지 의심스럽다. 그러한 명예의 소중함을 또렷하게 알려 주는 대표적 사례가 여기에 있다.

조선왕조 초기 성삼문(AD. 1418~1456) 선생이 온 가족의 후대를 끊어버리는 멸문지화(滅門之禍)를 당하고, 사지가 찢어지는 거열형(車裂刑)을 당하면서도 세조의 왕위찬탈에 항거한 이유는 궁극적으로 자신의 이름을 무엇보다 소중히 한 까닭이 아니고 다시 무엇이겠는가. 그가 그러한 행위를 선택한 것은 이미 그는 그 당시 자신의 명예에 손색이 없는 당당한 실력을 갖추고 있었기에 조선왕조라고 하는 국가의 운명에 드리운 어두운 그림자를 차마 앉아서 지켜보고만 있을 수 없었기 때문이다. 자신의 몸을 희생하는 한이 있어도 국가의 운명을 지켜 내고자 하는 책임의식을 결코 외면하지 않고 고난의 자기 헌신을 택한 것이다. 아니, 그러한 참된 의식을 저버린 자신을 어느 한순간도 생각할 수가 없었던 것이다.

그가 거열형과 같은 참기 어려운 고통과 수모를 감수하면서까지 자신의 몸을 기꺼이 희생시킬 수 있었던 것은 당시에는 비록 자신을 우직하고 어리석은 자로 여길지언정 자손만대에 이르기까지 영원히 자신의 이름에 조금이라도 오욕을 남기는 일을 꺼려했기 때문은 아닌지, 우리 모두가 생각해 보아야 한다. 여기 그가 형의 집행을 목전에 둔 마지막 죽음의 순간에 피를 토하며 읊조린 시조 한 수를 적어 본다.

이 몸이 죽어가서 무엇이 될고 하니
봉래산 제일봉에 낙락장송 되었다가
백설이 만건곤할 제 독야청청 하리라

여기에는 자신의 이름을 더럽히지 않고자 하는 장부의 서릿발 같은 기개가 구구절절 드러나 있다. 이는 진정한 명예는 누구나 쉽게 얻을 수 있는 것이 절대 아닌 것임을 잘 나타내고 있다. 천 길 절벽에 매달려 있으면서도 구차하게 목숨을 구걸하지 않는 떳떳함을 뼛속으로 아는 자만이 얻을 수 있는 특권이다.

그 밖에도 기울어 가는 조국을 마지막 순간까지 목숨을 내걸고 지키려 한 정몽주 선생과 새로운 왕권을 꿈꾸며 반기를 들어 조국을 뒤엎은 이성계 장군의 이름이 갖는 의미가 어떻게 다른 것인가를 보면 미루어 짐작할 수 있다.

혹자는 국가의 흥망성쇠도 다 자연의 이치라 하여 그 의미를 퇴색시키려 한다. 그러나 인간은 시류에 편승하여 수백 년 동안 이어 내려온 조상들의 뜻을 저버리고 개인의 영화를 탐하는 것이 과연 떳떳한 생각인지, 아니면 적어도 자신의 인생을 스스로 책임질 줄 아는 태도가 올곧은 생각인지를 생각해 보아야 한다.

물론 누가 어떠한 평가를 하든 그것은 각자의 몫으로 넘길 수밖에 없다. 하지만 이것은 특정 행위가 낳은 결과로 평가받기 이전의 문제로서 적어도 인간으로서 차마 해서는 안 되는 일이 있다는 것을 분명히 알아야 한다. 일국의 운영체계가 오로지 국력의 팽창이라는 잣대로 재단하여 언제라도 바꾸어질 수 있는 것이라면 민생의 안정은 무엇으로 보호를 받을 것이며, 일국의 정체성은 어디에서 찾을 수 있는 것인지 묻지 않을 수 없다. 아무리 왕후장상의 가문이 따로 없으며, 왕권이 무너져 국가의 운명이 백척간두에 있다 하여도 일국의 역사적 정통성은 순간에 변화하는 것이 아니며, 이에 대한 부정은 곧 반역이다.

설령 백번 양보하여 반역을 아무리 합리화한다 해도 그것은 넘을 수 없는 장벽을 스스로 지니고 있다는 점에서 그 타당성을 잃는다. 왜냐하면 반역이라는 의미 속에 이미 또 다른 반역을 정당화하고 있기 때문이다. 다시 말해, 피는 피를 부르고 총칼은 결국 총칼로 끝을 맺는 것이 세상의 이치인 것이며, 이것이 변함없는 자연의 진리라는 것을 장구한 역사가 증명해 준다. 흔히 혁명으로 국가를 얻은 사람들이 한결같이 독재를 일삼는 것은 바로 또 다른 반역에 대한 두려움 때문이다. 정통성이 중요한 것은 바로 이러한 사유가 있기 때문이다.

자신의 이름으로 스스로 쌓아놓은 의미는 그것이 좋은 것이건 혹은 나쁜 것이건 간에 영원히 세상에 그대로 남아 있게 된다. 세상의 모든 것이 피할 수 없는 인생의 업을 낳는 이유가 바로 이러한 것임을 결코 잊어서는 안 된다.

이러한 의미에서 한 인간의 진정한 삶의 의미는 어쩌다 시대를 잘 만나거나 주변 사람을 잘 만나서 혹은 각종의 권모술수(權謀術數)로 한때 높은 관직에 오르게 되었다고 해서 얻어지는 그런 것이 절대 아니다. 적어도 나가고 들어설 때 정도는 가릴 수 있어야 하며, 다소 욕심을 부리자면 대의를 위해 자신을 버릴 수 있는 마음의 준비가 되어 있어야 한다.

진정한 명예는 언제나 사회의 초석으로서의 역할을 감당해 낼 수 있는 역량과 자세를 갖춘 사람이 그러한 역량을 십분 발휘하여 결실을 얻은 경우 그 대가로 얻을 수 있는 특권이다. 다만, 그러한 사람을 만나는 일 자체가 어려운 것이 현실이기에 항상 거짓 명예가 난무하는 것이 세상의 이치가 된다는 점이 안타까울 뿐이다.

이상에서 살펴본 이름의 기능에서 볼 때, 특히 인간의 이름은 단순히 지시하는 수단이 아닌 그 이상의 의미가 있다. 그러한 의미를 간략하게 정리하면 다음과 같다.

첫째, 자신과 그 이름은 동일한 것으로 자신의 존재감이 이름을 대변한다. 그러므로 자신의 이름을 소중하게 생각한다면 언제나 그만큼 자기 정진의 자세가 필요하다.

둘째, 자신의 이름은 언제나 명예와 오욕의 가능성을 갖는다. 진정한 명예는 끊임없는 정진과 목숨을 건 자기희생의 결단이 요구되는 것이므로 함부로 허황된 명예를 좇아가면 반드시 오욕이 따르는 것임을 알아야 한다.

② 인간의 심리

　인간의 심리 문제를 다룰 때 항상 제기되는 문제 중의 하나는 과연 그 본질이 무엇인가 하는 점이다. 그런데 더 심각한 문제는 그것을 명확하게 파악하기 쉽지 않으며, 어떠한 의미에서는 영원히 파악 불가능한 문제일지도 모른다는 점이다. 다시 말해, 인간의 심리를 이해한다는 것은 먼저 인간 심리의 실체에 대한 본질 파악이 요구되나 이것이 근본적으로 불가능하다. 심리는 감각과 시·공간을 초월하여 적용할 수 있는 원리가 아니면 안 되기 때문이다.

　이러한 유형의 문제에 대한 접근 방법은 주로 가설을 설정한 후 검증하는 방식을 활용한다. 즉, 일정한 본질 속성을 가정한 후 그에 대한 다양한 가설을 설정하여 현실에서 검증한 결과를 토대로 가설의 진위 여부를 가린다. 이러한 검증방식은 조금의 빈틈이라도 발생하면 그 타당성의 확보가 어려워 곧바로 해당 가설에 따른 억지 논리의 가능성이 높아진다는 단점이 있다.

　따라서 특히 인간의 심리발달을 중핵으로 하는 교육이론의 경우 철저한 가설 검증은 거의 필수적이다. 그러나 실제로 적용되거나 수용되고 있는 수많은 교육이론은 대부분 그러한 검증과는 관계없이 오로지 과거에 관행적으로 사용하던 방식이라거나 또는 정책 입안자의 한때 실적 쌓기 명분에 이끌려 가고 있다.

이것은 후손들의 장래를 담보로 한 매우 위험한 일이 아닐 수 없다. 적어도 교육에서만큼은 절대로 그러한 일이 있어서는 안 된다. 이러한 점에서 수많은 학부모 역시 오로지 유행을 좇아 자녀를 교육하는 것은 많은 문제를 안고 있음을 알아야 한다.

유행을 좇기 전에 먼저 다음과 같은 심리와 관련된 주요 주제들, 즉 신체, 정신, 의식, 사고, 인지, 정서, 인격, 덕성, 마음, 욕구 등에 대한 의미를 살펴보는 것이 순서이다. 이것은 교육에 대한 보다 성숙된 관점을 제공할 것이다.

1. 신체와 정신

1) 신체

우주 내의 모든 존재는 기본적으로 기(氣)의 집합으로 이루어진 물체임은 이미 앞서 밝힌 바 있다. 이러한 물체는 생명이 없는 무생물과 생명이 있는 유생물로 구분된다. 유생물은 생명체라고도 하며, 인간 역시 생명체 중의 하나이다. 생명체는 스스로가 기(氣)의 집합이면서 동시에 기(氣)를 흡수하고 배출하는 순환 능력을 지닌다.

생명체가 이처럼 기(氣)의 순환을 거듭하는 것은 여러 가지 생명 활동에는 자연히 그에 따른 기(氣), 즉 에너지가 방출될 수밖에 없으며, 또 다시 새로운 활동을 위해서는 사전에 스스로 기(氣)를 흡수하여 보충해야 하기 때문이다. 물론 무생물체도 어느 정도 기(氣)의 순환은 이루어지고 있으나 특별한 경우가 아니고서는 흡수하는 기(氣)보다 방출하는 기(氣)가 많아 자신은 점차 소멸되어 가며, 이처럼 소멸된 기(氣)는 또 다른 환경에서 새로운 물체로 소생되어 나타난다. 무생물체가 생명체와 같이 동질의 생명체를 생산해 낼 수 없는 것은 이 때문이다.

여하튼 기(氣)는 일정한 동력을 항구적으로 보유하고 있기는 하지만 또한 끊임없이 취합과 이산을 거듭하는 경향을 지니고 있으므로 한번 기(氣)의 취합이 이루어졌다고 하여 그것이 항상 그대로 있는 것은 아니다. 특정한 내·외적 여건에 따라 집합이 이루어졌어도 그러한 여건이 소멸되면 다시 이산하는 것이 기(氣)의 특성이다. 따라서 생명력이란 바로 생명체가 이러한 내·외적 여건을 조절하여 자신의 소멸 속도를 지연시키고 그 분신을 생산해 낼 수 있는 일정한 조직체의 힘이다.

그런데 기(氣)가 아무리 여러 가지의 일정한 동력을 보유하고 있다 해도 특정 활동으로 그것을 소모하는 순간 기(氣)는 자연 분화되어 응집력을 상실하게 된다. 따라서 물체가 기본적으로 지니고 있는 자체 응집력만으로는 결코 항구적으로 존재할 수가 없다. 생명체는 이러한 내·외적 여건에 따른 자체 응집력을 지속하기 위한 새로운 동력이 필요하며, 이때 외부의 기(氣)를 흡수하여 사용하기도 하고 사용하고 남은 필요 없는 기(氣)는 배출하기도 한다. 세포는 이처럼 기(氣)의 흡수와 배출을 도모하는 기본단위이다.

그러므로 인간의 신체를 포함한 모든 생명체는 거의 세포를 기본단위로 하여 구성되어 있다. 그들은 자신의 생명을 지속적으로 유지하기 위하여 환경의 변화에 따른 일정한 상황의 상호 관계에 따라 그

수를 늘리거나 줄여 나감으로써 조직의 균형을 이루어 나가는 성향을 지닌다. 다시 말해, 몸체를 구성하는 기본단위인 세포는 하나하나가 그 자체로서 이미 하나의 생명체이며, 환경의 변화에 따라 스스로 생존 여건을 조성하고 보다 안정된 상태를 유지해 나가는 성향을 갖고 있다.

따라서 우리의 신체가 그 생명을 유지해 나간다는 것은 부분을 이루고 있는 세포 하나하나가 오직 물질로서만 존재하는 것이 아니라 그 속에 생명을 지니고 있으면서 또한 그들이 유기적 총체로서 하나의 생명을 이루고 있다는 사실에 기인한다.

세포들의 생명활동은 기본적으로 그 자체의 고유 기능으로 이루어지나 그것은 다양한 세포를 유기적으로 통합하고 있는 몸 전체, 즉 한 인간의 생명활동에 따른 통합 조정하에 이루어지는 것이 보통이다.

이러한 경우 하나의 생명체가 그 생명을 지속하기 위해서 스스로 공격과 방어, 보충과 배설, 생산과 파괴, 통제와 조절, 소비와 저장 등의 다양한 자율적 활동을 하게 된다. 이때, 그 조직 일반인 세포의 물질적 요소만을 강조하여 신체라고 하며, 생명체로서의 자율적 능력을 강조하여 그 자율적 활동 경향 일반을 정신이라고 한다.

따라서 정신은 기본적으로 세포들 상호 간의 정보 연결망을 토대로 하여 신체의 모든 정보를 종합 관리하는 두뇌에 이르는 모든 신경계가 질서 정연하게 존재함으로써 가능하게 된다. 여기에서는 의식의 형성, 맑은 정신의 확립, 감각, 지각, 인식, 기억, 판단, 추리 등의 여러 관련 과정과 작용이 연계되어 새로운 의미의 창출이 가능해진다.

이러한 의미에서 신체와 정신은 하나이면서 서로 다른 것이며, 또한 서로 다른 것이면서 하나이다.

2) 정신

사람들은 대부분 정신을 보통 알 수 없는 신체의 신비한 작용의 하나로 생각한다. 하지만 분명한 것은 이것도 신체를 구성하고 있는 기(氣)가 일으키는 작용의 일종이라는 점이다. 대개 이러한 추상적 개념은 그 의미의 이해에 뒤따르는 모호성 때문에 그 실체를 좀처럼 명확하게 파악하기가 어려운 것이 사실이다. 하지만 적어도 정신의 경우 약간의 주의를 기울이면 그 분명한 의미를 찾을 수 있다.

우선, 정신은 어떠한 특유의 독자적 존재가 아니라는 점을 분명히 해 둘 필요가 있다. 다시 말해, 정신은 사과의 씨나 새의 알과 같이 어떠한 고정된 선행의 실체가 있어서 그것이 발아하거나 부화하여 생겨나는 것이 아니다. 정신은 먼저 일정한 기(氣)를 바탕으로 상호 기민하고 밀접한 관계로 구성된 신체라고 하는 생명체의 조직이 있고, 그것을 이루는 기(氣)의 질적 성분과 각 부분의 상호 관련성에 따라 내부에서 기(氣)의 소통이 이루어지는 가운데 슬며시 발아되어 나타나는 특정한 작용이다.

주지하고 있는 바와 같이 인간의 신체는 처음에 정자와 난자의 결합에서 발단이 되고, 그러한 발단이 모태라고 하는 자연환경에서 세포의 분열과 성장이 이루어짐으로써 비로소 세상에 신생아로 빛을 보게 된다. 그 후 신체는 정해진 발달 단계에 따라 일정 기간 꾸준히 세포의 분열을 통하여 생성과 성장발달을 계속하며, 일정한 시기가 되면 생성과 발달이 점차 둔화되고 멈추어서 늙고 병들게 되는 그러한 존재이다. 이 모두가 자연이다.

좀 더 구체적으로 말해, 세상에 처음 생겨난 신생아는 태내에 있을 때와 같이 자연에 따라 계속적으로 발달한다. 이때, 발달은 순환기관, 소화기관, 근육, 뼈대, 신경조직 등 신체의 여러 부분이 함께 관계적으로 이루어진다. 이러한 발달이 이루어지는 것은 물론 자연의 질서에 따른 취(聚)와 산(散)의 과정의 일부이지만, 우리는 이것을 신체가 자신의 생명을 보호하고 유지하기 위한 기능을 보충하는 과정으로 해석한다.

그러한 의미에서 발달은 생명의 유지를 위해 어느 것 하나라도 빼놓을 수 없는 것으로 신체의 모든 부분이 조화를 이루며 함께 보강되는 과정이다.

정신의 발아는 기본적으로 이와 같은 신체 각 부분의 발달과 밀접하게 관련되어 있다. 하지만 정신의 실체를 조금 더 명확하게 이해하기 위해서 특히 신경조직의 발달에 관심을 집중해야 한다.

신경은 기본적으로 신체의 효율적 관리를 위하여 신체 내·외부의 자극을 받아들이고 그 반응을 밖으로 표출하는 통로이자 통신망이다. 즉, 신체 내 신경망의 발달은 신체의 유지, 발전에 중요한 각종 정보의 유통을 활성화하고, 그것을 상황에 따라 적절히 활용하게 하는 바탕이 된다.

이와 같은 정보의 유통은 신경망 중에서 특히 뇌(腦)를 중심으로 이루어진다. 뇌는 신경망의 핵심적 조직이다. 보통 각종 신경은 척추를 근간으로 하여 머리끝에서 발끝까지 온몸에 두루 분포되어 각종 정보의 수용과 표출 그리고 유통 기능 등을 주로 담당한다.

하지만 뇌는 독특하게 신경세포로 일정한 조직을 이루어 정보의 기억과 해석, 상황 판단, 문제 사태에 대한 대책 수립, 실행 명령의 발령 그리고 신체 내부의 각종 장기를 포함한 모든 부분의 활동을 통제하고 조정하는 등 실로 모든 정신활동의 중심 역할을 한다. 뇌는 곧 온몸의 신경망과 연결되어 정보의 유통과 활용을 관리하는 유일한 조직체이다.

따라서 우리 몸속의 신경을 생각할 때 온몸에 두루 펼쳐 있는 수많은 신경망은 정보의 유통을, 뇌는 그러한 정보를 총체적으로 관리하는 신경조직으로 생각하면 큰 무리가 없다. 뇌가 신체의 생명 유지에 절대적 의미를 지니는 것은 바로 이 때문이다. 한마디로 신경망을 토대로 한 뇌는 신체의 모든 활동을 통합 조정한다고 해도 과언이 아니다.

정신이란 이처럼 뇌를 중심으로 한 신경의 통제와 활용 기능을 총체적으로 일컫는 말이다. 신경의 활동이 원활하게 이루어져 체내에서 정보의 유통과 활용이 순조로워지면 맑은 정신이 형성되고 있는 것이며, 이것이 어려움을 겪으면 그만큼 희미한 정신 상태가 되는 것이라 할 수 있다. 그리하여 전자의 경우에는 예민한 감각, 명석한 해석과 판단 그리고 창의적 사고 등이 원활히 이루어진다. 후자의 경우에는 감각이 둔하여 정보가 왜곡되고 인식이 약하여 해석과 판단이 산만해짐에 따라 그 정도가 심할 경우, 환상이나 망상 등이 나타나기도 한다.

이와 같이 정신활동이 뇌를 주축으로 이루어지는 것은 숨길 수 없는 사실이지만, 우리 몸속의 특정 부위에 정신이 존재하고 있는 것은 아니다. 왜냐하면 정신활동은 그 자체가 독자적으로 존재하는 것이 아니라 그 외의 다른 신체 조직들과 밀접하게 연계되어 있기 때문이다. 이러한 의미에서 볼 때, 정신은 신체 각 부분이 절묘한 조화를 이루면 각종 신경망이 활성화되고 이에 부수적으로 수반되는 뇌의 신비한 소통 작용의 한 현상임을 알 수 있다. 따라서 우리가 흔히 생각하고 있듯이 정신은 신체와 뚜렷이 구분되지 않는다. 단지 정신은 좁은 의미에서 보면 건강한 생명체 내에 자연스럽게 깃드는 특수한 작용 중의 하나이다. 그렇기 때문에 넓은 의미에서 보면 이것은 세상 만물 각각의 물성(物性)에 따라 다르게 잠재되어 있는 하나의 특성이다.

이러한 의미에서 정신은 자연을 구성하는 기(氣)와 분리하여 생각할 수 없다. 정신은 신체라고 하는 실체적 존재에 내재하면서 그와는 다른 비실체적 존재성을 지닌다. 궁극적으로 정신은 그 자체가 하나의 작용 기능을 지닌 존재로서의 가능성을 내포하고 있을 뿐이다.

이러한 점에서 정신은 신체와 별다른 개체이면서 하나이며, 하나이면서 별다른 개체이기도 한 속성을 지닌다. 흔히 "건강한 신체에 건전한 정신이 깃든다."라고 하는 것은 이를 말함이다. 따라서 정신을 신체와 구분하여 생각하는 것은 자연에 대한 본질적 이해의 미흡에 따른 것이다.

인간이 공부를 하는 것도 기본적으로는 자신의 생명력을 유지하고 발전시켜 나가기 위하여 정신 작용을 보다 효율적으로 활용하기 위함이다. 정신 작용은 그 특성에 따라 수용성, 생산성, 표현성 등 세 가지로 구분된다.

• 수용성: 감각의 민감성을 나타내는 것으로 모든 정신활동의 전제

조건이다. 이를 위하여 관심과 집중은 필수적이다. 이들은 서로 엄격하게 구분하기 어려우나 굳이 구분하자면 관심은 감각의 대상에 대한 지향성에 관계되며, 집중은 감각의 양과 질에 관계되는 것이 된다.

• 생산성: 감각으로 받아들인 자료를 해석하고 판단하며 새로운 추리를 이어 가는 성향이다. 이것은 정신활동의 중핵을 이룬다고 해도 과언이 아니다. 같은 감각적 자료를 어떻게 조합하는가에 따라 그 결과가 판이하게 다르기 때문이다. 흔히 사고란 이러한 다양한 감각적 자료를 특유의 조합 과정으로 연결하는 것을 말한다.

정신은 바로 사고 과정을 통하여 그 생산성을 발휘하게 된다. 여기에서 특정 사안에 대한 정확한 이해력은 하나의 선결 조건이 된다. 창의에는 무엇보다 분석과 종합, 판단과 추리 등의 과정이 요구되기 때문이다.

• 표현성: 생산성에 따른 결과를 외부의 실재에 적용하는 것이다. 다시 말해, 내부에서 이룬 사고의 결과와 외부의 문제 사태를 연결하는 과정이다. 여기에서 한 가지 중요한 특성을 지적하면 표현성은 이전에 이루어진 생산성의 정도에 따라 서로 다른 양상을 나타낸다는 점이다. 즉, 표현성은 사고의 생산성이 저하될수록 증가되며, 사고 능력이 일정한 경지를 넘어서 생산성이 깊어지면 점차 줄어드는 경향을 나타낸다.

예컨대, 나이가 어린 아이일수록 표현이 많고 다채로우며, 사고의 정도가 고도의 정치함을 견지하는 수준에 이른 지성인일수록 표현이 짧고 간략해지는 경향을 나타낸다. 이것은 표현의 신중함이 그것의 가치를 더욱 높이는 계기가 된다.

이상의 제반 정신 작용이 평소에 비교적 잘 이루어져 많은 활동이 누적되면 두 가지 중대한 현상이 나타난다.

첫째, 자신의 육체를 정신의 명령에 종속시킨다. 다시 말해, 높은 도덕적 양식을 바탕으로 숭고한 정신의 가치를 유지할 수 있는 능력을 갖게 된다.

둘째, 깊은 예지 능력을 지닌다. 모든 사물에 대하여 관찰력이 예리해지고 이것을 바탕으로 다가올 사태에 대한 정확한 추리력을 지니게 된다.

그러나 만일 이러한 연속적 과정이 어느 한 부분에서 심한 장애를 일으킨다거나 혹은 각 과정 간에 상호 균형을 이루지 못하는 경우, 정신 작용은 필연적으로 정체되고 결국은 생명력마저 잃게 되는 결과를 초래하게 된다.

2. 의식과 사고

1) 의식

의식은 한마디로 말해 주체적 감각 능력으로, 돌덩이와 같은 무감각의 상태에서 감각과 지각 활동이 가능해지는 최소 수준의 정신활동 상태이다. 즉, 감각의 대상에 대한 지향성을 확보하여 자신이 무엇을 하려고 하는지에 대한 인식이 가능한 상태를 말한다. 하지만 실로 참다운 의식이 형성되는 것은 자신을 대자화(對自化) 하는 순간 이후이다. 이것은 자신의 정체를 스스로 감각하여 인식할 수 있는 정신의 수준이다.

물론 이러한 상태는 몸속의 기본 신경계가 서로 연계되어 활성화됨으로써 시작된다. 신경계는 크게 수의신경계와 자율신경계로 구분된다. 전자에는 중추신경과 말초신경 등이 있으며, 주로 외부 자극을 수용하고 전달하는 기능을 담당한다. 후자에는 교감신경과 부교감신경 등이 있으며, 이들은 내부 자극에 대한 감시와 통제를 담당한다. 의식은 주로 수의신경계의 작용이 활성화되기 시작하는 단계라고 볼 수 있지만 실제로 자율신경계의 도움이 없이는 불가능하다.

또한 각종 신경계의 제반 활동은 그것을 주관하는 뇌의 활동이 없이는 불가능하므로 결국 신체 내의 모든 신경활동은 뇌가 기본적인 활동을 시작하는 이후가 된다. 굳이 선후를 가리자면 신경이 활성화된 이후 두뇌활동이 개시되는 것으로 볼 수 있으나 엄밀하게 구분할 수 있는 것은 아니다.

이러한 의미에서 볼 때, 의식은 뇌가 내·외부의 자극을 수용하기 시작하여 신경망을 활성화하는 순간 이후 주체적으로 그러한 수용 기능을 관리할 수 있는 수준까지의 정신활동 상태를 말한다. 따라서 의식은 우선 내·외부의 자극에 대한 뚜렷한 지향성을 지닌다. 다시 말해, 특정 대상의 기본적 정보를 수집하기 위한 집중력을 지닌다.

예컨대, 순간 정신을 잃었던 사람이 의식이 들면 먼저 자신이 현재 처한 상황에 대한 기본적 사항에 집중하게 된다. 이때, 감각 작용은 신경 기능을 활성화하여 의식 수준을 높이는 데 필수 요건이다. 따라서 기본적으로 신체가 허약하거나 감각기관에 어떠한 문제가 있는 경우, 의식 작용은 근원적으로 어려움을 겪게 된다. 그러므로 감각 기능이 가장 저하되는 수면 중에는 의식 역시 가장 약해져 있는 상태가 되는 반면, 감각 기능이 극에 달하는 긴박한 상황에 부딪히면 긴장이 고조되어 의식은 최고 수준에 이르게 된다.

이처럼 의식은 감각과 깊은 관련을 가지고 있기 때문에 만일 인간의 감각에 문제가 발생하면 자연히 의식에도 치명적 손상이 초래된다.

예를 들어, 아무리 정상인이라고 하여도 어둡고 밀폐된 공간에서 시각과 청각을 동시에 활용할 수 없는 상태로 오랜 기간 생활하게 된다면, 감각의 손상은 물론 거의 정상적 의식의 회복이 불가능한 상태가 된다. 그러므로 일정 수준의 의식을 견지하기 위해서는 언제나 자극을 통한 감각 기능의 활성화가 거의 필수적이다.

2) 사고

(1) 사고의 배경

당초 사고가 촉발되는 근거는 의식의 발생이다. 처음에 감각 기능의 활성화로 나타나기 시작하는 미약한 수준의 의식이 시간의 흐름에 따라 점차 높아지면 일정한 대상에 대한 집중이 고조되어 대자화(對自化) 수준에도 이를 수 있게 된다. 그러나 아직 의식 수준이 충분하게 갖추어지지 않은 상태에서는 뚜렷한 인식은 물론 특정한 사고도 불가능하다. 그러므로 의식은 문제 해결에 대한 자신의 의도를 감지할 수 있는 정도의 수준에 이르러 감각의 민감성이 확보되는 순간

이후에 비로소 사고의 중요한 토대가 된다고 볼 수 있다.

그렇다고 해서 의식이 단순하게 사고활동의 보조 역할에만 한정되어 있는 것은 아니다. 일정한 사고활동을 전개하면서도 동시에 또 다른 대상에 대한 의도적 감각 태세를 견지하기도 한다. 예를 들면, 한 학생이 리포트를 작성하고 있는 과정에서도 한 시간 후 친구와 만나기로 약속한 시간을 의식한다.

이러한 의미에서 볼 때, 의식은 모든 정신 작용의 터전으로서 주로 자극의 수용에 관여하고 있으며, 사고는 신체와 주변 환경의 관계적 맥락의 타당성 검토 및 조정에 관여한다. 다시 말해, 의식이 정신 작용의 터전이라면, 사고는 신체를 이루는 세포들이 총체적 생명을 유지하고 발전시키려는 의도에 따른 신체 조직 본연의 활기찬 정신 작용이다. 즉, 각자 생명력을 소지하고 있는 수많은 단위세포가 총화를 이루어 문제 해결을 위한 사고 작용이라는 새로운 정신 기능을 창출해 내는 것이다.

이때, 신체는 단순히 세포조직이라는 의미를 넘어서 생명 에너지의 작용에 따른 불가지(不可知)의 그 무엇, 곧 정신 작용이 내재하여 있음을 분명하게 드러낸다. 많은 사람이 사고를 두뇌의 작용, 생각하는 행위, 이성의 활동 등으로 막연하게 생각하고 있으나 그것보다는 조금 더 명확한 의미가 있음을 확인해 둘 필요가 있다.

따라서 사고는 기본적으로 신체의 생명 유지 활동을 위한 핵심적 정신의 작용이다. 즉, 신체가 요구하는 강한 총체적 생명의 추구는 건강한 신체의 확보를 전제로 하므로 그를 위한 방책을 강구하고자 사고가 촉발된다.

사고에는 기본적으로 두뇌의 정보처리과정, 즉 이해, 분석, 종합,

판단, 추리 등의 다양한 활동이 이어지는 과정이 요구된다. 하지만 이들을 간략하게 말하면 특정 사물이나 현상을 인식하여 새로운 의미를 창출해 내는 것이다.

인식은 몸 안의 신경을 활성화하여 일차적으로 감각자극을 수용하여 지각한 후 기호로 변환하여 다시 변별하고 파악하여 개념화하는 것이며, 의미의 창출은 그러한 개념들을 상호 관련지어 새로운 관계망을 형성하는 것을 말한다. 결국 사고는 정신 작용에 기반을 두고 감각, 지각, 인식 등 다소 복잡한 과정이 모두 정상적으로 이루어질 때 비로소 가능해진다.

이러한 의미에서 인간의 사고 능력은 기본적으로 감각에 뿌리내리고 있는 것임을 알 수 있다. 즉, 감각자극에 대한 인식이 바로 사고의 토대가 된다. 인식이 감각자극의 해석이 중심이라면, 사고는 해석 결과물 간의 관계맺음이 핵심이 된다.

물론 감각자극의 해석에도 그러한 관계맺음이 없는 것은 아니지만 이것은 사고의 관계맺음과는 의미가 전혀 다른 것이다. 전자가 오로지 감각 대상의 정밀한 해석을 위한 관계맺음인 것에 반해, 후자는 새로운 의미의 모색을 위한 관계맺음이다. 또한 양자가 모두 소정의 개념을 산출한다는 점에서는 동일하지만 그 개념의 의미는 전혀 다르다. 전자가 대상 인식의 수단을 제공하기 위한 개념 형성 작용이라면, 후자는 대상 인식의 새로운 준거를 제공하는 개념 형성 작용이다.

예컨대, 인식에 의한 '태양'이라는 개념은 단지 한 대상을 인식하기 위한 수단이 될 뿐이다. 하지만 사고에 의한 '공전'이라는 개념은 태양을 새로운 측면에서 인식하게 하는 수단으로서 새로운 개념이다.

다시 말해, '태양'이라는 말은 단지 특정 대상을 지칭하기 위해 또한 그 대상을 감각적으로 인식하기 위한 수단적 개념이다. 그러나 '공전'이라는 말은 특정 대상을 지칭하기 위한 것이 아니라 그것을 보다 정확하게 인식하기 위한 관계적 개념이다. 사고는 이처럼 관계적 개념을 산출하는 과정이 중심이 된다.

이제 사고와 관련하여 그 수단이 되는 말과 문자 그리고 사고의 단계와 유형을 중심으로 사고의 의미를 조금 더 구체적으로 살펴보고자 한다.

(2) 말과 문자

사고는 말과 문자에서 시작된다고 해도 과언이 아니다. 말과 문자가 뜻을 전하는 본질적 기능에서는 동일하다고 할 수 있으나 실질적 기능에서는 엄청난 차이가 있다. 우선, 말은 일정한 시간과 장소에 있는 사람에게 소정의 뜻을 전달하기 위해 사용한다. 그래서 말은 전하는 사람이 말하는 순간에 그 시간과 장소에 있었던 사람만이 뜻을 전달받을 수 있다. 그러나 문자는 사정이 다르다. 이것은 기본적으로 기록하기 위해서 사용한다.

물론 기록하는 것도 뜻을 전하기 위한 것이지만 그 전달 방식은 말과는 전혀 다르다. 문자는 말이 갖지 못하는 시·공간 초월성을 지닌다. 기록을 통하여 과거의 삶을 현재와 미래에 전할 수 있고, 누구나 시간과 장소에 구애받지 않고 오대양 육대주의 삶의 모습을 두루 살펴볼 수가 있다.

이와 같은 문자의 시·공간 초월성이 갖는 의미는 그것이 사고에서 특수성의 보편화와 주관의 객관화를 가능케 한다는 점이다.

특수성의 보편화란 문자로 표현되는 순간 이미 실체의 감각 특성을 벗어나는 것을 의미한다. 어떤 특정의 컵을 지칭하여 "이 컵"이라고 표현했어도 특별히 지칭했던 컵의 감각 특성은 이미 사라지고 어느 곳에서나 쉽게 접할 수 있는 일반적인 하나의 컵으로 둔갑한다. 문자는 단지 대신 기능을 할 뿐 그 실체 혹은 자체가 될 수는 없기 때문이다.

주관의 객관화라는 것은 문자로 표현하는 순간 이미 자신의 생각은 사라지고 다른 사람들과 공통의 생각으로 바뀌는 것을 말한다. 아무리 필자 혼자만의 생각이라고 할지라도 그것이 다른 사람들에게 이해되고 공유되지 않는다면 자신의 기억을 잠시 대신할 수는 있어도 문자의 본래 기능인 전달에는 실패하고 만다. 따라서 모든 문자는 공유된다는 점에서 의미가 있으며, 공유가 되면 이미 자신만의 생각이 아닌 모두의 것이 된다.

이러한 의미에서 문자는 특히 사고에서 말이 대신할 수 없는 특수한 기능을 하고 있음을 알 수 있다.

(3) 사고의 단계
일반적 사고의 단계는 수없이 다양하지만 대표적인 것으로는 이해, 분석, 추리, 적용, 종합, 판단, 평가 등의 단계가 있다.

- 이해 단계: 사고의 기초 자료를 마련한다. 즉, 사고에 활용될 각종 개념이나 원리를 자신의 인지 구조의 틀에 일치시켜서 인식하는 것이다.
- 분석 단계: 인식된 각각의 개념을 세분화하여 핵심적인 부분과 지

엽적인 부분으로 구분하고, 각 부분 간 상호 관련의 개연성을 차례대로 세밀하게 나누어 살펴보는 것이다. 이것은 개념들 간 관계의 터전을 마련하기 위한 준비를 하는 것이 주목적이 된다.

- 추리 단계: 분석 자료를 토대로 각 개념 간 관계의 개연성을 찾아 그 관계의 규칙을 모색하고 새로운 관계를 설정해 보는 것이다. 추리는 동일, 모순, 배중, 충족 원리 등의 기본 논리를 중심으로 하여 연역추리, 귀납추리 등의 방법을 활용한다. 전자는 보편 원칙에서 특수 사실을 유추해 내고, 후자는 특수 사실에서 보편 원칙을 수립한다. 추리의 기본 원리는 특수 사실과 보편 원칙의 관계를 파악하는 것이다. 즉, 특수 사실의 다양성과 단일 형식의 보편성을 상호 관련지어 그 관계를 모색한다.

- 적용 단계: 추리로 밝혀진 새로운 원리나 사실을 실제와 연계하여 확인하고 검증하는 과정이다. 아무리 논리적으로 추리가 틀림이 없다고 해도 그것을 실제로 적용할 수가 없다면 한갓 허황된 꿈을 꾸는 것과 다를 바가 없기 때문이다.

- 종합 단계: 이해에서부터 적용에 이르기까지 모든 과정을 연결하여 최종적으로 검토하는 과정이다. 여기에서는 추리에 따른 사실과 원리에 대한 비판적 검토가 중심이 된다.

- 판단 단계: 결행을 위한 사실 혹은 원리를 최종 확정하는 것이다. 판단은 판단의 자료를 기준으로 하여 사실판단과 가치판단의 두 부류로 나뉜다. 일반적으로 전자는 논리적으로 증명이 가능한데 반해, 후자는 그것이 불가능하다.

이 밖에도 양, 질, 관계 등에 따라 여러 가지 판단의 종류가 있으며, 특히 양에 따른 전칭, 특칭, 단칭 판단 중에서 전칭과 특칭 판단은 오류의 가능성이 매우 높다.

- 평가 단계: 결행 이후 사고의 전후 과정과 실행의 전후 과정의 장단점을 두루 살피는 것이다.

이상의 제반 사고의 단계는 부분적으로는 구분되지만, 실제로 상호 밀접하게 연계되어 구분하기 어려운 하나의 연속적 과정으로 보는 것이 더 타당하다.

(4) 사고의 유형

사고의 유형은 크게 문제 해결에 따른 대안적 사고와 관심 분야에서 새로운 아이디어 창출을 위한 창의적 사고로 구분한다. 물론 연역적 혹은 귀납적 사고 등을 사고의 유형으로 보는 경우도 있으나 그것은 단지 사고의 흐름을 나타내는 것으로 일종의 사고방식이다. 어떠한 사고에서도 그러한 흐름을 피해갈 수 없기 때문이다. 따라서 반성적 사고나 창의적 사고 또는 감각적 사고나 개념적 사고 등 어떠한 사고에서도 그 진행 상황에 따라 연역적 혹은 귀납적 사고의 흐름이 개입된다.

이러한 관점에서 사고는 특정 목적을 위한 대안적 사고와 인식의 안정을 위한 창의적 사고로 구분할 수 있다. 얼핏 생각하면, 모든 사고는 기본적으로 창의를 전제로 하므로 굳이 사고를 따로 구분할 필요가 없다. 그러나 같은 창의라고 할지라도 그 동기의 측면에서는 서로 다르다. 전자는 당면 과제의 해결이라는 수동적 사태에 따른 것인데 반해, 후자는 보다 효율적 방안의 구안을 위한 적극적 사태에 따른 것이기 때문이다.

대안적 사고는 앞서 살펴본 사고의 제 단계를 축약한 형태라고 할 수 있으므로 여기에서는 다만 창의적 사고를 중심으로 간략하게 살펴보고자 한다. 일반적으로 창의적 사고는 착상, 성숙, 창출 등의 세 단계를 중심으로 생각한다.

착상은 문제의 인식과 분석을 통한 비판적 의미를 찾아낸 상태이다. 여기에서 사고가 촉발된다.

성숙은 문제의 근원을 살펴가며 관계 개념들의 생산적 관계를 모색하는 것이다. 즉, 개념의 변형과 변경, 축소와 확대, 삭제와 첨가, 수정과 보충심화, 색다른 측면의 검토 등을 통하여 개념 간 새로운 관계를 모색하여 나가는 상태를 말한다. 본격적 사고 과정이 진행되는 단계이다.

창출은 성숙 단계를 통하여 보다 진전된 새로운 의미를 창출해 내는 것이다. 이러한 창출은 일순간에 이루어지는 경우도 있지만 대체로 일정 시간 또는 장기간에 걸쳐서 이루어지는 것이 보통이며, 심지어 끝내 무산되는 경우도 허다하다.

이러한 의미에서 창출은 창의적 사고의 성패를 가름하는 매우 중요한 단계이다. 물론 이것은 성숙 단계에서 보다 치밀하고 정교한 검토가 이루어져야 가능하며, 이것은 또한 착상 단계에서의 명확한 인식이 선행되어야 하는 것임은 다시 언급할 필요가 없다. 창출은 모두 이들의 결과에 의해 좌우되기 때문이다. 새로운 개념의 정립이나 개념 간 관계의 변환, 변형, 개선 등은 모두 창출에 의한 것이라고 할 수 있다.

이상의 제반 사고의 유형은 평소 많은 독서를 통하여 실제로 자주 활용하고 검토해 봄으로써 서서히 익혀 나가는 것이 중요하다.

3. 인지와 정서

1) 인지

앞에서 정신은 신체가 형성됨에 따라 그 속에 깃들어 있는 것임을 살펴보았다. 따라서 정신은 신체 각 부분의 조화와 건강 정도에 따라 그 작용이 다르게 나타난다. 이러한 신체와 정신의 관계처럼 인지는 정신에 깃들어 있는 작용이다. 더 구체적으로 말하면, 정신활동은 이미 신경망을 통하여 들어오고 나가는 정보처리과정을 전제로 한다. 따라서 모든 정신활동에는 모종의 자극에 대한 인식 정보가 유통된다는 점이 포함되지 않을 수 없다.

그러한 인식은 감각, 지각, 인식, 사고, 검증 등의 자극 정보 처리의 모든 단계적 과정에 개입된다. 이와 같이 정보처리과정에 따르는 단계별 인식활동의 총체를 인지라고 한다. 다시 말해, 정보처리과정의 단계별 인식이 총체적으로 순조롭게 이루어지기 위해서 인지활동이 요구되는 것이다. 이제 인지활동의 각 단계를 구체적으로 살펴보면 다음과 같다.

(1) 감각 단계

감각 단계는 특정 자극 사태에 대한 정보를 있는 그대로 받아들이는 단계이다. 이것은 단순히 정보의 수용에 불과하지만 이미 자극의 강도가 신체의 감각기관을 자극하는 정도 이상의 수준으로 높아져 말초신경망에 닿아 수용되는 상태를 의미한다. 물론 이때 받아들이는 자극의 강도는 자극을 유발하는 물체의 자극강도에 따라 다르기도 하지만, 그보다는 각자 지닌 감각기관의 감각 능력 여하에 따라서 더 크게 좌우된다.

유아기의 감각발달이 그토록 중요한 것은 바로 이 점 때문이다. 유아기는 눈, 귀, 코, 입, 신체 등의 각 감각기관이 바른 감각 능력을 갖추어 나가는 시기이며, 이때 이러한 능력을 준비하지 못하면 평생에 걸쳐 감각에 어려움을 겪게 된다. 이러한 의미에서 유치원 원아들의 활동은 신체 감각 능력의 발달과 밀접하게 연계되어 있다는 점을 깊이 유념해 두어야 한다.

여하튼 감각 단계는 어떠한 수상한 자극이 신경망에 포착되어 수용되었다는 것을 알려 주는 단계에 불과하다. 즉, 감각은 결과가 아닌 유발 그 자체이다. 따라서 감각의 중요성은 바로 이 유발성에서 찾을 수 있다. 이것은 감각의 예민성을 바탕으로 지각의 자료를 확보하는 기초가 된다. 아무리 화재가 발생한 위급한 상황일지라도 감각의 예민성이 부족하면 그러한 자극을 아예 감각할 수 없다.

또한 어떠한 것을 감각하였다 해도 그것이 무엇인가에 대한 명확한 자료를 얻지 못한다면 아무 소용이 없다. 예를 들어, 화재가 난 경우 적어도 열기나 연기를 자신의 시각 또는 촉각이나 후각으로 있는 그대로 받아들이고, 만일 열기의 경우라면 그것의 정도를 순간적으로 수용할 수 있어야 한다. 이것은 단지 감각자료를 얻어 내는 것으로, 감각을 판단한 결과가 아니라 지각을 유발하는 자료를 얻은 것에 불과하다. 따라서 감각은 그것의 수준과 정확성을 유지하는 것이 중요한 관건이 된다. 순간의 감각으로 얼마나 많은 정보를 어느 정도로 명확하게 얻을 수 있는가 하는 것이 중요하다. 대개 감각 능력이나 자극의 강도가 부족하면 여러 번 반복하여 감지하거나 부분적 혹은 그릇된 정보만을 얻을 수밖에 없는 것이 숨길 수 없는 이치이다.

(2) 지각 단계

지각 단계는 감각자극의 일차적 의미를 실제 수준으로 알아차리는 단계이다. 이러한 지각적 인식 단계에서 절대 빼놓을 수 없는 자극의 세 가지 중요한 구성 원칙이 있다. 제1원칙으로 시간과 공간, 제2원칙으로 양과 질, 제3원칙으로 존재 형태와 양식 등이 있다. 이에 대하여 구체적으로 살펴보면 다음과 같다.

- 제1원칙 시간과 공간: 지각의 근원적 기초를 마련해 준다. 지각은 필연적으로 그 자극이 존재하는 기초 공간과 시간을 전제로 한다. 즉, 존재물이 점유하고 있는 공간과 시간의 차원에서 연속적이고 변함없는 자극의 정보 제공 없이는 지각 자체가 불가능하다. 또한 여기에 자극의 양과 질 그리고 다양한 존재 형태와 양식의 차이에 따른 일정한 기준이 지각 과정에 가해짐으로써 비로소 올바른 지각이 가능하게 된다.

  그러나 이러한 제반 원칙에 따른 구조적 지각을 벗어나면 탈맥락적 인식의 오류를 범하게 된다.

  예컨대, 가상세계를 통한 지각은 사물의 인식에서 제1원칙인 실제의 공간과 시간을 경험할 수 없도록 하는 대표적 경우이다. 같은 사물의 지각이라고 해도 실재 공간이 아닌 가상 공간의 지각이 반복되면 실재의 공간과 가상의 공간에 대한 구분을 할 수 없게 되어 높은 옥상에서 거리낌없이 뛰어내리거나 한번 저질러진 죽음도 시간을 거슬러 다시 되살릴 수 있다고 생각하는 등 심각한 지각장애를 갖게 된다.

- 제2원칙 양과 질: 지각의 확실성을 좌우하는 중요한 요소 중의 하나이다. 모든 지각은 일차적으로 자극의 양과 질에 의하여 수용된다. 실체가 직접 발산해 내는 자극의 규모와 정도가 일정 수준에 달하지 못하면 아무리 실재하는 것일지라도 그것의 존재 여부를 지각할 수 없다. 그러므로 만일 실물이 아닌 모형이나 사진, TV 등을 통하여 지각 경험을 하면 자연히 사물의 높낮이, 거리, 크기, 규모, 질감, 존재 형태와 양식의 변화 정도 등에 대한 자극의 양과 질이 현저히 격하되어 상대적 혹은 절대적 인식이 불가능해진다.

  예를 들어, 넓은 들판의 다양한 꽃, 하늘에 보이는 별 등을 한가로이 바라본 경험이 없는 사람은 그 자극의 크기와 복합적 구조를 관계적으로 생동감 있게 이해할 수 없다. 단순하게 사진을 보거나 이야기로 전해 들은 정도만으로는 물체별로 그것이 자리하고 있는 위치 에너지가 갖는 자체 파괴력, 물체를 구성하고 있는 각 부분 간의 구조적 중요성 등을 이해하지 못하게 되어 지각의 구조 형식에 치명적 손상을 입게 된다.

- 제3원칙 존재 형태와 양식: 지각 자료의 종합적 연계에 중요한 부분을 차지한다. 지각은 기본적으로 일정한 구조 형식을 지닌다. 모든 존재는 자신과 환경의 관계에 따른 최적의 조건을 형성하기 위하여 나름의 존재 형태와 양식을 갖고 있다. 따라서 그러한 관계 이해를 벗어난 존재 이해는 그만큼 제약적일 수밖에 없다.

  예컨대, 코끼리, 기린, 황새, 박쥐, 고래, 산호초 등은 그들의 생활환경과 관련하여 독특한 존재 양식이 있다. 또한 곤충들은 상황에 따라 애벌레, 알, 성충 등의 존재 형태의 변화가 있을 수 있다는 점을 이해하지 못하면 그만큼 참다운 지각이 불가능해진다.

지금까지 살펴본 이러한 지각의 제반 구성 원칙에서 볼 때, 지각은 한마디로 말하면 감각자극의 무분별한 다양성을 체계적으로 정리하여 인식하는 단계이다. 즉, 여기에서는 감각을 통하여 얻은 각종 자료를 간략하게 정리하여 정보의 실체를 직접 파악함으로써 인식의 기초 자료를 제공하는 작용이 이루어진다. 때로는 위급상황에 곧바로 활용할 정보도 있기 때문에 일단 자극 자체로 얻어진 자료를 가감 없이 직감적으로 파악하기도 한다.

이 단계에서는 자극 자체의 순수 자료만을 활용하기 때문에 자료 자체의 변용을 꾀하지 못할 뿐만 아니라 아직 기존 내부 정보와의 대조, 분석 등을 할 수가 없기 때문에 상대적 혹은 절대적으로 자극의 명확한 의미는 파악하지 못하고 있는 것이 특징이다.

대체로 지각력이 부족한 것은 감각 능력의 부족에 기인하지만 때로는 지각 원칙에 따른 다양한 지각 경험의 부족에서 나타나기도 한다. 특히 유아기의 지각 경험은 감각을 예리하게 만드는 중요한 의미를 지니며, 반대로 감각기관의 발달은 지각을 충실하게 만드는 원동력이 된다. 다시 말해, 지각 경험과 감각의 발달은 상호 보완적 성격을 지닌다.

그러나 최근 정보통신의 발달로 인하여 어린 시절에 실물을 직접 대하는 직접적 체험이나 지각 경험이 극히 제한되고, 주로 TV나 컴퓨터 화면을 통하여 사진과 동영상으로 접하는 간접적 감각 또는 지각이 증가됨에 따라 감각발달의 둔화는 물론이려니와 감각의 총체적 맥락을 살필 수 있는 지각 능력마저 잃게 되어 인간의 심리발달에 심각한 문제가 제기되고 있다.

예컨대, 밤나무에서 밤송이를 직접 따서 가시에 찔려 가며 벗겨 먹어 본 체험이 없이 오로지 화면에서만 밤나무를 본 적이 있는 사람은 실제 나무의 크기, 밤꽃의 변화 등에 대한 생생한 지각 자료를 갖고 있지 못하기 때문에 밤을 사서 맛볼 수는 있어도 밤나무와 도토리나무, 알밤과 다람쥐 등의 관계적 파악이 어렵게 된다.

이처럼 관계 이해가 어렵게 되면 수많은 다양한 자극을 단편적으로 암기하는 암기력만 증가될 뿐 개념 간의 관계, 곧 개념체계의 형성이 지체되어 관계적 이해력의 부족은 물론 새로운 창의적 사고가 불가능해진다. 바로 이러한 점에서 발달 초기에 직접적 감각과 지각 경험의 결여는 그 문제의 심각성을 부인하기 어렵다.

(3) 인식 단계

인식 단계는 개념체계가 중핵이 되며, 이것은 인식의 결과이며 한편으로는 인식의 바탕이다. 인식은 기본적으로 자극의 본질적 의미를 파악하여 개념을 형성하고 개념체계를 구조화하는 단계이다. 이 단계에서 가장 두드러진 특징은 지각된 자료를 그에 맞는 기호로 변환하고 대조하는 과정이 내재하여 있다는 점이다.

다시 말해, 인식이란 자극 자체의 지각 정보를 문자로 새롭게 변환함은 물론, 과거 인식을 통하여 이미 기억 속에 저장해 두었던 기존의 개념체계를 토대로 하여 유사 정보 또는 정반대의 정보 등 관련 정보들과 상호 비교 및 분석하는 과정이다. 이 과정을 통하여 지각의 실체에 대한 상세한 속성들을 문자에 의한 의미로 비교적 명확하게 확인함으로써 그에 대한 나름대로의 개념을 형성하게 된다. 이러한 개념적 파지 단계가 바로 인식이다.

인식의 특징은 인식 대상이 감각을 통하여 전달해 주는 감각의 복잡하고 다양함을 일정한 형식에 따라 지각한 후, 그것을 다시 문자로 단순 명료화하여 중핵(내포)과 주변적(외연) 의미를 구분한다는 점이다.

그러므로 인식 단계는 대상이 차지하고 있는 공간과 시간을 초월하여 새로운 인식에 도달하게 한다. 그리고 그렇게 함으로써 각종 대상 간의 관계를 설정해 주는 단서를 제공하여 새로운 생각을 창출해 내는 기반을 조성한다는 점에서 인식의 획기적 전기를 마련하는 매우 중요한 단계이다.

(4) 사고 단계

사고 단계는 인식한 정보와 기존의 다른 정보와의 관계를 파악하는 단계이다. 이미 앞서 밝힌 바와 같이 이것은 정신 작용의 가장 중요한 부분으로 여기에서는 주로 개념적 자료를 활용한다.

사고는 본래 문제 상황에서 기존의 획득한 정보를 어떻게 활용할 것인가에 대한 탐구에서 기인되기는 하지만, 기본적으로는 기존의 개념을 새로운 개념체계로 변용하는 것을 모색하는 것이라고 하는 것이 더 정확한 표현이다. 사고에서 이러한 현상이 발생하는 것은 개념이 지니고 있는 의미와 실제 생활의 적용 사태가 일치되지 않는 인식의 근원적 불완전성 때문이다. 그리하여 인식은 항상 이러한 문제점을 보완하여 한층 더 효과적인 의미로 변환하고자 하는 특성을 지닌다.

이러한 까닭으로 인식의 수준이 깊어질수록, 개념과 현실의 차이가 커질수록 개념 보완의 필요성이 더 증대되고, 이에 따라 복잡한 개념 관계를 더욱 면밀히 살펴보게 되는 사태가 발생한다. 세상만사가 자신이 뜻하는 대로 쉽게 이루어지고, 만사를 대충 이해하고서도 만족할 수 있다면 아마 이러한 단계는 필요 없을 것이다.

그러나 끊임없이 제기되는 다양한 문제 상황에 대처해야 하는 긴박한 현실과 보다 새로운 여건을 추구하려는 인간의 본성적 성향은 인간으로 하여금 생각을 하도록 강요하고 있다.

여하튼 이처럼 개념의 변용 과정을 통하여 새로운 의미의 창출을 가져오는 단계를 사고라고 한다. 이러한 의미에서 볼 때, 생각은 사고의 결과로 나타나는 부분적 현상이다. 결과적으로 보아 새로운 개념이나 아이디어의 창출이 없는 사고는 공허하다.

(5) 검증 단계

검증 단계는 인지 과정의 정리 단계로서, 특히 정서와 깊은 관련을 맺고 있다. 엄밀히 말하면 검증은 감각, 지각, 인식, 사고 등 모든 인지 과정에 연계되어 환류(還流, feedback)하는 과정이기 때문에 정신의 지적 활동인 것은 분명하다. 하지만 이러한 검증 단계에서 자신의 이해관계에 따라 인식 결과를 수정하거나 확정하여 비로소 활용할 수 있는 여건이 조성된다. 따라서 검증 단계는 전후 맥락에 따른 일치 여부에 따라 정서가 표출되어 나타남으로써 검증을 확인할 수 있는 계기가 마련되기 때문에 정서가 중요한 의미를 지닌다.

이상의 제반 인지활동의 단계에 걸쳐 나타나는 인지 과정에서 절대 놓칠 수 없는 부분은 인지 과정이 주체의 수단적 대처 과정이라는 점과 개념체계를 활용한다는 점이다. 좀 더 구체적으로 말해, 인지 작용 중에서 감각, 지각, 인식 등의 단계는 거의 자극을 단순히 기계적으로 받아들이는 수용적 성향의 작용으로 자신의 의지가 개입될 수 있는 여지가 거의 없었다고 해도 과언이 아니다.

물론 실제로 감각을 선택하고, 지각을 구성하고, 개념 변환을 모색하는 등의 의도가 전혀 없었던 것은 아니지만 이것은 그와 같은 주체의 주도적 판단의 개입이 필수적으로 요구되는 부분은 아니다.

그러나 사고 단계와 검증 단계는 사전에 자신의 사전 계획과 사고 과정에서의 탐색, 비교, 분석, 종합, 판단 등의 활동과 사후의 결과 평가에 따른 문제점 발견, 대책 수립 등의 분명한 주체의 관여가 필수적으로 요구된다. 특히 검증 단계는 자신의 이해관계로 정서의 개입을 피할 수 없게 한다.

따라서 이러한 주체의 의도적 관여에 따른 검증이 수반되지 않는 인지 작용은 무의미한 것이다. 여기에서 인지와 정서의 밀접한 관련성을 어느 정도 확인해 볼 수 있다. 이러한 의미를 다음의 정서에서 보다 상세하게 살펴보고자 한다.

2) 정서

정서(情緖)를 한자 자체에 따라 해석하면 '정의 싹이 돋아남'이다. 따라서 정서를 이해하기 위해서는 먼저 '정(情)'에 대한 이해가 선행되어야 한다. '정'의 본질은 '기(氣)'의 분리에 따른 본원적 동질성의 추구'이다. 이것을 유교는 '인(仁)'으로, 불교는 '자비(慈悲)'로, 기독교는 '사랑'으로 나타내고 있다.

인이란 만물일여(萬物一如), 곧 만물이 하나가 됨을 일컫는 것이며, 자비란 동정심, 곧 남의 어려움을 자신의 것처럼 받아들이는 것이며 그리고 사랑이란 특정 대상에 대한 깊은 관심과 무조건적 지원을 뜻한다. 이들은 모두 한결같이 하나가 됨을 나타내고 있다. 따라서 모든 '정'은 일체감을 모체로 하는 것임을 알 수 있다.

이러한 일체감은 주체의 주도적 참여에 의하여 이루어지는 사고 과정에 드리워 있는 알 수 없는 불안정을 보완하려는 심리 작용의 한 측면이다. 이것은 곧 주체의 고독한 결단이 과연 주변과 바람직한 조화를 이룰 수 있을 것인가에 대한 의구심의 발아이다. 이러한 의미를 조금 더 구체적으로 살펴보면 다음과 같다.

인간에게 있어 사고는 주체의 고유한 특성을 지닐 수 있는 유일한 영역에 속한다. 물론 인간의 신체도 자신만의 개성을 나타내는 일면이 있지만 이것은 거의 고정된 실체이다. 또한 인간은 자신의 신체를 스스로 선택한 것이 아니라 단지 부모로부터 부여받은 것이기 때문에 자신의 특성과는 별개의 것으로 간주하는 경향이 은연중 내재한다.

하지만 인지 작용의 핵심 부분인 사고는 오직 자신의 의도를 가지고 시·공간의 여건에 따라 자신의 고유한 본질을 다양하게 담아낼 수 있는 거의 유일한 영역이다. 그러므로 사람들은 무의식적으로 이러한 특유의 영역에 대한 한없는 애정을 지닌다.

이러한 애정은 개별 상황에 따른 주도적 인지 능력에 대한 소정의 결과를 실제 상황에서 실험적으로 확인해 보고자 하는 검증 욕망으로 나타난다. 이에 따라 그 만족의 정도가 나타나게 되는 바, 이것이 바로 정서의 출발점이 된다.

예를 들면, 학생들이 나름대로의 독창적인 생각으로 과제물을 작성한 후 선생님께 제출하였다면 당연히 그에 따른 평점을 기대하게 되고 자연히 그 평가의 결과에 따라 희비가 엇갈리게 된다.

따라서 정서는 기본적으로 특정의 인지 정보를 확인하는 과정에서 발생되는 심리 작용이다. 더 구체적으로 말해, 정서는 내부의 인지 정보와 외부 대상과의 일체감에 근원을 두고 있다. 감각에 유입된 정보의 해석이나 사고는 항상 자신의 이해관계에 따라 판단이 형성되고, 인지 작용의 결과는 실제로 외부에 적용되면서 그 활용의 여부가 관건이 된다.

이때, 일치되는 경우에는 내부 자신의 생각과 외부의 대상이 하나가 되어 쾌감이, 그 반대의 경우는 불쾌감이 유발된다. 이러한 의미를 기(氣)의 작용 측면에서 구체적으로 살펴보고자 한다.

(1) 기(氣)의 작용과 정서

원래 정서는 기분이 좋다 또는 나쁘다와 밀접하게 연결되어 있다. 기본적 정서인 쾌와 불쾌의 유발은 근원적으로 기(氣), 즉 에너지 작용의 현상에 따른 것이다. 대체로 에너지는 그 자체의 특성, 즉 동성(動性)으로 인하여 항상 본성적으로 일정한 활력과 방향성을 요구한다.

그리고 에너지의 활력은 일정한 방향성을 확보할 수 있는가의 여부에 따라 좌우된다. 에너지는 한곳으로 집중될수록 활력이 증가하며, 분산될수록 그만큼 감소한다. 쾌와 불쾌의 감정이 발생하는 것은 이처럼 일정한 방향성의 확보에 따른 에너지 활력의 증감 여부와 밀접한 관련을 갖는다.

이러한 방향성은 자신과 타자의 일체감 여하에 따른다. 일체감이 증가할수록 보다 명확한 방향성이 확보되어 나타난다. 다시 말해, 내적 사고와 외부의 반응이 일치하는 경우는 에너지의 방향성이 비교적 수월하게 확보되어 신체 자체의 동성(動性) 에너지가 활성화되지만, 반대로 일치하지 않는 경우에는 에너지의 활성화에 장애가 발생한다.

이때, 후자는 에너지의 활력을 저하시키고 이러한 순간적 활력의 상실은 에너지 질서 본연의 동성(動性)에 혼란을 야기한다. 그 결과 각 정도에 따른 불쾌 반응이 나타나게 된다. 정서는 곧 이와 같은 에너지의 활력과 억제에 따른 신체적 반응이다.

앞서 이미 밝힌 바와 같이 자연은 항상 변화에 따른 변질과 변형을 이어 간다. 이는 이미 누차 말한 바와 같이 기본적으로는 취합과 이산에 따른 현상이다. 이때, 취합은 취합대로, 이산은 이산대로 본연의 동질성을 유지하려는 경향을 보인다. 그러나 여러 가지 이유로 그러한 경향성이 지나치거나 부족하게 될 때 일정한 호감이나 거부 현상이 나타나게 되는데, 정(情)은 바로 그 미세한 순간에 발아한다.

더 구체적으로 말해, 우리가 일상생활 속에서 만족감을 갖게 되는 것은 자신의 생각과 현실이 비교적 용이하게 동질성, 곧 일체감을 형성하고 있음을 나타내며, 불만족 상태는 그 반대의 경우가 된다.

이러한 의미는 인간 정서의 중요한 기반이 되는 애착을 통하여 분명히 확인할 수 있다. 애착은 만 1세 이전 모유 수유기에 형성된다. 이 시기에 적절한 애착 경험을 하였는가의 여부가 곧 그 사람 평생의 정서를 좌우한다. 이것은 거의 생리현상에 따른 동물적 감각에 따라 형성되며, 그 요체는 엄마의 생리주기와 아기의 생리주기를 일치시키는 것에서 비롯된다. 즉, 엄마의 유방에 젖이 들어차거나 줄어드는 것은 지극히 자연스러운 생리현상이다. 일정한 때가 되어 엄마의 유방에 젖이 가득 차면, 엄마는 자신도 모르게 아기에게 젖을 주고 싶은 마음이 생겨난다. 바로 이때, 아기가 배고픔을 느껴서 엄마의 젖을 찾는다면 엄마와 아기는 모두 순간적으로 한마음, 즉 일체감을 이루어 서로 편안하고 즐거운 교감과 교류가 이루어진다.

이러한 순간의 절묘한 일치를 일상생활 속에서 항상적으로 경험하면 엄마는 아기에 대한 한없는 사랑을, 아기는 엄마에 대한 한없는 고마움을 느끼게 되고, 결국 엄마와 아기는 결코 소원해질 수 없는 감정적 일체감을 형성하게 된다.

애착은 서로가 이러한 감정적 일체감이 지속되는 것이다. 물론 이러한 심리적 일체감 또는 동질성은 자신의 생각과 타인의 생각이 극적인 합일점을 찾는 것에서 비롯되며, 항상 상대적이다.

그러나 만일 엄마가 생리적으로 유방에 젖이 부족한 때, 아기가 젖을 달라고 보채는 일이 벌어져 마지못해 수유를 하면 엄마는 엄마대로 가슴에 통증을 느끼게 되고, 아기는 아기대로 젖이 부족하여 서로가 불만족스러운 상태를 면하기가 어렵게 된다.

이러한 상호 불일치의 상황이 계속 이어진다면 엄마와 아기의 관계는 자연히 힘겨울 수밖에 없게 된다. 이렇게 되면 엄마와 아기 사이는 불편한 관계로 전락되고, 결국 애착형성은 어렵게 된다.

이러한 의미에서 볼 때, 정서는 인지 과정의 최종 단계인 검증 단계와 깊이 연관되어 있음을 알 수 있다. 더 구체적으로 말해서 정서는 검증 과정에서 나타나는 기(氣)의 질과 양의 변화 상태이다. 소위 기질(氣質)과 기세(氣勢)의 변화에 따라 다양한 정서가 표출된다.

자신과 상대가 기(氣)의 소통을 통하여 일치점을 마련할수록 양질의 기(氣)와 강한 기세가 나타나며, 그 반대의 경우 불량한 기(氣)와 강한 기세가 나타난다. 또한 양자가 일치되기는 하지만 조심스러운 경우에는 기(氣)는 양질이 되지만 기세는 약화되며, 불일치되면서도 아예 포기해야 하는 경우에는 기질도 나쁘고 기세도 약화된다. 이러한 경향의 정서적 표출이 특히 인간의 경우에 두드러지게 나타나는 것은 여타 사물에 비하여 인지력이 뛰어나기 때문이다.

다만, 여기서 한 가지 염두에 두어야 할 것은 인지의 부조화로 나타나는 불쾌, 슬픔, 우울 등의 부정적 감정은 그것을 표출하는 경우, 그에 따른 만족할 만한 결과를 얻기가 어렵고 오히려 더욱더 부정적 감정을 불러일으킬 가능성이 크기 때문에 누구나 가급적 그 표출을 감추려는 성향을 지닌다는 점이다. 그리하여 대부분의 경우, 많은 사람이 이러한 부정적 감정을 자신도 모르게 계속 가슴속에 누적시키는 결과를 낳게 된다.

그러나 이러한 결과는 개인 생활에 매우 위험한 요인으로 작용하거나 심지어 전혀 예측하지 못한 나쁜 결과를 초래하기도 한다.

예컨대, 억울한 심정을 계속 누적시키면 예기치 못한 공격적 또는 폭력적 행동, 소화불량 또는 위장장애 그리고 우울증 또는 정신이상 등의 증상을 나타낸다. 최근 특별한 이유가 없는 무차별적 대상에 대한 살인, 방화, 성폭력 등을 자행하는 반사회성 성격장애자인 소위 사이코패스는 바로 이러한 부정적 감정 조절의 실패에 그 심각한 원인이 있다고 할 수 있다. 따라서 특히 부정적 감정의 관리에는 매우 세심한 배려가 요구된다.

(2) 기(氣)의 운용과 정서

인지의 검증 과정에서 나타나는 정서에 대한 보다 상세한 이해를
돕기 위하여 기(에너지) 운용에 따른 정서 변화 단계를 개략적으로 구
분해 살펴보면 다음과 같다.

- 동기(動機) 단계: 이때에는 자신의 생각과 생각하는 대상 간의 일
  치 정도를 확인하여 에너지의 소통에 활력을 증가시킬 것인가 또
  는 억제하여 폐쇄할 것인가에 따른 방향을 뚜렷이 결정한다. 만
  일 일치하거나 불일치한다면 동원할 수 있는 에너지를 모두 비상
  소집하게 된다. 그러나 조심해야 하거나 포기해야 하는 경우에
  는 다시 일상의 모습으로 돌아가 에너지 활동을 가급적 줄이게
  된다.
- 충동(衝動) 단계: 이미 집합시켜 놓은 여력의 에너지가 서로 합세
  하여 강한 기세를 형성하고 특정의 목표를 향하여 힘차게 첫발을
  내딛으려고 하는 단계이다. 다시 말해, 자신의 에너지 일부가 밖
  으로 표출되기 직전의 상태로 강력한 에너지 활력에 의하여 지원
  을 받고 있는 상태이다. 따라서 이 단계에서는 운용할 에너지의
  질과 양이 결정되고 어느 정도 그 운용방안에 대한 준비가 이루
  어진다.
- 결단(決斷) 단계: 목표에 이미 정해져 있는 대로 모든 준비를 마치
  고 활용 에너지를 총동원하여 본격적 에너지 운용이 시작되는 단
  계이다. 이 단계에서는 에너지를 운용하기 위한 모든 수단과 방

책이 이미 강구되어 있어서 특별한 사정이 없는 한 다시 되돌리기 어려운 상태이다. 긴장이 최고조에 이르는 것도 바로 이 단계이다.

그러나 결단을 하지 못하고 주저하거나 포기하는 경우에 다시 원래 상태로 환원하게 된다. 따라서 이 단계는 성격의 중요한 요인으로 작용하는 특성이 있다.

- 반응(反應) 단계: 당초 의도했던 바대로 모든 수단과 방법을 총동원하여 에너지를 표출하여 정서를 드러냄으로써 소기의 목적을 추구하고 성취하는 단계이다. 이 단계에서는 에너지 본연의 임무에 충실하게 활동하므로 그 표출에 따른 에너지 균형의 자연성은 회복되지만 그 표출의 효율성은 아직 확보되지 못한 상태이다. 문자 그대로 천연의 에너지 움직임을 고스란히 간직하고 있는 단계이다.

- 반성(反省) 단계: 기존의 문제점을 살피고 에너지 운용에 대한 개선방안을 고려하여 보완하는 전기가 마련된다. 따라서 이 단계는 에너지 운용의 새로운 방안을 모색하고 반사적으로 에너지 운용을 원래의 안정 상태로 정상화하는 단계이다.

이상 제반 단계별 정서에 따르는 에너지의 운용은 개략적인 것으로 실제로는 감수, 판단, 동기, 충동, 결단, 반응, 회복, 반성, 안정 등의 더욱 복잡한 양상을 나타낸다. 또한 각 단계별 상황에 따라 흥미, 관심, 갈망, 의지, 흥분 등 보다 상세한 정서 반응이 나타나기도 한다.

또한 앞서 언급한 기(氣)의 작용과의 관계를 살펴보면 기질에 따라 에너지의 운용에 타당성의 확보 여부가 결정되며, 기세에 따라 운용의 완급에 차이가 나타나게 된다. 양질의 기(氣)가 확보되는 경우에는 기(氣)의 운용이 합리적 절차에 따라 진행되며, 기세가 강한 경우에는 그 운용이 성급하게 되어 자칫 낭패를 보게 될 가능성이 높아진다.

이러한 정서에 따르는 모든 에너지의 운용은 각자의 성격과 오랜 기간의 생활습관에 따라 좌우되는 것이 사실이지만, 정신활동의 구조적 특성을 감안할 때 주로 인지 능력과 깊이 연계되어 있는 것임을 부인할 수 없다.

4. 인격과 덕성

1) 인격

(1) 정체성의 인식

대체적으로 교육에서 문제가 제기될 때마다 반사적으로 거론되는 것이 인격형성 또는 인성교육이다. 그런데 정작 인격이나 인성이 무엇인지를 분명하게 밝히려는 노력은 보이지 않는다. 도대체 인격이나 인성이 무엇인지 그 의미를 잘 알고 있지 못하면서 인격형성이나 인성교육을 주장한다면 그것은 어불성설(語不成說)이 아닐 수 없다.

이러한 문제는 특히 학교에서 쉽게 찾아볼 수 있다. 학생들의 인성 문제는 손쉽게 들먹이면서 정작 교사 자신의 인격 문제는 도외시하는 사례가 종종 있기 때문이다. 교사의 고매한 인격이 학생들의 인성에 미치는 영향을 감안할 때, 보다 중요한 문제는 교사가 전문적 식견을 갖추는 일과 아울러 자신의 인격 완성에 대한 관심이 함께 요구된다.

인격은 한마디로 인성을 기반으로 하여 고유한 가치를 내면화하고, 주변 상황과 조화를 이루며 행동해 나갈 수 있는 능력에 따른 품격이다. 따라서 숭고한 가치에 대한 신념을 간직함은 물론 그를 실천에 옮길 수 있는 능력을 갖출 때, 비로소 인격자로서의 자격을 획득하게 된다. 이것은 모든 인간에게 선천적으로 주어지는 인성과는 다른 것이며, 여기에는 자신의 부족한 점을 자각하고 인성에 따른 부단한 자기 연마가 요구된다. 따라서 그것을 다듬어 내고 유지하는 것은 극히 제한된 극소수의 사람에게만 허용되는 그러한 것이다. 설령 교사라고 하여도 쉽게 소유할 수 있는 것이 절대 아니다.

여기에서는 인격의 본질을 원리적으로 논하기보다는 실생활에 연결하여 적용할 수 있는 의미로서 '사리 분별'을 중심으로 살펴보고자 한다.

사리 분별의 요체는 먼저 자신의 정체성을 인식하고 난 후 자신을 에워싸고 있는 주변 상황과의 관계를 명료하게 파악하는 것이다. 사람의 인격은 바로 이 점에서 비롯되는 것이라고 해도 과언이 아니다.

그런데 사리 분별의 성패는 바른 사고에 달려 있다. 사고는 그 특성상 개념 간의 관계를 주도적으로 엮어 내는 과제를 스스로 내재해 놓고 있기 때문이다. 여기에서 중요한 것은 사고는 주체의 의도적 관여가 없이는 거의 불가능한 것이라는 점이다.

그러므로 사고에서 주도적 역할을 무리가 없이 감당해 내기 위해서 필수적으로 요구되는 것이 바로 정체성의 확립이다. 그런데 대부분의 사람이 자신의 정체성 인식에서부터 많은 혼란을 겪으며 살아가고 있다. 다시 말해, 자신의 정체성 파악이 제대로 안 되는 상황에서 주변 상황과의 관계 파악은 요원한 과제일 뿐이다.

진정한 정체성의 확보는 자신을 냉정하게 객관화하여 인식할 수 있는 능력에서 비롯된다. 즉, 인간은 자신을 스스로 인식의 대상으로 여길 수 있는 능력으로 인하여 분명한 자기 정체성을 지닐 수 있으며, 이것이 갖는 중요한 의미 중의 하나는 인간은 다른 동물들과 같이 단순히 신체적 만족만으로 진정한 만족을 얻지 못한다는 점이다. 이러한 경향은, 곧 인간이 인격을 견지하지 않을 수 없는 결정적 대목이 된다. 이것은 여타 동물과 다른 인간의 특징을 분명하게 드러낸다.

원래 정체성을 좀 더 정확히 말하면 그것은 근원적이고 종합적인 자아개념이다. 일반적으로 자아개념은 자신과 관련하여 학문, 사회, 정서 그리고 신체 등의 측면에서 어떠한 특성과 재능을 지니고 있는가 하는 자기 평가적 개념이다.

흔히 정체성과 자아개념의 혼동이 다소 있을 수 있다. 그러나 전자가 불변성에 토대를 두고 있는 자아 발견적 개념임에 반해, 후자는 상황에 따라 변화의 가능성을 전제로 한 자기 평가적 개념이라는 점이 크게 다르다. 하지만 자신의 정체를 확인한다는 점과 신체, 인지, 정서 등의 세 가지 측면을 주로 고려한다는 점에서 정체성과 자아개념은 거의 동일한 의미를 지닌다.

발달 과정에서 사람이 비교적 진지하게 자신을 생각해 보는 시기는 대개 17~18세경이다. 이때, 자신의 존재 근원, 부모, 형제, 인척, 능력, 문제점, 욕구, 희망, 여건 등을 두루 살펴보고 자신이 언제인가는 다른 사람들과 같이 결국 죽을 운명에 있다는 점을 깨닫고 소스라

치게 놀라기도 한다. 이러한 성장 과정은 사람마다 다소의 차이가 있을 수 있겠지만 중요한 것은 그 정도의 차이를 떠나서 자신을 되돌아보는 행동을 하게 된다는 사실이다.

이러한 자기 반성적 사고는 인간의 숭고한 자기애 또는 자아존중감에 뿌리를 두고 있으며, 누구도 함부로 할 수 없는 각 개인의 고유 영역인 것임에 틀림이 없다. 또한 사람은 자신이 세상에서 얼마나 소중한 존재인지를 조금이라도 의식할 수 있을 때 자신을 함부로 하지 않으려는 경향을 지니게 된다.

여하튼 정체성이란 나무로 말하면 뿌리에서 열매에 이르기까지 한 나무의 총체적 특성과 같은 것으로, 오직 자신의 고유한 특성 그 자체이다. 다시 말해, 자신의 출생 이전과 그 후 현재까지의 자신의 존재, 앞으로 숙명적 죽음과의 조우 그리고 죽음 이후의 세계 등 시간과 공간의 통합적 관점에서 영원히 변하지 않는 실체나 이념을 설정하고, 그것을 근거로 자신에 대한 스스로의 자기 발견적 종합평가이다.

이것은 크게 집단 정체성과 개인 정체성 두 가지로 구분되나 양자는 상호 밀접한 관련을 갖고 있다. 집단 정체성은 대체로 종교, 민족, 영토 등의 측면이 주종을 이루며, 개인 정체성은 혈통, 재능, 성격 등의 측면에 대한 자기 발견이 주된 근거가 된다.

개인 정체성은 과거 직계 선조들의 생활 이념과 업적, 현재까지의 자신의 성취 정도, 신체 조건 및 지적 능력, 우주를 비롯한 주변 환경과 자신의 관계 설정, 앞으로 이루어 내고자 하는 성취목표와 그 도달 가능성 그리고 존재 본질의 영원불변성에 대한 믿음 등을 총체적으로 고려한 후 얻어 낸 자신의 의미 형상이다.

이러한 자신에 대한 의미 형상이 굳건하게 자신의 생각 속에 자리 매김하지 못하면 감각적 지각은 물론이고 사고가 혼란 속에서 방황을 거듭하게 된다. 따라서 이러한 정체성은 인간에게 있어서 결코 놓칠 수 없는 중요 사안 중의 하나이다.

개인 정체성의 부족으로 혼란을 겪을 수밖에 없는 대표적 사례는 의사 결정의 중심에 서지 못하는 주변인의 경우에서 찾아볼 수 있다. 자신을 낳아준 부모와 길러준 부모가 다른 입양아동의 경우, 부친과 모친의 국적이 서로 다른 혼혈아의 경우, 신체 연령과 정신 연령이 심한 차이를 나타내는 영재아의 경우 등은 자신의 현실에 나타나는 이중성으로 인하여 일정한 동질성의 확보가 어려울 수 있다. 이러한 점은 자신의 정체성 확보에 커다란 장애요인이 됨으로써 주체적 의사 결정의 혼란을 부른다.

인간이 사회 구성원의 한 사람으로 살아간다는 것은 단순히 생명을 보전해 나가는 것이 아니다. 그것은 자신의 역량을 현실에 비추어 보면서 환경과 끊임없는 대화를 이어 가고 있음으로써 가능하다. 이러한 교류의 중심에는 항상 자신의 의사 결정이 관련되어 있다. 하지만 정체성이 흔들리면 어느 한 편도 마음 편하게 받아들일 수 없고 그렇다고 외면할 수도 없는 어려운 처지에 놓여 주변과의 교류에 문제가 발생하게 된다. 즉, 교류의 중심에서 소외되는 이방인과 같은 처지가 된다.

이들이 소속된 사회 적응에 실패하면 자신의 뜻을 주도적으로 펼쳐 나가지 못하고 항상 위축되어 속내를 감추고 폐쇄적으로 살아가거나, 아니면 뚜렷한 정처를 찾지 못하고 그저 바람 부는 대로 물결치는 대로 살아가는 부평초와 같은 쓸쓸한 나그네로서의 삶만이 있게 된다. 이러한 소외의 삶을 이어 가는 사람을 흔히 주변인이라고 한다. 이러한 주변인들은 자연히 생활 속에서 극복할 수 없는 한계를 겪을 수밖에 없다.

예컨대, 부득이 함께할 수밖에 없는 이질적 문화와 종교, 체질에 맞지 않는 기후 조건과 주변 환경, 서로 편하게 대화를 할 수 있는 친구나 친척을 만날 수 없는 등 여러 가지 감당하기 어려운 문제에 봉착하게 된다. 누구나 생활 속에서 이러한 난관에 끊임없이 부딪히면 자신에 대한 존재 의미가 퇴색되어 결국 바람직한 삶의 지속이 어렵게 된다.

이상의 의미에서 볼 때, 자율적 삶을 토대로 하는 인간으로서 정체성의 확보는 매우 핵심적이고 긴급한 과제이다. 자율은 다양한 행동 방향에서 하나를 선택하고 통제할 수 있는 능력인 것이나, 이것은 먼저 자신의 존재 의미를 파악한 이후에야 비로소 가능한 것이기 때문이다. 따라서 정체성이 없는 삶은 기계적 삶이 아니면 노예의 삶이며, 곧 죽음과도 같다.

(2) 관계성의 인식

인간의 삶은 각 개인의 고유 영역뿐만 아니라 모든 사람이 함께하는 공동 영역 또한 존재한다. 이것은 기본적으로 각 개체와 개체의 관계 파악을 통하여 인식된다. 그러나 많은 사람은 사리 분별의 선결 요건인 정체성의 확립에 다소의 문제를 갖고 있기 때문에 이러한 관계 파악에도 실패하게 된다. 자신의 내면세계를 두루 살펴볼 수 있는 능력이 결핍된 상태에서는 주변의 다른 사람과의 관계를 살펴볼 여유가 없다.

문제는 바로 여기에서 발생한다. 자신의 외형적 모습에 얽매여 자신과 타인이 은밀하고도 밀접하게 연결되어 있다는 사실을 간과한다. 얼핏 생각하기에 자신의 고유 영역과 다른 사람들과의 공동 영역은 서로 별개의 것으로 볼 수 있으나 실제로 이것은 하나인 것이며, 서로 불가분의 관계를 갖고 있다. 왜냐하면 자신의 모습에 대한 진정한 의미를 제대로 인식하기 위해서는 반드시 다른 사람의 모습에 대한 의미와 견주어 파악하지 않으면 안 되기 때문이다.

따라서 우리가 일생을 살아가면서 중요한 것은 물론 자신을 정확하게 인식하는 일이지만 그에 못지않게 중요한 것은 다른 사람에 대한 이해력이다. 우리에게 인격이 그토록 중요한 것은 인생이란 결국 개인의 삶이 아닌 누구에게나 서로가 필연적인 관계적 삶이 될 수밖에 없다는 분명한 이치 때문이다.

그러나 대부분의 많은 사람은 인생을 오직 개인의 삶으로 착각하고 살아간다. 즐거우면 세상 일이 다 자신의 것처럼 생각하고 오만하며, 괴로우면 세상의 온갖 고통이 자신에게만 있다고 여겨 앞뒤 안 가리고 성급하게 자살을 감행하기까지 한다. 슬픈 일이 아닐 수 없다. 여기에서 성공적 삶과 관계적 삶의 관계를 조금 더 구체적으로 살펴보면 다음과 같다.

대체로 성공한 사람들의 공통적 특징 중의 하나는 그들은 고유 능력을 최대한 창의적으로 발휘하려 노력한다는 점이다. 그들의 주된 관심은 오직 자신의 능력을 어떻게 최대한 실현해 낼 수 있는가에 있다.

그리하여 이들은 다른 사람들의 삶의 모습을 자신의 삶에 다소 참고하기는 하지만 다른 사람들의 생활이나 간섭에 거의 귀를 기울이지 않는다. 보기에 따라 자칫 오만한 것 같은 이들의 그러한 자신감은 다른 사람들과 일정한 거리를 두려는 생각에서 비롯되는 것이 아니라 오히려 한발 앞선 타자에 대한 깊은 이해의 소산이다. 물론 그들이 자신에 대한 깊은 자기애를 토대로 한 자기 확신을 갖고 있음을 부정할 수는 없으나 문제는 그들이 단지 그것에만 한정하는 것은 아니다. 이러한 의미는 그들의 성취욕에서 확인해 볼 수 있다.

일반적으로 성공한 사람들이 갖는 남다른 특유의 성취욕은 강한 명예욕에서 비롯된다기보다 자신의 정체성을 확인하고자 하는 순수한 내적 욕구의 발로인 경우가 많다. 또한 다른 사람들에 대한 헌신과 기여의 가능성을 조금 더 앞서 열고자 하는 대의에 입각한 열망의 소산에서 비롯되는 경우가 대부분이다. 이들의 의식세계는 자신의 고유성을 찾아나가되 그것이 다른 사람과 연결되지 않으면 안 된다는 점을 본능적으로 인식한다.

따라서 이들은 다른 사람들이 자신보다 더 커다란 성취를 이룰 때, 그것을 마치 자신의 것처럼 자랑스럽게 여기고 함께 기뻐할 수 있는 여유가 있는 사람들이다. 다른 사람들의 강점을 인정해 주고 단점은 감싸 주며, 남들처럼 시기하거나 비웃는 일은 상상할 수도 없다. 오히려 더 함께 기뻐하지 못하는 자신을 안타까워한다.

자신의 성공도 결국 다른 사람들의 성취 속에 숨어서 서서히 다가오고 있는 것임을 예리하게 간파한다. 바로 이 점이 성공을 이룬 사람들의 결정적 심성이다. 세상 모든 일은 철저히 관계적인 것이며, 결국은 우리 모두의 공동 소유인 것임을 알지 않으면 안 되는 소이(所以)가 여기에 있다.

이러한 깊은 생각을 소유한 사람들은 한 가지 두드러진 특징을 나타낸다. 그것은 그들이 매우 건강한 가치관을 지니고 있다는 점이다. 한 개인보다는 사회 전체의 기쁨을, 물질적 이익보다는 정신적 건강을, 결과의 효과보다는 과정의 의연함을, 과거와 현재보다는 미래지향적인 삶 등을 추구한다.

이러한 가치관의 핵심은 겉으로 드러난 감각적 현상보다 그 현상 이면의 보이지 않는 원리와 본질의 세계를 더 중요한 것으로 인식하고 있다는 점에 있다. 이러한 인식은 결코 우연의 일치로 발생하는 것이 아니라 자신과 주변 환경의 관계를 비교적 명확하게 파악해야만 가능하다. 그런데 사람들이 이러한 관계적 인식을 저버리고 이기적 사고에 얽매이는 것은 특히 강한 개인적 욕구를 갖고 있기 때문이다.

일반적으로 볼 때, 주변 상황이라는 것은 주체가 설정된 이후의 개념이다. 주체가 없는 주변이란 무의미하기 때문이다. 그런데 문제는 그 주체가 항시 자신도 모르게 특정 욕구의 충족을 강요받고 있다는 사실이다. 그리하여 주체는 주변을 오직 자신의 요구를 해결하는 데 필요한 수단적 의미로만 바라볼 수밖에 없는 강박적 처지에 놓이게 된다. 이러한 상황에서 주변인식의 제약은 오히려 당연한 것이 된다.

이러한 사람들은 주변의 모든 것을 오로지 자신의 목적 달성을 위한 수단으로 생각한다. 이들에게 중요한 것은 단지 욕구의 충족뿐이다. 다른 사람들이 어떠한 생각을 하며 살아가고, 또한 어떠한 슬픔과 고통을 겪고 있는지에 대해서는 아무런 관심이 없다. 이들에게 시간은 오로지 현재만이 있을 뿐이다. 과거의 준비 과정도, 미래의 성취 순간도 그저 허황한 꿈의 하나일 뿐이다. 이러한 사람들의 결정적 특징은 하나같이 모두 쾌락을 즐기려는 성향을 지닌다. 인생은 그저 하나의 쾌락의 장일뿐이다.

이들이 이처럼 쾌락의 장에 몰입하는 것은 자신의 정체성 인식의 부족에 따른 자신감 결여에 일차적 이유가 있지만, 또 다른 한편으로는 다른 사람과의 관계적 의미를 인식하지 못하고 오로지 자신만을 이 세상의 유일한 존재로 착각하고 있다는 점에서 비롯된다.

먼 옛날 조상으로부터 이어져 내가 있음이 분명한 사실임에도 그들은 이미 자신과 관계없는 별다른 존재이다. 그리고 먼 훗날 자신의 후손들이 이 땅에서 살아갈 것으로 짐작되기는 하지만 이들도 역시 자신과 아무런 관계가 없다.

또한 주변의 여러 사람도 단지 자신의 욕구를 충족하기 위한 수단적 의미만을 지닐 뿐이다. 이들에게는 선조와 후손 그리고 주위의 다른 사람들을 위해 조금이라도 욕되지 않도록 조심스럽게 살펴 살아가는 일은 그저 무의미한 잠꼬대 같은 일이다. 자신은 오직 이 순간을 재미삼아 살아가다 죽으면 그만일 뿐이다.

이상의 의미에서 볼 때, 인격은 분명한 자기 정체성을 토대로 주변 환경을 파악하고 그에 따라 양자의 관계를 바르게 설정하고 행동할 수 있는 품성이다. 따라서 인격은 정체성에서 출발하여 환경과의 관계 설정에서 완성되며, 정체성이 부족할수록 환경 파악과 관계 설정이 제약되어 결국 인격의 확립에 실패하고 만다.

따라서 인격형성의 실패 원인은 근본적으로 정체성의 부족에 있으며, 그것은 신체적 욕구에 따른 제약적 인식에 그 뿌리가 있는 것임을 알 수 있다. 그리하여 오늘날과 같은 물질 만능주의가 팽대한 사회는 많은 사람이 인격을 확립하는 일에서 더욱 멀어지게 하고 있는 것이 사실이다.

하지만 아무리 인격의 완성이 어려운 문제라고 하여도 이것은 사람으로서 당연히 추구해 나가지 않으면 안 될 중요한 목표이다. 단순히 인성교육을 표제로 내걸고 예절이나 일정한 덕목 등을 지도한다고 하여 인성이 하루아침에 함양되는 것이 아니듯 인격 역시 장기간의 연마 없이 단기간에 얻을 수 있는 것이 아님을 분명히 알아야 한다.

2) 덕성

인격을 살펴본 만큼 이제 덕성에 대하여 살펴볼 계기가 마련되었다. 덕은 단순한 관계적 이해를 넘어선 인격을 통하여 형성되기 때문이다. 따라서 덕은 인격과 결코 분리하여 생각할 수 없다. 한 사람의 인격이 바로 설 때 비로소 덕을 논할 수 있다. 덕이란 한마디로 말해, 자신을 소중히 여기듯 자기와 같은 다른 세상 모든 존재를 소중하게 여기는 아름다운 정신과 실천력이다. 다시 말해, 덕이란 세상만사에 잘 호응하는 제반 이치를 터득한 마음의 상태이다.

따라서 정신이 분명할수록 이치가 명료해지고, 이치가 명료해지면 각각의 대상에 따라 적절하게 호응할 수 있는 실천력이 강화되므로 덕은 먼저 정신의 함양에 주의를 기울인다. 과거 우리의 선조들이 덕성의 전통적 실천항목에 충, 효, 예를 그토록 강조한 것도 쉽게 혼미해지는 정신을 일깨우려 한 까닭이다. 그러한 덕행에 대한 생각을 통하여 우리 모두가 다른 사람들의 삶과 의미 있게 연계되어 있음을 깨우치는 전기를 마련하였던 것이다.

그러므로 충, 효, 예 등도 결국은 임금, 부모 및 여타의 다른 사람 전반에 대한 배려 원리를 핵심적으로 일컫는 말이다. 특히 선조들이 자주 사용하던 '재승박덕(才勝薄德)'이라는 경구는 다른 이들에 대한 배려 없이 개인적 이득이 따로 있을 수 없음을 알려 준다. '재(才)'는 바르게 사용하면 '재(材)'가 되지만, 잘못 사용하면 '재(災)'가 되는 것임을 아는 것이 중요하다.

흔히 사람을 평가할 때 갈등 사태를 유발하는 장면이 자주 목도된다. 사람의 심성은 착한데 영특하지 못하고, 이와는 반대로 머리는 명석한데 심성이 사악하다는 것이다.

예컨대, 자식이 공부는 잘하지 못했어도 효성은 지극한 반면, 공부는 잘하여 출세했어도 부모님을 돌보는 일에는 무관심하다면 과연 무엇이 옳고 그른 것인가 하는 의구심을 자아낸다. 아울러 학교에서 배운다는 것은 과연 무엇인가를 자문하게 된다.

이것은 지식과 덕행의 관계를 파악하지 못하는 것에서 기인되는 문제이다. 앞서 언급한 대로 지식은 자신과 주변의 정확한 인식을 돕고, 그 인식은 자신의 행동을 이끌어 가는 덕행의 초석이 된다. 따라서 덕행이 따르지 않는 지식은 의미가 없다. 만일 배워 익힌 지식이 많음에도 불구하고 덕행을 외면한다면 그것은 잘못된 지식, 곧 사이비 지식을 지니고 있는 까닭이다.

간혹 배움이 없음에도 불구하고 덕행에 앞장서는 사람들이 있는바, 이들은 사회의 경쟁 속에서 다소 멀리 떨어져 있어서 오직 타고난 천성만을 그대로 간직하고 있기 때문이다. 다만, 이들은 그 역할에 한계가 있다는 단점을 면하기는 어렵다.

이러한 의미에서 학교는 지식교육의 보루로서 그 역할 수행에 막중한 책임감으로 더욱 분발해야 한다. 특히 지적 재능이 있음에도 불구하고 다른 사람들에 대한 배려의 아름다움과 봉사, 헌신의 숭고함 등을 외면하는 경우가 많이 발생하는 것은 학교교육의 책임에서 벗어날 수 없다. 즉, 학교가 학생들로 하여금 자신의 재능을 단지 개인적 삶의 도구로 여길 뿐 그 총체적 맥락을 파악할 수 있는 수준에까지 이르도록 하지 못하고 있기 때문이다.

그러므로 고도의 지적 재능을 지닌 교수의 경우에도 오로지 자신의 재능만을 생각하고 학생들의 생활지도는 도외시한다면 이 역시 재승박덕의 폐해를 면할 길이 없다. 대체로 '교수라고 하여도 성인군자가 아닌 이상 학생들의 인성지도까지 해야 할 책임은 없다.'라고 생각한다면, 이 역시 전형적인 탈맥락적 사고의 하나이다.

이것은 교수 스스로 사람됨을 포기하는 것과 다름이 없다. 모름지기 사람이란 한두 가지 전공지식의 습득으로 보편화될 수 있는 그러한 존재가 아니다. 그것은 더욱 철저한 학문의 정치함을 얻기 위한 하나의 방편일 뿐, 오히려 그를 위해서 더욱더 총체적인 지적 안목의 형성이 요구된다.

사회의 지식인으로서 자중자애(自重自愛)하고 적어도 자신의 행동이 장차 학생들의 인성에 좋지 않은 영향을 주게 되는 일은 없는지 등 신중한 검토가 선행되어야 한다. 보다 성숙한 지식은 개인적 이익을 돌보기 전에 먼저 자신의 행위를 점검하고, 자신이 몸담고 있는 조직에 기여하고 헌신할 수 있는 방안은 무엇인가를 생각한다.

교수는 단지 학생들에게 낱낱의 전공지식을 넣어 주는 역할을 담당하는 것이 아니다. 만일 제자가 아무리 전공 분야에서 탁월한 재능을 발휘한다고 해도 인간으로서 당연히 지녀야 할 최소한의 인성도

저버린다면 그 교육은 매우 잘못된 것이다.

적어도 교수나 교사의 유일한 특성은 의무적인 자기반성에 있다. 옛 선비들이 외부로부터의 가해지는 타율적 형벌보다는 처절한 자기반성에 따른 오직 자신 스스로의 심리적 자괴감을 가장 가혹한 형벌로 여겼던 것은 바로 이 때문이다.

따라서 철저한 자기성찰이 없는 선생은 일개 직업인일지언정 교수도 교사도 분명 아니다. 세상의 그 어떠한 선생들도 바람직한 인성의 형성이라는 교육의 원대한 목적에서는 단 한 치도 벗어날 수 없다.

만일 자신의 덕성이 부족함을 자인하고 이것이 그토록 부담스럽게 느껴진다면 그는 학생들을 가르치는 일보다 다른 일을 찾아야 할 것이다. 굳이 교직이 아니어도 단순히 먹고 살기 위한 다양한 종류의 직업은 얼마든지 준비되어 있다. 또한 특정 분야에 종사하면서 어느 정도의 지식이나 기술을 갖춘 사람들도 자신의 전문적 지식과 기술을 전달하는 일은 비교적 잘 감당하기 때문이다.

물론 누구나 완벽한 덕성을 갖추는 일이 결코 쉽지 않다는 점을 감안한다면 아무리 교사라고 해도 학생들의 덕성 지도에서 자유로울 수 없다. 하지만 그렇다고 해서 덕성 지도를 단념해야 한다면 그것 또한 옹졸한 생각일 뿐이다. 덕성 지도는 그 자체가 그토록 어려운 일이기에 그것을 달성하는 성취의 보람이 따른다.

인간의 위대한 특성은 그 어떠한 경우에도 현실에 결코 만족하지 않고, 언제나 자기를 둘러싸고 있는 현실적 제약을 극복하며 자신의 태생적 한계를 초월하려고 노력하는 강한 정신력을 지닌다는 점에 있다.

비록 서툰 가운데에서도 사제(師弟)가 작은 순간이나마 삶의 궤적을 함께하면서 서로가 보다 바람직한 삶의 표준을 찾아 나서고 익혀가는 노력을 기울이는 것은 인간이기에 무엇보다 소중하고 아름다운 모습이 아닐 수 없다. 이것은 특정의 지식을 숙지하거나 못하는 결과의 문제가 아니라 삶의 자세이며, 태도의 문제이다.

대다수의 교사가 자신의 매너리즘에서 벗어나지 못하는 결정적 이유 중의 하나는 바로 그러한 삶의 자세를 너무도 쉽게 포기하기 때문이다. 이것은 자신의 삶을 무가치하게 할 뿐만 아니라 수많은 학생의 삶을 오히려 훼손시키는 일이 된다.

설령 덕성을 심어 주는 일이 어렵고 자신의 부족함이 역력히 드러나는 상황이라고 하여 자신의 직무를 외면할 수는 없다. 왜냐하면 학생들은 매 순간 자신들의 삶을 진지하게 여기며, 보다 충실한 삶을 위해 준비해 나가고 있기 때문이다.

이들이 교사의 전공지식을 열심히 전수받으려 하는 것은 보다 사람다운 사람, 즉 보다 훌륭한 인성을 갖춘 사람이 되려고 하는 원대한 목적을 위한 극히 부분적인 일일 뿐이라는 점을 학생들이 먼저 알고 있다는 점을 결코 잊어서는 안 된다. 따라서 모름지기 교사는 학생들이 각자 그러한 한 사람으로서의 총체적 정체성을 형성해 나갈 수 있도록 노력해야 한다는 사실을 부디 잊지 않았으면 한다.

이상에서 살펴본 인성과 덕성의 의미로 볼 때, 덕성이 비록 인성의 한 부분에 속하는 것이라 해도 그것은 인성을 이루는 핵심이다. 덕성은 인성에서 비롯되기는 하나 덕성 없는 인성은 무의미한 것임을 알 수 있다.

이제 우리 모두가 역사를 되돌아보면서, 또 다른 한편으로 미래를 내다보고 보다 넓은 시각에서 함께 정답게 살아가도록 노력해 나갈 때이다. 교육의 목적은 바로 여기에서 숨쉬고 있다.

5. 마음과 욕구

1) 마음

지금까지 정신, 사고, 정서 등을 신체, 의식, 인지와 관련지어 살펴보았다. 이제 마음의 실체를 알아볼 수 있는 계기가 마련되었다. 마음은 한마디로 인지와 정서의 소산이다. 마음은 기본적으로 인지에 토대를 두고 있으나 검증 과정에서 나타나는 정서와도 깊은 관련을 갖고 있다. 마음은 사고의 길에 따라 일정한 모양을 이룬 그 무엇이기 때문이다. 이러한 의미를 조금 더 구체적으로 살펴보면 다음과 같다.

사고는 인지의 마지막 단계로 의미의 생성이 주요 기능이다. 즉, 사고의 특징은 정보와 정보 간의 관계를 파악하여 새로운 정보를 얻는 것이다. 이러한 과정은 반드시 전례가 없던 정보 유통의 새로운 길을 형성한다. 사고 과정 속에서 반복적으로 이어지는 이와 같은 새로운 정보의 창출은 생활을 보다 효율적으로 운영해 나갈 수 있는 계기를 마련한다.

하지만 아무리 사고의 기능이 새로운 의미를 생성해 내는 것이라 할지라도, 개인의 정서적 안정도에 따라 더 이상의 창의적 사고를 외면한 채 이미 연결되어 있는 일정한 생각의 길을 고수하는 경향도 함께 형성된다. 사고는 처음에는 새로운 의미의 생성을 위한 산고(産苦)의 고통이 다소 필요하며, 때로는 실패를 거듭하는 경우도 적지는 않다. 하지만 일단 한번 형성된 생각이 어느 정도 만족감을 확보하면, 다음에는 습관적으로 같은 사고 과정을 밟으려는 특성을 지닌다. 그것은 각자 보다 효율적인 삶의 방식이라고 생각한 것들이 개인의 오랜 삶 속에서 실행을 통하여 은연중 가혹한 검증 과정을 거쳐 마련된 것이기 때문이다.

그러므로 이러한 생각의 길은 자연히 사람마다 서로 다르게 나타나며, 이로써 사람들은 기나긴 세월의 흐름 속에서 일정한 모양의 총체적 생각의 길을 저마다 갖게 된다. 이와 같은 총체적 생각의 길을 마음이라고 한다. 따라서 마음에는 항시 습관처럼 이어지는 사고의 길이 있게 마련이다.

예컨대, 상업으로 일평생을 보낸 사람은 돈을 벌어들이는 일정한 방식의 마음이, 정치로 세월을 보낸 사람은 권력을 쟁취하고 행사하는 방식의 마음이, 음악과 함께 세월을 보낸 사람은 소리를 만들고 표현하는 방식의 마음이, 종교생활로 일생을 보낸 사람은 신을 경배하고 찬양하는 방식의 마음이, 공부로 시간을 보낸 사람은 이치를 구하고 활용하는 방식의 마음이, 봉사활동으로 살아온 사람은 남을 위해 자신을 희생하고 봉사하는 방식의 마음이 각각 형성된다.

이러한 마음은 겉으로 보아 단순히 사고의 길에 의존해서 형성되는 것으로 생각되지만, 보다 근원적으로는 자신의 신체적 조건에 따른다. 아무리 동일한 상황에서도 각자의 신체적 조건에 따라 적응 방식은 서로 다를 수밖에 없다. 같은 실내온도에서도 덥게 느끼는 사람이 있는 반면, 춥게 느끼는 사람도 있기 마련이다.

이처럼 개인의 몸체에 따라 다르게 나타나는 개별적 생각의 고유성을 주체성이라고 한다. 이러한 의미를 역으로 추론해 보면, 주체성은 어떠한 사고를 막론하고 그 과정이 사고 본연의 객관적이고 무제약적인 흐름을 제약하고, 오직 자신의 몸체에 알맞은 결론에 이르도록 하는 것임을 나타낸다. 그리하여 대부분의 사람은 이러한 주체성에 의한 폐쇄적이고 주관적인 마음을 소유하게 되는 것이 일반적 경향이다.

그러나 이와 달리 마음 이전의 생각 속에 자신의 신체 조건을 초월하여 형성되어 있는 것도 때로는 논의가 되는데, 이것을 얼과 넋 또는 혼(魂)과 백(魄)이라고 한다. 이러한 것이 마음의 형성 이후에 존재하는가 아니면 생명의 시작 순간 이후에 깃드는 것인가 하는 논란은 이 책의 논외로 한다. 다만, 여기에서는 인간의 사고에 분명히 얼과 넋이 연관되어 있다는 근거를 간단히 밝혀 두고자 한다.

광활한 우주 공간 내의 모든 현상은 기(氣)의 취합과 이산의 작용에 의한 것이며, 이것이 바로 자연인 것임은 앞서 서술한 바와 같다. 즉, 기(氣)는 자신이 처한 여건에 따라 자연스럽게 스스로의 작용을 끊임없이 이어 나간다. 나무, 바위, 흙, 물, 쇠 등으로 특정의 물체가 되기도 하고, 탄소, 수소, 질소, 수소 등 기체가 되기도 하며, 냉기, 열기 등과 같이 온도를 지니거나 전기, 빛, 기압 등과 같이 에너지를 지니기도 한다.

문제는 물이 갑자기 흙이 되거나 또는 쇠가 순간적으로 나무가 되지는 않는 것처럼 어떠한 일정한 모습을 띠고 있는 기(氣)는 각기 나름대로의 특징적인 결속력과 지속성을 지닌다는 점이다. 그 어떠한 경우에도 일정한 기(氣)는 산산이 분해된 이후 새로운 것으로 탈바꿈

한다.

예를 들어, 물이 분해되면 이전의 물과는 전혀 다른 산소와 수소라고 하는 새로운 기체로 변환된다. 그러나 산소와 수소가 갑자기 생겨난 것은 아니다. 단지, 그들의 특수한 조합 형태가 물이기 때문이다.

이처럼 각각의 특색을 지속하는 기(氣)의 물적 성향을 백(魄) 또는 넋이라고 한다. 따라서 보통 넋이 나간 상태라는 것은 물적 성향인 기력이 쇠진하여 의식이 현저하게 저하되어 있는 경우를 일컫는다.

이뿐만 아니라 각 개물(個物)은 자신의 종에 따른 고유성을 그 움직임이나 기능에서 나타내게 되는 바, 이러한 기(氣)의 심적 경향을 얼 또는 혼(魂)이라고 한다. 즉, 인간이 인간다운 이성적 사고의 성향이나 경향을 나타내려는 것은 바로 이러한 혼과 얼 때문이다.

만일 이것이 없다면 인간은 이성을 벗어나 수시로 다른 동물이나 식물과 같은 성향을 나타낼 것이다. 보통 우리는 어처구니없는 짓을 한 사람을 지칭하여 '얼빠진 사람'이라고 하며, 또한 오랜 세월에 걸쳐 조상들이 일구어 낸 고유한 사고의 특징이 일관되게 드러나는 현상을 일컬어 '조상의 얼'이라고 하는 것도 모두 이러한 맥락 때문이다.

이처럼 인간의 사고는 단순하게 정신 작용만으로 이루어지는 것이 아니며, 그것이 발아하는 순간부터 신체의 각 기관이 모두 바르게 그 작용 능력을 발휘하도록 하는 혼과 얼이 작용한다. 아울러 정신이 작동하는 순간에도 인간다운 행동을 찾으려는 혼과 얼이 내재하기 때문에 그 수단적 방편을 강구하는 과정에서 이성적 사고가 발아한다. 따라서 혼과 얼이 비록 그 작용 측면은 다른 것이나 본원적 의미에서 보면 인간의 인간다움을 이끌어 주는 원동력이 되는 것임은 부인할 수 없다.

따라서 마음은 혼과 얼의 심적 경향과 자신의 개별적 신체 특성에 의한 일정한 생각의 길을 고수하려는 백과 넋의 물적 성향에 의하여 드러난다고 할 수 있다. 이러한 의미에서 사람들의 마음은 항시 자신도 모르게 양자 간 갈등을 겪고 있으며, 어느 한편으로 편중되어 마음의 안정을 찾지 못한다.

특히 후자의 물적 성향이 강한 사람은 대체로 자기중심적이고 폐쇄적인 태도로 일관하여 자신의 욕구를 더욱 강화하는 성향을 나타내는 것으로 판단된다. 반면에 전자의 심적 경향이 강한 사람들은 보편적이고 개방적인 태도를 견지하며, 이상적인 범세계적 행동 패턴을 추구하고자 한다.

2) 욕구

앞서 살펴본 바에 의하면, 마음은 주로 신체의 물적 경향과 정신에 의한 심적 성향에 따른 결과이다. 하지만 이때, 한 가지 더 유의하지 않으면 안 되는 것이 있다. 그것이 바로 욕구이다. 많은 사람이 욕구를 그저 하고 싶어 하는 것 정도로 알고 있으나 사실 욕구는 조금 복잡한 메커니즘(mechanism)을 갖고 있다. 그것은 마음의 두 가지 경향성의 조화를 추구하려는 성장욕구와 사고와 실행에 따른 경험 속에 자연적으로 스며드는 호불호의 판단 감정에 따라 나타나는 결핍욕구이다.

후자는 개인의 신체 에너지 작용에 어려움이 발생하는, 즉 사고와 실행에 커다란 차이가 나타나는 경우 그 차이를 좁혀 가려는 시도이다. 전자는 에너지 사용의 효율성, 즉 사고와 실행의 일치 정도를 더욱 정교하게 높이려는 시도이다. 이 양자는 얼핏 보기에 서로 다른 것처럼 보이지만 실제로는 동일하며, 성장욕구가 충족되면 새로운 결핍욕구가 나타나고, 결핍욕구가 충족되면 보다 더 나은 성장욕구가 나타난다. 이러한 의미를 구체적으로 살펴보면 다음과 같다.

모든 욕구의 추구는 기본적으로 일정한 에너지 활용이 요구되며, 이것은 결과적으로 개체의 에너지 부족 상태를 가져온다. 그런데 문제는 이러한 부족 상태는 대체적으로 소비한 에너지보다 더 많은 에너지의 보충을 필요로 한다는 점이다. 그것은 욕구 충족은 오로지 목적을 쟁취하기 위한 일념이 강하기 때문에 자연히 필요 이상의 에너지 소비가 발생하기 때문이다.

이러한 과대 소비는 결과적으로는 임시로 주변에서 에너지를 차용하게 된다. 이때, 개체 자체로서는 그 유지에 필요한 절박한 사정에 따르는 일이지만 주변의 에너지 상황으로서는 공연히 에너지를 잃게 되어 부분적 불안정 상태가 된다.

이러한 주변의 불안정은 자신의 에너지 안정을 저해하게 되어 결국 욕구를 충족한 이후에도 기대했던 안정이 어렵게 된다. 이러한 불안정은 또 다른 결핍으로 이어져 끊임없이 한없는 욕구 추구의 연속이 이어지는 현상이 발생하게 된다.

그러나 이때 이러한 연속적인 결핍욕구의 고리를 벗어나려는 움직임도 나타나게 되는데, 그것이 바로 성장욕구이다. 이것은 한마디로 에너지 효율성에 대한 자기반성에서 출발한다. 최소의 에너지로 최대의 효과를 거두려는 움직임이다. 즉, 또 다른 에너지 활로를 모색하게 되는 토대를 마련한다. 그리고 이러한 성장욕구는 다시 그에 따른 결핍이 발생하여 그것을 보충하고자 하는 의욕이 나타나게 된다.

이러한 의미에서 결핍욕구와 성장욕구는 서로 순환을 반복하며 이어지는 욕구의 과정임을 알 수 있다. 이와 같이 어찌 보면 욕구는 생명체의 필연적 현상이지만 욕구의 정도를 이성적 사고로 가늠하고 통제하기가 결코 쉽지 않다는 점에서 적지 않은 갈등 사태를 유발하기도 한다.

예컨대, 개인의 이익과 조직 발전의 갈림길에서 무엇을 선택할 것인가 하는 갈등이 이어지는 것이다. 즉, 전자는 개인의 이익이 결국 조직의 발전에 기여하는 것이며, 후자는 조직의 발전이 곧 개인의 이익이 된다고 생각한다.

문제는 이러한 갈등 사태가 반복되고 장기화되면 그 갈등의 정도가 약화되어 결국 그러한 갈등이 다시는 야기되지 않는다는 점에 있다. 사정이 이렇게 되면 이제는 과감하게 오직 자신만의 욕구를 추구하는 후안무치(厚顔無恥)의 인간 행동을 나타내기 때문이다. 모든 인간 행동의 문제가 바로 여기에서 비롯되고 있는 것임을 항시 염두에 두어야 한다.

③ 인간과 사회

1. 인간의 삶과 사회

이 절에서는 인간의 삶에 있어서 사회란 어떠한 의미를 지니는 것인가 하는 점을 살펴볼 것이다. 흔히 사회는 그 의미의 맥이 더불어 삶, 즉 모듬살이와 연결되어 있다.

본래 '사회(社會)'라는 한자는 농사를 지을 때 토지신인 사(社)와 오곡신인 직(稷)이 합하여진 사직단(社稷壇)에 함께 모여 제사를 드리던 관습에서 비롯되었다. 또한 영어로 '사회(society)'는 동료 또는 동반자의 의미를 지니고 있는 라틴어 '소시우스(socius)'에서 연유한 것이다. 이것을 보면 한마디로 사회란 인간이 더불어 사는 일정한 형식을 지닌 공동체를 일컫는다.

그런데 바로 이 더불어 삶이라는 의미에는 하나의 숨겨진 전제가 있다. 더불어 삶이 개인 단독의 삶보다 사람들의 욕구와 욕망을 충족시켜 줄 가능성을 더 증대시켜 준다는 믿음이 그것이다. 이것은 인간의 삶이 기본적으로 사회를 위한 개인의 삶이 아닌 개인을 위한 공동의 삶을 의미한다. 즉, 사회는 일차적으로 개별적 욕구 충족을 위한 협력의 수단적 의미를 지닌다.

그러나 사회는 이러한 협력 차원의 긍정적인 측면만 있는 것은 아니다. 오히려 개별적 삶에 장애가 되는 부정적인 측면도 함께 지니고 있다. 그리하여 사회는 공적인 삶과 사적인 삶의 양 측면을 동시에 만족시킬 수 있는 방안을 모색하게 된다. 즉, 공적인 생활을 위해 개인의 사적인 생활을 보호하는 일정한 프라이버시(privacy)를 인정하고 있으며, 이와는 반대로 사적인 삶을 제약하는 각종 사회규범과 의무를 정하여 놓고 있는 것이 그것이다.

법과 질서 등이 후자에 속한다면, 자유와 인권 등은 전자에 속한다. 따라서 사회는 기본적으로 두 가지 큰 기둥에 의하여 지탱되고 있다. 개인적인 생존권의 보호와 인정이 사적인 것이라면, 사회 집단의 규제와 통합은 공적인 것으로 이것은 사회의 양대 줄기가 되는 이강(二綱)이다.

그러나 이 양자는 분리되어 있는 것이 아니라 상호 밀접하게 연계되어 있다. 그러한 관계적 의미를 통하여 사회의 의미를 살펴보고자 한다.

우선, 모든 인간은 누구나 기본적으로 이기적인 특성을 갖고 있으며, 무엇보다 소중한 것은 자신이다. 따라서 자신의 자율성을 바탕으로 독특한 개성을 발휘할 수 있는 삶을 영위해 나감은 우선적 당면 과제이다. 그리하여 인간은 누구나 나름대로의 자유를 추구하려 한다.

그러나 인간에게 무한의 자유를 허용하는 경우에 서로 간의 충돌로 인하여 원만한 공동의 사회를 유지해 나갈 수가 없다. 즉, 개인의 이기적인 특성을 그대로 용인하면 사회는 무규범의 혼란에 빠질 수밖에 없다. 이것은 개인의 무절제한 자유가 자유 본래의 의미를 근원적으로 훼손하기 때문이다.

그러므로 사회는 개인의 사적인 삶을 제한하고 공적 영역을 확보하기 위하여 유형무형의 각종 법과 규범 그리고 관습 등의 규제를 마련해 놓고 있다. 바로 이 점에서 한편으로는 보다 서로 간의 자유로운 사생활을 보호하고, 다른 한편으로는 사회의 공동생활을 보장할 수 있는 가능성이 열린다.

그러나 만일 그러한 규제가 다소 허술하면 사회질서가 허물어져 개인의 생활에 여러 가지 어려움이 따르고, 반대로 너무 강하면 경직되어 개인의 자유를 잃게 되므로 그 어느 쪽도 개인의 사생활을 보장받을 수 없게 된다. 따라서 모든 사회는 각기 그 여건에 알맞은 일정한 규제 방식과 더불어 규제가 지니는 한계를 극복하기 위한 일종의 보완장치를 병행한다.

본래 규제라는 것은 타율적인 것이어서 문자 그대로 억제장치일 뿐 인간 본연의 이기적인 특성을 근원적으로 해결해 주지는 못한다. 다시 말해, 규제가 조금이라도 허술해지면 언제나 다시 본래의 이기적인 성향을 드러내어 사회 혼돈을 자아낸다.

이러한 타율적 규제의 한계를 극복하는 사회적 장치가 바로 삶을 공유하도록 하는 사회통합이다. 이것은 모든 각 개인이 즐겨하는 특정의 생활방식과 이해관계를 넘어서서 공동의 일체감을 형성하여 나갈 수 있도록 한다. 이러한 사회통합의 형식은 실로 다양하지만 대부분 주로 종교와 스포츠 또는 각종 풍속 등이 대표적이다.

물론 사회가 이러한 통합형식의 제도를 마련한다고 해서 그대로 되는 것은 아니다. 여기에는 모든 사람이 다 함께 동참하려는 일치된 마음을 불러일으키는 사전 준비가 요구된다. 그리고 그러한 준비에는 시대적 요구와 사회 정서라고 하는 문화적 역량도 함께 고려해야한다. 어하튼 이러한 통합형식에 의한 일치된 마음은 단순히 함께 좋아하는 것 이상의 정신적 유대감을 그 특징으로 한다.

그러나 이러한 정신적 유대감도 지나치게 강조하다 보면 집단적배타의식을 갖게 하거나 개인의 사생활을 해치는 결과를 가져오며, 반대로 어느 순간 유대감이 너무 약화되면 개인 간의 갈등이 증대되어 사회질서가 어지럽게 된다. 강한 유대감이 인간 본래의 내면적 자유를 침해하거나 집단적 배타 감정의 유발로 상호 갈등을 야기하게된다. 이 역시 개인과 공동생활에 모두 어려움을 초래하게 된다.

따라서 철저한 규제나 지나친 통합의식은 그 어느 것도 바람직하지 못하다. 전자는 모든 꿈과 희망을 잃고 살아가는 노예사회나 경직된 독재사회와 같은 환경을 조성하는 반면, 후자는 광신적 집단주의나 폐쇄적 집단 우월주의로 연결된다. 즉, 너무도 무절제한 사랑으로이룩되는 광적 일체감이나 철저한 이기심으로 나타나는 냉혹한 무관심은 인간의 공동생활에서는 그 어느 것도 바람직하지 못하다.

그리하여 사회의 규제나 통합이 그 중심을 잃으면, 그 사회는 언제라도 극단적인 자기중심적 이기주의나 집단 중심의 사회주의가 될가능성을 지닌다. 서로 간의 일체감은 지니되 각자의 개성은 살아 있어야 한다. 따라서 우리의 바람직한 생활을 위해서는 그에 걸맞는 적절한 규제와 통합의식이 필요하다. 이를 위해 각 사회는 그들대로의상식과 판단의 기준에 따라 일정한 제도와 형식을 마련해 놓고 있다.

예컨대, 전통사회에서 대표적인 것으로 예악형정(禮樂刑政)이있다. 우선 '형(刑)'은 개인의 사회악을 징벌하는 것이며, '정(政)'은 공동의 선을 조장하는 것이다. 또한 '예(禮)'는 개인 간에 지켜야 할 사회적 규범으로 규제를, '악(樂)'은 사회 집단이 함께 즐거움을 나누는 소리와 장단의 어우러짐의 일체감을 담은 형식으로 사회통합의 의미를 지닌다.

이와 같이 사회 구성원들이 그 여건에 따라 생활하여 나가는 가운데 형성되는 그 사회 나름의 일정한 삶의 형식을 '문화'라고 한다.

2. 문화의 본질

1) 문화의 의미

문화는 인간의 삶 그 자체이다. 문화는 인간의 삶을 가장 특징적으로 나타낼 뿐만 아니라 그것을 결정짓는 요체가 된다. 다른 모든 생명체는 각각의 종에 부여된 천성에 따라 비교적 획일적인 삶의 모습을 나타내는 반면, 인간은 각각의 문화에 따라 서로 다른 삶의 모습을 나타낸다. 종교나 역사와 같은 정신적 영향 또는 기후나 지역의 특성과 같은 자연환경은 문화가 서로 다르게 형성되는 주요한 요인이 된다. 이제 문화의 형성 과정을 단계별로 살펴보면 다음과 같다.

처음 제반 사회환경은 자라나는 아이들에게 나름대로의 가치관을 형성하는 발판이 되고, 자신의 행동에 일정한 기준을 마련해 준다. 아직까지 아이들에게 자아나 문화라는 것은 의식되지 않고, 단지 따르고 준수해야 하는 하나의 행동 기준이 될 뿐이다. 이러한 단계는 문화가 아닌 답습의 단계이다.

그러나 이들의 지혜가 점차 발달하면서 지금까지 믿고 따른 부모 또는 사회의 요구와 구분되는 자신만의 생각이 있음을 의식하게 된다. 이때, 이러한 생각의 옳고 그름을 떠나 일단 자신의 생각대로 하고 싶은 욕구를 갖게 된다. 그러나 아직까지는 자신의 생각에 대한 정당성을 확보할 수 있는 능력이 없기 때문에 좀처럼 실행에 옮기지는 못한다. 이 단계는 문화의 발아 단계라고 할 수 있다.

하지만 이러한 단계가 조금 더 지나면 지금까지 의지해 왔던 기존의 자신의 행동 기준에 문제점이 있음을 깨닫고 이와 다른 생각을 실천에 옮길 나름의 계획을 세워 실행에 옮기는 단계에 이른다. 바로 이 시점에서 관습에 도전하는 진정한 문화의 단계로 진입이 가능하게 된다. 이것을 조금 더 구체적으로 살펴보면 다음과 같다.

인간이 아무리 문화를 창출해 나가는 사고 능력을 지니고 있다 하여도 일상생활 속에서 항상 뚜렷한 생각을 하며 지내고 있는 것은 아니다. 인간이 어느 정도 구체적인 생각을 하게 되는 것은 일상생활 속에서 어떠한 문제 상황에 접하는 순간이다.

문제 상황은 자신의 삶을 뚜렷이 의식하고 있는 주체가 자신의 생각이나 의도에 반하는 자극과 정면으로 대립될 때 나타난다. 즉, 주체로서의 인간의 생각과 이에 반하는 객체로서 주체 내·외부 세계의 자극이 팽팽하게 대립되는 경우이다. 이러한 대립은 인간의 생존에 심각한 문제로 인식되므로 곧바로 이를 해결할 수 있는 방안을 모색하게 된다. 이것이 바로 문화가 발생되는 결정적 계기가 된다.

흔히 문화란 자신에게 다가오는 장애로 인하여 촉발된 생각이 그 과제를 해결하기 위한 노력의 결과로 이어지기까지의 모든 현상으로 여겨지나 실상 문화의 본질은 장애를 극복해 나가려는 생각 그 자체에 내재하여 있다. 문제의식에 입각한 생각이 곧 문화이다.

이러한 의미에서 문화는 뚜렷한 주체의식이나 정체성을 토대로 이룩된다. 실로 정체성과 주체성은 제반 문화의 이해에서 결코 빼놓을 수 없는 중요한 문화의 특성으로 그 의미를 조금 더 구체적으로 살펴보면 다음 두 가지와 같다.

(1) 문화 정체성

이것은 문화는 일정한 모습으로 정착되기까지 상당한 정도의 시간이 요구되는 형성 과정이 있기 때문에 나타나는 특성이다. 원래 인간의 삶은 의식주의 해결에서 비롯되므로 일정한 생활방식이 한번 정착되면 상당한 기간 동안 지속되는 경향을 나타낸다. 소위 특정 방식의 생활습관이 형성된다. 습관은 처음 그것을 시도할 때에는 단순하게 생활 속의 편리를 위하여 시작하지만, 그 결과는 자연히 좋고 나쁨으로 구분되는 일종의 가치의식이 발생하며, 좋은 것은 지속적으로 반복하고 나쁜 것은 기피하는 현상으로 나타난다.

이것이 여러 세대를 거치면서 장구한 세월 동안 계속 반복되어 지속되는 경우, 관습이나 전통으로 확립되고 그 이후에는 이념의 정도를 넘어서 자신과 하나로 합치되어 도저히 벗어버릴 수 없는 삶 그 자체가 되어 버린다. 즉, 삶과 문화가 합치되어 더 이상 다른 삶은 생각할 수 없는 고정된 삶의 방식만이 존재하게 된다. 이것을 바로 문화 정체성이라고 하며, 한편으로는 집단 정체성을 대변한다.

따라서 이러한 문화 정체성을 지니게 되었다는 것은 우주와 자연환경, 종교, 학문과 예술 그리고 민족성 등에 관한 실로 말로 형언하기 어려운 일관된 삶의 의미가 정립되어 있음을 나타낸다.

그러나 사람들은 역사 속에서 정착된 이러한 문화 정체성을 무시하고 무력과 권력으로 토착 원주민들에게 새로운 삶의 방식을 강요하여 그들의 삶을 황폐화시키는 잘못을 수없이 저질러 왔다.

20세기 초부터 수십 년에 걸쳐 호주 정부가 특정 지역에 사는 약 10만 명 이상의 원주민 자녀들을 백인 가정에 입양시켜 생활하게 함으로써 새로운 문화를 강요한 것은 대표적 예이다. 물론 양쪽의 가정 모두가 참담한 결과를 가져왔음은 다시 말할 필요가 없다.

최근 우리나라에서도 근대화에 따른 급격한 사회 변화로 인하여 부모와 자식 간에도 생활양식에서 심한 격차가 나타나 상호 갈등 사태가 자주 발생하는 것은 바로 이 때문이다.

예를 들면, 도시의 아파트를 주장하는 자식들과 평생 살아온 시골 마을의 정든 주택을 버리지 못하는 부모들이 서로 생각의 간극을 좁히지 못하는 것은 지극히 당연하다.

여기에서 '과연 문화는 반드시 정체성을 지녀야 하며, 만일 그렇다고 한다면 그것을 위해 어느 정도의 세월이 요구되는 것일까?' 하는 한 가지 의문이 제기된다. 오늘날과 같이 하루가 다르게 변화하는 문화도 문화로서의 정체성이 있으며, 과연 그토록 정신을 차릴 수조차 없이 변하는 것이 문화로서 바람직한 것인가 하는 점이다. 이에 대한 분명한 관점을 가지는 것은 오늘날 우리가 당면하고 있는 삶의 모습을 살펴보는 중요한 전기를 마련해 준다.

이것은 인간의 삶에 따르는 물질과 정신의 깊은 관계에 대한 이해가 없이는 불가능하다. 그 의미는 삶의 핵심 요소인 그 시대의 사회규범을 살펴보면 찾을 수 있다. 사회규범은 그 사회의 질서를 마련해 주는 토대이다. 따라서 사회의 안정은 그 사회가 얼마나 전통적 규범을 확립하고 있는지 여하에 달려 있다고 해도 과언이 아니다. 더불어 살아가기 위한 보다 바람직한 사회질서의 확립은 모든 사회의 꿈과 희망이다.

그러나 그토록 중요한 질서의 확립이 쉽게 이루어지지 않는 것은 다음 두 가지 이유 때문이다. 하나는 사회규범과 물질 추구가 상충적 관계를 지닌다는 점이며, 다른 하나는 시대 변화에 따라 전통적 규범의 의미가 점차 상실되어 간다는 점이다.

어느 시대를 막론하고 사회질서는 물질적 이익의 추구와 사회규범이 상호 원만하게 유기적 관계를 이루어 나갈 때 비로소 유지되어 나갈 수 있다. 전자를 과도하게 앞세우면 사회규범이 문란해지고, 반대로 후자를 강조하면 물질적 이익의 추구가 어렵게 된다.

이때, 그러한 유기적 관계를 결정해 주는 것이 바로 그 사회가 지닌 가치관이다. 다시 말해, 사회가 어떠한 가치관을 소유하고 있는가에 따라 사회규범이 형성되고 그에 알맞은 질서가 이룩된다. 그런데 문제는 그러한 규범은 항상 개인적 이익을 앞세우는 집단의 의도에 도전받고 있으며, 단시일 내에 구성되거나 소유할 수 있는 것도 아니라는 점이다. 이러한 문제를 해결할 수 있는 길은 오직 문화의 정체성에서만 찾아볼 수 있다.

앞서 밝힌 바와 같이 전통문화는 그 문화에 따른 고유한 정체성을 지닌다. 이것은 장구한 세월 속에서 그 사회만이 갖는 물질과 정신 양자 간의 일정한 균형감각을 유지하며 엄정한 사회규범을 고수함으로써 그 사회의 변함없는 안정을 유지하여 내려온 것이기에 그에 따른 품격을 인정받을 수 있는 자격을 지닌다.

반면, 전통이 없는 문화는 오로지 그 시대가 요구하는 가치만을 강조함으로써 균형감각을 잃고 급속하게 변모하는 사회에 의존하는 경향을 나타낸다.

다시 말해, 전통문화는 선조와 우리 그리고 후손의 통시적 주체의식이 바탕이 되어 있으므로 자주적인 각 문화의 요소들이 하나로 통합되어 일정한 정체를 지닌 문화 본연의 모습을 찾아볼 수 있다. 반대로 전통이 없는 급조된 문화는 단지 그 사회의 시대적 요구에 따르는 단편적 문화로서, 이는 앞서 언급한 바와 같이 마치 자아의식이 없이 한때의 사회 유행에 의존하여 행동하는 유아의 문화 답습 단계 수준에 머물고 말게 된다.

따라서 이것은 그만큼 문화의 정체성을 유지하기 어려운 것은 물론 상대적으로 그에 따른 문화의 경박성을 떨쳐 버리기 어려운 것이라고 말할 수밖에 없다. 다시 말해, 인간과 실생활과의 유기적인 문화 정체성을 잃은 문화는 이미 문화가 아닌 하나의 상품에 지나지 않는다.

(2) 문화 주체성

이것은 진정한 문화는 기존 문화에 대한 주체적 도전의식에서 발아한다는 의미를 내포한다. 인간은 자연환경과 주변의 사회적 환경으로부터 다가오는 여러 가지 어려움을 겪으며 살아간다. 하지만 어떠한 외적 어려움 속에서도 인간 내부의 자유로움을 향한 끊임없는 욕구 자체는 억제할 수가 없다. 인간의 기본적 욕구 또는 부차적 욕구를 충족하기 위해서는 무엇보다 자신의 정신적 자유가 보장되지 않으면 안 되기 때문이다.

이러한 내적 자유는 환경의 제약이 크게 다가오면 올수록 이에 대응하여 벗어나려는 강한 의지를 갖도록 한다. 환경의 위협에 도전할

수록 자신의 강한 자율적 의지를 체험할 수 있으며, 단순히 순응만 하는 경우에는 그만큼 의지의 제약이 따를 수밖에 없는 것은 자명한 이치이다.

예컨대, 어려운 환경을 극복하며 성장한 사람과 부모의 보호 아래 아무런 어려움 없이 성장한 사람은 특정 목적에 대한 도전 의지가 결코 같을 수 없다.

따라서 전자의 경우 자연환경의 제약은 그들의 주체적 자유를 충족시킬 수 있는 좋은 통로를 제공한다. 여기에서 물질문명이 전개되는 계기를 얻게 된다.

또한 인간은 절대 고독의 존재이다. 언제나 자신의 죽음을 어렴풋이 의식하고 살아가는 가련한 존재이다. 아무리 가까운 사이라 해도 누구도 미래에 다가올 자신의 죽음을 대신해 주지는 못한다는 절대 단독의 최종 순간에 그저 당혹스러움을 느낄 수 있을 뿐, 그 대책을 마련할 수 있는 길은 완전히 폐쇄되어 있다. 이 시점에서 자기중심적 사고는 극에 달하게 된다.

그러나 인간의 위대함은 바로 이러한 사실에서 싹이 튼다. 그러한 자기 한계의 안타까움을 세상 만물에 투사할 수 있는 능력을 발휘한다. 즉, 세상의 모든 생명이 나와 같은 운명의 소유자임을 깨닫고 동질감을 형성한다. 여기에서 한 발 더 나아가 만물을 포용할 수 있는 사랑을 키워 가고, 그 한계성을 극대화하려는 창의적 노력이 싹트는 계기가 나타난다. 결국 인간은 극단적 이기와 이타를 향한 자기희생적인 창의적 노력의 양극단을 방황하며 살아가는 존재이다.

비록 많은 사람이 현실적 제약으로 자기중심적 사고의 틀을 벗어나지 못하는 삶을 살아가고 있는 것이 사실이지만, 아무리 외적 규제가 있다고 해도 자신의 한계를 뛰어넘으려는 끝없는 욕구 자체를 억제할 수는 없다. 이러한 욕구는 아무리 환경의 제약이 크다고 할지라도 그것을 넘어서 다른 사람들에 대한 사랑의 열망을 전하는 좋은 통로를 제공한다. 이것이 바로 주체적 정신문화가 전개되는 계기가 된다.

이러한 문화는 비록 참신한 느낌은 없어도 오랜 전통과 호흡을 함께하면서 생활 속에서 다종다양(多種多樣)한 여건을 극복하는 과정에서 스스로의 몸으로 일구어 내는 것으로 진정한 의미의 문화라고 할 수 있으며, 그만큼 문화로서의 깊이를 간직한다.

그러나 여기에서 한 가지 주의할 것은 문화란 본시 논리적 모순을 지니고 있다는 점이다. 즉, 장애를 극복하기 위한 생각이 다시 되돌아와 장애로 작용한다는 사실이다. 보다 더 편리한 생활을 위해 창의적으로 고안해 낸 여러 가지 문화적 도구가 오히려 더 심한 불편을 초래하는 결과를 낳는다는 점이다.

예를 들어, 자동차나 약 제품 등은 일상생활의 불편을 개선하고자 하는 생각의 발로에 따른 결과로서의 산물이다. 하지만 자동차가 늘어날수록 교통사고 사망자가 더 늘어나고, 편리한 약품들이 늘어날수록 처방약 중독 현상이 나타나거나 사람들의 기초 체력은 점점 더 약화되는 역현상이 나타난다. 특히 각종 상품의 대량 생산에 활용되는 자동화 기계에 의한 인간 소외는 대표적 역현상이다.

이것은 문화의 의미를 다시 한 번 더 되새겨 보게 하는 대목이 아닐 수 없다.

2) 문화와 문자

 '문화(文化)'는 글자 그대로 '문(文)'으로 화(化)함'이다. '문'은 일반적으로 문자의 의미로 많이 알려져 있으나 본래는 꾸밈(飾)이라는 더 포괄적인 의미의 일부이다. 꾸밈이란 자연의 모습을 인간의 생각대로 변화시킨 것을 의미한다. 인간의 생각을 담아 꾸민 도구 중에서 가장 대표적인 것이 문자이다. 이처럼 인간의 생각을 담아낸 유·무형의 모든 꾸밈이 문화의 기반을 이룬다.
 이러한 의미에서 볼 때, 문화란 인간이 그 뜻을 밖으로 표출해 내는 각양각색의 방식이다. 중요한 것은 문자나 표출 형식이 아니라 그 안에 내재되어 있는 인간의 고귀한 생각이다. 따라서 문화에서 중요한 것은 일상의 생활에서 활용하고 있는 제반 삶의 형식으로서의 문화가 아닌 인간의 생각 그 자체이다. 그런데 이러한 인간의 생각은 인간 특유의 이성 능력을 토대로 한다. 이성은 한마디로 바르게 생각하는 능력이라고 해도 과언은 아니다. 그것은 다음과 같이 크게 세 가지로 나타낼 수 있다.

 첫째, 사물을 객관화하여 인식하는 인식 능력
 둘째, 자신의 욕구를 제어하는 통제 능력
 셋째, 합당한 이치에 따라 생각할 수 있는 사고 능력

 이 모든 능력은 기본적으로 인간 특유의 언어적 상징 능력에서 비롯된다. 그렇다면 이러한 능력과 인간의 삶과는 어떠한 관계가 있는 것인가. 이것은 매우 복잡한 문제를 야기한다. 이성이 상징 능력으로 인하여 강화되어 가는 이성의 일면이 있는 반면, 다른 한편으로는 오히려 마비시키는 일면이 있다는 점에서 매우 세심한 주의를 요한다.

이것은 특히 문명의 개화 정도의 차가 심할수록 좋은 대조를 나타낸다. 원시 문명일수록 집단 이성의 성향인 것에 반해, 현대 문명일수록 개별 이성의 성향이 강하게 나타난다.

예컨대, 지금도 태평양의 군도나 아프리카 지역 등의 일부 지역에서 원시생활을 고수하며 밀림 속에서 살아가고 있는 사람들을 보면 한 가지 특이한 점이 있다. 마을 단위 또는 소규모 집단으로 반드시 한 가족처럼 공동생활을 한다는 사실이다. 물론 문명사회 사람들도 집단을 이루어 살아가고 있지만 그들과는 근본적 차이가 있다. 후자가 개인 위주의 삶을 살아간다면, 전자는 철저하게 집단 위주의 삶을 살아가고 있다.

우리 문명사회 사람들의 입장에서 보면, 원시부족사회 사람들의 삶은 매우 보잘것없는 것이 된다. 하지만 그것은 겉으로 드러나는 차이일 뿐이고, 속으로 감추어진 측면을 보면 오히려 부족한 쪽은 저쪽이 아닌 이쪽이 된다. 우리가 겉으로는 입고 다니고 있으나 실제로는 내어놓고 있는 반면, 저들은 겉으로는 벗고 있으나 실제로는 엄격한 이성 간의 규율을 입고 있다.

적어도 저들에게 매춘이나 원조교제는 없다. 또한 저들이 겉으로는 가정이 없으나 실제로는 부족끼리 끊기 어려운 유대 관계와 다 함께 나누는 사랑을 가지고 있는 데 반해, 우리는 겉으로는 수많은 친인척을 가지고 있으나 실제로는 치열한 경쟁의식과 이기심 속에서 각자의 삶을 이어 가고 있다. 적어도 저들은 집단 내에 분명한 위계질서를 갖고 있으며, 그에 따른 깊은 사랑이 있지만 우리에게는 오직 재물과 출세만 있을 뿐이다.

　이러한 의미에서 볼 때, 우리가 문명의 혜택을 누리는 사이 사회 문화의 공동체 의미가 퇴색되어 사람으로서 무엇인가 중요한 것을 잃어버린 것은 아닌가를 의심해 보지 않을 수 없다. 즉, 문명의 실체에 대한 의구심이 나타난다.

　문명은 한마디로 삶의 수단적 도구의 개발에서 나타난다. 도구의 개발은 기술의 사용 여부가 관건이 된다. 여기에서 기술이란 자연의 이치를 역으로 이용하는 술책이다. 이것은 기본적으로 문자가 갖는 시·공간 초월성의 활용에 따른 창의적 사고력이 아니면 불가능하다.

　이것은 사람과 비교적 유사한 침팬지들의 생활을 관찰해 보면 확연히 드러난다. 그들은 극히 제한적이기는 하지만 그들 나름대로 도구를 사용하는 재능을 가지고 있다. 하지만 그들에게서는 더 이상의 새로운 차원으로의 발전 가능성, 즉 창의적 사고력을 찾아보기 어렵다는 점이다. 그것은 문자를 활용한 창의적 사고를 하지 못하고, 오직 생득적 지각 능력에 의한 생각으로 극히 한정되어 있기 때문이다. 즉, 사고에서 문자를 활용하지 못하고 단순히 지각적 사고에 한정되면 더 이상의 창의적 사고가 거의 불가능해진다.

　예컨대, 인간의 경우에도 장기나 바둑과 같은 게임에서 이루어지는 사고가 바로 지각적 사고인 것으로 이것은 만 번을 반복해도 일정한 사고의 틀을 좀처럼 벗어날 수 없다.

　이러한 지각적 사고의 틀에 얽매여 있는 어린아이들은 주로 놀이 활동을 한다. 이 역시 문자와 관련되어 있으며, 더 자세한 것에 대하여는 제2부 '공부론'에서 다룬다. 여하튼 결국 그들과 우리의 삶을 가르는 것은 문자의 활용 여부에 달려 있는 것이다.

그렇다면 '문자의 사용이 오히려 사람들을 이기적으로 탈바꿈하도록 한 것은 아닌가' 하는 의심을 갖게 된다. 만일 그것이 사실이라면 그 이유는 무엇인가. 문자는 기본적으로 사고의 도구이다. 물론 문자가 없는 원시인들도 일정한 범위 안에서 사고를 한다. 그들도 나름대로 엄격한 생활 규칙을 정하여 놓고 있으며, 환경에 따라 수정하고 보완하는 것으로 보아 분명 생각을 하며 살아가고 있음을 알 수 있다.

그러나 이들에게 나타나는 생활 모습의 특징은 괄목할 만한 변화와 개혁을 추구하지 않는다는 점이다. 이들은 오히려 현재의 생활에 항시 더없이 만족해하고 끊임없이 그러한 생활을 이어 간다. 물론 어느 정도의 변화는 없을 수가 없지만 분명한 점은 그들이 아직도 원시 그대로의 전통적 생활을 이어 가고 있으며, 심지어 화려한 문명생활을 가르쳐 주어도 끝까지 자신들의 삶을 고집하려 한다는 점이다.

그런데 이와 대조되는 현상도 있다. 문맹률이 현저하게 높은 저개발국에서 힘겹게 살아가는 어린 소년·소녀들도 학교에 가서 글자를 익히고자 하는 한결같은 소망을 가진다는 사실이다. 그들은 왜 그토록 글자 익히기를 바라는 것일까. 그 이유는 그들의 생활양식 변화에 담겨 있다.

한 가지 예로, 이러한 나라의 선거 모습을 보면 다소 특이한 점이 있다. 투표용지에 후보자들의 기호를 숫자로 나타내지 않고 일정한 표식의 개수로 표시한다. 사람들은 그 개수를 세어 자신이 선택하는 후보에 선거권을 행사한다.

이러한 선거 방식은 물론 이들의 문맹률이 높다는 것도 일차적 이유가 되지만 보다 중요한 사실은 이들이 수량의 개념은 가지고 있어도 차례의 개념은 없다는 것이다. 그들의 생활 속에서는 순서를 고려할 필요가 거의 없었던 것이다. 정해진 생활 규칙대로 단순하게 살아가면 되기 때문이다. 다시 말해, 지시의 대상이 극히 한정되어 있는 생활이기 때문에 더 이상의 개념이 형성될 여지가 없었던 것이다.

그러나 날이 더해 갈수록 생활이 점차 변하여 지시의 대상이 현격하게 늘어나고 그것을 생활에 활용해야 하는 필요성은 증가하는데 반해, 그것을 명확하게 지시할 수 있는 적절한 지시 도구는 없는 때가 이르면 자연히 생활에 커다란 불편함을 느끼게 된다. 이러한 불편을 해소하는 길은 오로지 문자를 익히는 수밖에 없다. 좀 더 구체적으로 말해, 단순한 수나 양의 개념을 지나서 차례나 순서를 생활에 활용할 때가 되면 이러한 의미를 나타낼 수 있는 문자가 요구되는 것은 당연한 현상이다.

이것이 바로 이들이 학교에 가서 공부하는 것을 소망하는 까닭이다. 학교는 바로 지시의 대상을 확장시키는 데 필요한 문자를 가르쳐 주는 유일한 곳이기 때문이다. 다시 말해, 먼저 문자를 익힌 후 생활하는 것이 아니라 생활이 다양하게 변모하기 때문에 문자가 요구된다. 문명은 이처럼 문자와 함께 싹이 튼다.

이에 더하여 고도의 문명생활은 하루 한 순간이라도 쉴 새 없이 끊임없이 변모하는 사회환경 속에서 살아가는 생활이다. 이들은 끊임없이 새로운 지시의 대상을 익혀 확장하여 나가지 않으면 안 된다. 가급적 빠르게 익히면 익힐수록 편안한 삶이 보장된다. 지시 대상의 확장에는 문자 이상으로 편리한 것이 없다. 문자를 사용하지 않을 수가 없다. 문자 사용의 확대는 점차 개념의 숫자를 무한히 확장시켜 나가면서 각자의 생각 범위를 확대시켜 나간다. 더 많은 개념을 사용할수록 생각은 넓어지고 깊어진다.

그러나 이처럼 쉴 새 없는 개념의 확장은 동시대의 사람들이 모두 함께 동일한 분야를 넓혀 가는 것이 아니라 각자 자신의 관심 분야만을 넓혀 간다는 점에서 문제가 된다. 자연히 사람마다 서로 다른 생각이 들어설 수밖에 없다. 같은 생각을 할 수 있는 여지가 그만큼 줄어들게 된다. 즉, 사회의 상식이 줄어들고 각자의 주장은 늘어난다. 이것이 이기(利己)를 부추기는 단서가 된다.

그렇다면 이처럼 문자의 사용이 증가할수록 오히려 이기심을 증대시키며, 사회 분열을 가중시키는 현상을 우리는 어떻게 해석해야 하는가를 생각해 볼 필요가 있다. 그것은 인간의 가장 중요한 특성인 사고 능력이 오히려 이기심을 조장하고 경쟁을 유발하는 것으로 보아 문자의 사용이 반드시 바람직한 것만은 아닐 수도 있다는 점이다. 그러나 그것은 아니다.

문제의 근본적 원인은 문자의 사용 그 자체가 아니라 그 활용이 편중되고 있다는 점에서 찾아볼 수 있다. 문자는 분명 인간의 사고에 없어서는 안 될 필수 도구이지만, 그것을 욕구의 충족에 주로 활용할 뿐 자신을 되돌아보고 욕구를 억제하며 합리적으로 생각하는 이성적 사고에까지는 연결시키지 못하고 있는 것이다. 보다 편리한 삶을 추구하려는 인간의 기본적 욕망을 굳이 탓할 수만은 없지만 문제는 그것이 이성의 견제를 벗어나 너무 과도하게 추구되고 있다는 점을 부인할 수 없다.

문명의 한가운데에 부득이 이기적인 삶을 살아갈 수밖에 없는 사람들도 우연히 접하게 되는 원시인들의 진솔한 공동체 모습에서 알 수 없는 그리운 마음을 느끼게 되는 것이 이를 반증한다. 이들이 비록 문자를 사용할 수 없어서 창의적 사고력에 한계를 지니는 것은 사실이나 가장 기본적인 자연과 인간, 인간과 인간의 상호 의존 관계에 대한 균형감각을 유지하고 있다는 점 또한 분명한 사실이다. 그리하여 이들이 우리와 같은 과학적이고 논리적인 근거는 없다 하여도 인간 특유의 직관적 감각과 신념으로 자신과 주변 환경을 균형 있게 바라보고 있음을 알아야 한다. 이러한 사고력이 어려서부터 반듯하게 자라나면 이들은 세상 만물이 모두 연계되어 있으며, 각자 개별적 자아가 결국은 하나인 것임을 은연중 깨닫게 되고 적어도 적대감이 없는 한 서로 사랑하고 아낄 수밖에 없는 상황에 이른다.

비록 문자를 모르고 알 수 없는 신들을 숭배하며, 우리가 보기에 기이한 행동으로 살아가는 원시인일지라도 우리가 함부로 그들을 대할 수 없는 이유가 바로 여기에 있다.

그러나 일단 한번 자신의 물적 욕구에 얽매이면 아무리 문자를 익히고 활용할 수 있다고 해도 자신을 대상화하여 되돌아보고 주변의 환경을 명확하게 인식하여 자신과의 관계를 살펴보는 등의 올바른 사고력이 점차 어렵게 될 가능성이 증대된다.

그러므로 사람이 아무리 이성 능력이 있다고 하여도 그것을 올바로 사용하지 못한다면 오히려 독소가 될 뿐이다. 복잡한 도시와 한정된 좁은 공간에서 살아가는 도시인들일수록 서로 소통하지 못하면서 살아가는 것 자체가 그만큼 몸과 마음이 병들어 있는 상태임을 입증한다.

우리 모두 서로의 사랑을 나누지 않으면 안 된다. 사랑이 없는 모듬살이는 아무리 편리한 생활이 보장된다고 해도 공허한 것임을 하루속히 깨달아야 한다. 다시 말해, 사회가 마련한 정치, 경제, 교육, 생산, 소비, 계층, 질서, 예절 등 모든 것이 세상 만물에 대한 무차별적 사랑을 벗어나면 아무런 의미가 없다.

사회의 본모습은 바로 여기에서 찾을 수 있다. 사회의 기초단위가 가정이 되는 것도 혈연을 기초로 사랑을 실현하는 소중한 모듬살이가 되기 때문임은 더 말할 나위가 없다.

제2부

공부론

④ 공부의 개요

1. 공부의 의미

일 년 열두 달 나라 안에 사교육 열풍이 수그러질 줄 모르고, 잠자는 시간 이외에 거의 모든 시간을 쉬지 않고 공부를 하고 있으면서도 정작 공부가 무엇인지를 알고 있지 못한 학생들이 넘쳐 난다면 이 얼마나 어처구니가 없는 일인가. 그러나 이러한 일은 언제나 아무렇지도 않은 듯이 우리 주변에서 흔히 일어나고 있다. 이것은 마치 판사가 법이 무엇인지를 모르고 해당 사안에 대한 평결을 하고 있는 것과 같다. 따라서 공부가 어떠한 것인지를 잘 알고 있지 못한 학생들이 혼돈과 방황을 거듭하는 것은 어찌 보면 지극히 당연한 현상이다.

공부란 한마디로 말해 자신의 몸에 부단히 공력(功力)을 들이는 것이다. 여기에서 '공력'이란 자신의 행위체계에 모종의 관성을 부여하기 위해 노력하는 것을 의미한다. 인간이 태어날 때 누구나 지니고 있는 것은 단지 빨기, 잡기, 움츠리기 등 몇 가지의 반사적 행위체계뿐이며, 사고 능력, 감정 표현 등은 거의 백지상태에 가깝다. 그러나 이러한 단순한 행위체계로는 장기간의 험난한 인생살이를 대처해 나가지 못하기 때문에 점차로 복잡한 여러 가지 행위체계를 습득해야만 한다.

여기에는 우선 행위의 지표가 되는 바른 사고의 형식과 방법 그리고 그에 따른 균형감각을 지닌 절도 있는 태도와 행동 등을 습관화하는 것이 요점이 된다. 우리의 몸은 주로 관성의 지배를 받는 특성이 있어서 평소에 특별히 습관을 들이지 않으면 충동적으로 행동하거나 아니면 과거에 해오던 양태를 그대로 반복하기 때문이다. 그러므로 특히 평소 좋지 못한 관성을 벗어나기 위해서는 단순히 새로운 행위를 익히는 것보다 수많은 반복 연습이 요구된다. 즉, 남다른 공력을 들여야 한다.

따라서 공부란 그 어떠한 경우에도 인간의 사고와 그에 따른 행위가 인간다움을 좇아가도록 공력을 들이는 과정이라는 점을 벗어날 수가 없다. 좀 더 구체적으로 말해서 공부는 자신의 타고난 아름다운 인성이 자칫 훼손되지 않도록 노력하고 아울러 부족한 능력을 길러 나아가는 유일한 길이다.

본래 인간은 다른 동물과 달리 아름다운 인성과 다양하고 월등한 능력을 발휘할 수 있는 자질을 갖고 태어난다. 그러나 만일 그대로 방치하면 인성은 점차 고약해지고 자질은 심하게 약화되어 가는 성향을 나타낸다. 이러한 까닭으로 우리에게는 공부가 필요하다.

이러한 의미에서 볼 때 공부의 본질은 어디까지나 자칫 잘못된 경향으로 흐르기 쉬운 마음가짐을 바로잡고, 기존에 잘못된 몸의 행위 체계를 뒤엎는 역작용으로서 연마의 과정이지 결코 단순한 놀이의 과정은 아니다. 연마(鍊磨)는 문자 그대로 자신의 부족한 점은 보완하고, 좋은 점은 더욱 예리하게 갈고 몸에 익숙하도록 닦는 것이기 때문에 크든 작든 일정한 고통이 수반된다.

더욱이 장기간 지속되는 연마는 견디기 어려운 고통이 따른다. 그러나 이것이 쌓이면 쌓일수록 자신의 내면에 숨겨져 있는 자질이 출중한 능력으로 전환되어 그 고통의 진가를 발휘하게 된다. 참다운 보람을 얻게 되는 것은 바로 그러한 순간이 된다. 즉, 참다운 즐거움이란 언제나 진정한 고통 뒤에야 비로소 얻을 수 있다.

1) 학습

공부에 따른 연마를 행하는 방법이 곧 학습이다. 학습의 의미는 공부의 의미 속에 이미 들어 있다. 앞서 말했듯이 공부란 몸의 잘못된 성향을 뒤엎는 것이기에 자신의 잘못된 행위에 대한 깊은 깨달음과 이에 따른 학습이 요구된다. 이 때문에 소위 학습의 '학(學)'은 깨달음의 길이며, '습(習)'은 바른 행위의 실행의 길이다.

일반적으로 '학'은 '습'을 도우며, '습'은 '학'을 돕는 것이 보통이지만 어린 나이일수록 후자에 의존하며, 나이가 들어갈수록 전자에 의존하게 된다. 즉, 멋도 모르고 하던 행동의 의미를 나중에 알게 되는 경우가 후자인 것이며, 먼저 그 뜻을 깊이 깨달은 후에 강한 실천의지를 갖고 행동에 옮기는 것은 전자에 해당된다. 이러한 학습이 이루어지는 과정이 곧 배움의 길이.

우리는 일상생활을 통해 여러 가지의 것을 배워 나간다. 진정한 배움에는 새로움을 받아들이는 긴장에 따른 즐거움이 있을 뿐만 아니라 자신의 내면을 성숙시키는 요소가 내재하여 있다. 그러한 배움이 없이 보다 나은 삶을 기약하기란 어렵다. 이러한 의미에서 배움은 우리의 삶에 있어 무엇보다 중요한 행위 중의 하나이다. 그럼에도 불구하고 많은 사람에게 있어 배움은 그저 하나의 일상적 행위 중의 하나일 뿐 별다른 특별한 의미를 지니고 있지 않은 듯하다. 그래서 여기에 배움의 본뜻을 밝혀 보다 나은 삶의 토대를 마련하고자 한다.

배움은 '배우다'라는 동사의 명사형으로 쓰이는 말이다. 그런데 '배우다'는 '배다'라는 동사의 사동사이다. 일반적으로 우리말에서는 동사나 일부 형용사의 어근에 '이' '히' '리' '기' 등의 접미사를 사용하여 사역의 의미를 나타낸다.

예컨대, '놀다'가 '놀리다'로, '웃다'가 '웃기다'로, '타다'가 '태우다'로 그리고 '일다'가 '일구다'로 등이 있다. 이러한 의미에서 '배다'가 '배우다'의 원형임을 확인할 수 있다.

이때, 동사로서 '배다'는 다음과 같은 두 가지의 의미를 지닌다.

첫째, '~을 잉태한다'는 의미로 쓰인다. 예를 들면, '소가 새끼를 배다.'라고 할 때 그 '배다'라는 것은 '잉태하고 있다'의 의미와 정확하게 일치한다. 즉, 어떠한 것을 안으로 지니고 있다.

둘째, '~에 익숙하다'는 의미로 쓰인다. 예를 들면, '운전하는 것이 몸에 배다.'라고 할 때 그 '배다'라는 것은 '익숙하다'의 의미와 역시 일치한다. 이러한 의미에서 결국 '배다'는 '~을 지닌다' 또는 '~에 익숙하다'는 뜻을 그 중핵으로 하고 있음을 알 수 있다.

이러한 맥락에서 배움이라는 의미도 역시 '잉태하다'와 '익숙하다'라고 하는 의미와 정확하게 일치하는 것임을 확인할 수 있다. 우선, 잉태의 과정을 보면 그것이 점진적으로 은밀하게 이루어지는 것이지 절대로 어느 한 순간에 이루어지는 것이 아니다. 그 변화의 과정은 쉽게 포착될 수 없으며, 일정한 기간이 흐른 뒤에 비로소 확인되는 그런 과정이다. 이것은 주로 안으로의 질적 변화 과정이다.

우리는 여기서 한 가지 절대로 간과할 수 없는 것이 있다. 다시 말해, '배는 과정'을 눈여겨볼 필요가 있다. 그것은 잉태는 '과정'을 통하여 완성된다는 사실이다. 아니, 무엇보다 바로 그 부분을 명확하게 인식해야 한다. 이 점은 익숙하게 되는 과정에서도 동일하게 나타난다. 처음의 불안정과 어설픔을 떨쳐 버리고 능숙하고 완숙한 경지까지 이르기 위해 쉴 새 없이 되풀이되는 과정이 요구된다.

결국 배움이란 점진적이고 반복적인 과정의 뒷받침이 없이는 이루어질 수 없는 것임을 알 수 있다. 불교 용어에 비유하면 순간적인 돈오(頓悟)를 얻기 위해서 반드시 그에 따른 장기간의 점수(漸修)가 요구되는 것과 같다.

이러한 사실은 우리가 일상의 삶 속에서 무엇인가를 배워 나간다는 것이 단순히 지식과 기술을 습득하는 것이 아니라 그에 따른 길고 지루한 과정이 수반될 뿐만 아니라 오히려 어떠한 의미에서 그 과정이 더 중요한 의미를 지닐 수가 있음을 암시한다. 왜냐하면 배움의 결과는 순간에 그치되 부단히 길게 지속되는 그 과정은 곧 한 사람의 인생 여정이 되며, 이것이 또한 인간 완성의 기초이자 전부가 되기 때문이다.

여기에서 좀 더 논의를 진전시켜 보자. 배움이란 얻어 익힘이다. 얻음은 점진적이되 익힘은 반복적이다. 배움은 곧 의미를 깨달아 얻고, 행동을 연습해 익히는 것이다. 좀 더 구체적으로 말해서 배움은 화육(化育)에 동참하는 선하고 참다운 의미를 얻어 내는 것이며, 몸과 마음을 합한 바르고 성실한 행동을 익혀 나가는 것이다. 그렇다고 하여 의미와 행동이 따로 있는 것이 아니다. 본질은 같은 것이로되 그 겉모양이 다른 것이다. 모르는 사람들은 깨닫되 익히지 못하고, 익히되 깨닫지 못한다. 이는 결국 참다운 배움에 이르지 못한 것이다. 깨달음이 익힘이요, 익힘이 곧 깨달음이다.

따라서 우리는 언제나 진정한 배움의 길에 들어설 수 있도록 노력해야 하며, 그것이 아무리 멀고 험해도 결국 우리가 가지 않으면 안 되는 길임을 알지 않으면 안 된다.

2) 언어

배움에서 결코 빼놓을 수 없는 필수 도구가 바로 언어이다.

인간이 세상에 태어나면서 제일 처음 시작하는 것은 분명 숨쉬기이다. 그만큼 숨쉬기는 생명에 있어 필수 불가결한 소중한 것이다. 그다음으로 하는 것이 젖꼭지 빨기이다. 이것은 생명을 유지하기 위해서는 숨쉬기만으로는 부족하며, 적당한 영양을 함께 섭취해야 가능하다는 뜻일 것이다. 다음으로 하는 것이 눈뜨고 주위를 살펴보는 일이다. 이것은 숨쉬고 영양을 섭취하는 일만으로는 아직도 부족하고 아울러 주변 환경에 대한 정보를 파악할 수 있는 능력이 필요한 것임을 나타낸다. 그리고 마지막으로 하는 것이 말을 익히는 일이다. 언어는 환경에 따라 올바른 대처방안을 모색할 수 있는 지혜를 얻어내는 발판이 되기 때문이다.

이처럼 배움은 바로 말을 익히는 일과 밀접하게 관련되어 있다. 많은 사람이 학교 성적에 매달려 진정한 공부가 무엇인지 깨닫지 못하고 '세상에서 가장 쉽고 편한 공부의 방법이 없는가' 하고 찾아 헤매고 있다. 소위 공부의 왕도가 있다고 생각한다.

그러나 분명한 것은 공부에는 철저한 배움 외에는 별다른 왕도가 없다는 사실이다. 공부는 그저 언어를 배워 익히는 일과 숙명적 관계가 있을 뿐이다. 강을 건너기 위해서 배가 필요하듯이 올바른 생각을 위해서는 반드시 그에 따른 언어능력이 필요하다.

대체로 언어능력은 듣기에서 시작하여 말하기, 쓰기를 거쳐 짓기까지 네 단계가 상호 연계되어 있다. 그리고 각 단계는 그 이전 단계가 진행되는 정도에 따라서 조금씩 나타나는 경향이 강하다. 따라서 임신 초기에서부터 생후 약 일 년 정도에 이르는 기간에 형성되는 듣기는 언어능력의 발판이 되는 매우 중요한 단계가 된다. 또한 마지막 단계인 짓기는 언어능력이 어느 정도 자유로워질 때 비로소 가능해진다고 할 수 있다.

그런데 대부분의 경우 처음 듣기에서부터 문제가 발생하여 그다음 말하기, 쓰기, 짓기 등이 모두 취약하게 되어 결국 짓기는 아예 생각도 못하고 평생 말 한번 제대로 해 보지 못하고 끝나는 경우가 많다. 모든 공부의 문제가 여기에 기인하는 것임에도 불구하고 많은 사람이 공연히 헛된 수고를 하며, 헤매고 있음은 참으로 안타까운 일이 아닐 수 없다.

다시 한번 말하거니와 모든 공부의 기본은 남의 말을 잘 알아듣는 데 있다. 여기에서 실패하면 공부는 더 이상 앞으로 나아갈 수가 없게 된다. 남의 말을 잘 알아듣기 위해서는 물론 자신이 이미 배워서 많이 알고 있어야 한다.

이를 위해 가장 중요한 것은 물론 독서이지만 그러한 가운데에서도 우선 관련 어휘들을 사전을 중심으로 열심히 찾아보고, 그 말의 뜻을 정확하게 익혀 두어야 한다. 그다음은 문장의 구조, 문단의 구조, 이야기 전체의 구조, 다른 이야기와의 관계, 그 관계에 따른 문제 도출, 문제 해결 방안의 구안, 양자를 초월한 새로운 생각의 창출 등의 순서로 이어지는 일련의 과정을 매끄럽게 진행시킬 수 있어야 비로소 공부의 제 맛을 알 수 있게 된다.

이러한 일련의 모든 과정에서 한결같이 중요한 것은 이해력이다. 이해력을 높이기 위한 방안은, 첫째, 다양한 관심과 흥미의 생활화(지식의 발아), 둘째, 많은 양의 독서(지식의 습득), 셋째, 체계적 요약 및 정리(지식의 명료화), 넷째, 상호 비교 분석(지식의 가치 파악), 다섯째, 반복적 연습(지식의 내재화) 등이 전부라고 해도 과언이 아니다. 이와 관련된 세부적인 방법은 각자가 진솔한 마음으로 직접 실행에 옮기면서 서서히 익혀 나가는 길밖에 없다.

이러한 의미에서 볼 때, 학습은 결국 공부의 방법이며 배움의 길이다. 바꾸어 말하면 학습을 통해 공부가 이루어지는 것이다. 여하튼 우리가 인간을 교육시키는 것은 이러한 공부에 관련된 일이며, 이것의 핵심은 그것이 생각이든 습관이든 간에 몸의 잘못된 관성을 바르게 고쳐 나가는 데 있다는 점을 분명히 인식해야 한다.

그러나 최근에 와서 학교에서 학생들을 교육시키는 일을 마치 놀이 삼아 하는 것처럼 잘못 인식하고 있는 경향이 있는데, 이것은 심히 우려하지 않을 수 없는 일이다.

물론 언어를 익히기 이전의 유아 또는 초등학교 저학년 수준의 어린이는 놀이로 많은 학습이 이루어지는 것도 사실이다. 하지만 그것은 유아가 아직 문자를 습득하기 이전의 단계이기 때문에 추상적 개념이 아닌 구체적 지각 개념을 중심으로 학습이 이루어지기 때문이며, 이 경우에도 놀이는 실물과 접하는 자연 친화적 환경에서 철저하게 자기주도적으로 이루어지지 않으면 안 된다. 유아에게 놀이가 중요한 것은 놀이의 과정에서 각종 새로운 감각자극이 자신의 예상과 일치하거나 어긋나는 데 따른 긴장감을 조성하여 자연스럽게 동화와 조절에 의한 학습이 이루어지도록 하기 때문이다.

분명한 것은 어떠한 경우에도 학습에는 나름대로의 힘겨운 노력이 수반된다는 점이다. 책이 좋아 책만을 벗하고 사는 학자들도 책을 읽는 과정이 결코 즐거워서만은 아니며, 그것에는 자신을 자극하고 연마하는 요소가 내재하여 있기 때문이다.

만약 책 읽는 일이 즐거운 것뿐이라면 아마 책을 읽는 학자는 정신 나간 사람 이외는 한 명도 없을 것이다. 다시 말해, 학자들이 책을 찾는 주된 이유는 그것이 자신의 연마와 깊은 관련이 있기 때문이며, 그 때문에 책을 즐긴다.

이러한 점에서 진정한 공부하기는 단순하게 학교 성적을 높이는 것이 아니라는 점을 곰곰이 되새겨볼 필요가 있다.

2. 공부하는 이유

요즈음 많은 사람은 출세하기 위해 공부하는 것으로 믿고 있다. 물론 공부를 잘한 사람은 비교적 쉽게 출세하는 것이 마땅하다. 앞에서 이미 밝힌 대로 남보다 자신의 몸에 공력을 더 많이 들인 사람은 누구보다 효율적으로 다양한 문제를 손쉽게 해결할 수 있는 능력을 갖춘 것으로 볼 수 있기 때문이다.

그러나 우리가 자신의 몸에 그토록 공력을 들이는 근본적 이유는 출세가 아닌 다른 곳에 있음을 알아둘 필요가 있다. 그것은 우리의 몸은 공력을 들임, 즉 공부로서만이 자신의 부족함을 덜어 내고 바른 행위를 이어 나갈 수 있는 토대를 마련할 수 있기 때문이다.

다시 말해, 공부라고 하는 공들임이 없이는 바른 행위를 위한 사고력, 감정 조절 능력, 신체 기능 등의 제반 능력을 연마해 나갈 수 있는 방도가 없다. 즉, 우리 인간은 공부할 수밖에 없는 존재이기에 공부한다. 우리가 공부를 멈추는 순간 우리의 몸은 오로지 지금까지 들인 공력에 의해서만 나머지 인생을 살아갈 수밖에 없다.

문제가 이러함에도 불구하고 많은 사람은 오직 출세와 명예만을 위해 동분서주하면서 자신의 몸에 공력을 들이는 일은 게을리한다. 이것은 자신의 삶을 결정하는 중대 사안인 공부와 그 부수적 사안인 출세에 대하여 본말을 전도하여 생각하고 있기 때문이다. 심지어 공부가 자신에게 그토록 중요한 것임을 훤히 알면서도 정작 공력을 들이는 일에는 그리 달가워하지 않는 경향도 적지 않다.

그렇다면 사람들은 왜 자신의 몸에 공력을 들이기를 피하고 다른 방법을 활용하려 하는 것인가. 그것은 이 세상의 어떠한 일보다 그것이 어렵기 때문이다. 다시 말하면, 공부의 중심에는 항상 자신의 자유분방한 생각과 행위를 본인이 원하지 않는 일정한 형식과 틀에 스스로 자신을 몰아넣을 수 있는 통제력과 인내력이 요구되기 때문에 이것을 넘어선다는 것은 결코 누구나 손쉽게 다가설 수 있는 일은 아니다.

이것은 그 자체가 이미 인간에게 지상 최대의 난제이다. 조금 더 깊이 생각해 보면 이 세상에 자신을 다스리는 일보다 더 어려운 일은 없다고 할 수 있다. 이러한 과정에서 발생하는 이성의 감성 제어는 적어도 자신의 감성에 극한의 저항 사태를 유발하기 때문이다. 즉, 연마를 향한 이성의 냉철한 판단보다는 이미 안락함에 체화되어 있는 감성의 저항 의지가 더 강하게 작용한다.

예컨대, 다이어트를 하려는 경우에는 절식하고자 하는 이성적 판단이 눈앞의 맛있는 음식에서 피어나는 냄새로 이미 침샘을 자극하여 혀끝을 맴돌고 있는 달콤한 맛의 감성적 유혹을 물리치고, 허기에 따른 이성적 억제 의지를 분명하게 견지할 수 있어야 한다.

하지만 그러한 일은 그리 간단하지 않다. 그 이유는 다음과 같다.

인간의 삶은 기본적으로 육체의 태생적 생명력으로 인하여 가능해지는 것이지만, 한편 육체를 명령하는 정신력의 도움이 없다면 불가능하다는 것, 또한 명확한 사실이다. 이때, 육체가 감각의 즐거움을 추구하려 한다면, 정신은 이성의 기쁨을 추구하려 한다. 그런데 문제는 신체가 한없이 즐거움을 추구하거나 혹독한 고통 속에 함몰되면 될수록 육체는 병들게 되며, 그 추구하는 본체인 정신 역시 그에 따라 황폐화된다는 점이다. 이 모두는 정신의 나약함에서 비롯되기는 하지만 기본적으로는 육체의 결핍에 의한 과도한 욕구 때문이다.

따라서 이러한 과도한 욕구에서 벗어나기 위해서는 육체의 즐거움에 대한 절제력과 어떠한 고통이나 괴로움도 극복할 수 있는 정신의 강한 인내력이 요구된다. 그러나 만일 이러한 정신력이 부족하면 나약한 정신의 이성에 따른 명령은 감성의 무절제한 욕구를 통제하지 못하게 되어 결국은 자신의 파국을 자초하는 결과를 낳게 된다. 그래서 흔히 사람들은 이 세상의 가장 큰 적은 바로 자기 자신이라고 말했던 것이다.

예컨대, 인류 역사상 잠시 출세하고 명예를 얻었던 사람은 수없이 많이 있었어도 실로 자신을 극복하는 일에 성공한 사람들은 극히 드물다는 엄연한 사실 하나만으로도 그것이 얼마나 어려운 일인가 하는 것을 세상에 반증한다.

그런데 공부하는 일은 그것이 무엇보다 어렵다는 사실 바로 그 점 때문에 공부가 중요한 것이며, 공부를 체험해 보지 않고서는 그 즐거움을 알 수 없다는 점에서 또한 공부의 묘미가 있다. 나아가 세상에서 진정으로 가장 커다란 인간의 즐거움이 오직 공부에 있다는 사실은 공부의 숨길 수 없는 매력이다.

사정이 이러함에도 불구하고 요즈음 대부분의 학교교육은 학생들의 공력을 높여 주는 일에 주력하기보다는 학생들의 요구에 편승하여 오직 이들의 출세와 명예를 부추기는 데 앞장서고 있는 바, 이것은 학교가 하루속히 개선해 나가지 않으면 안 된다.

적어도 학교는 그가 맡아야 할 본연의 역할을 헌신짝 내던지듯이 내동댕이치지는 말아야 한다. 설령 우리 사회에서 학교가 아무리 학생들의 출세를 보장하는 보증 수표 역할을 한다 치더라도, 학교는 먼저 그것이 학생들의 몸에 공력을 들이는 일과 어느 정도의 관련성이 있는 것인가 하는 것을 신중히 검토해 보는 최소한의 양심은 지니고 있어야 한다.

아무리 어린 학생들이 일찍부터 출세에 관심을 두고 자신의 몸에 힘들여 공들이는 일을 경시하고 재미를 좇아 정신을 빼앗기는 일이 있다고 해도, 이것을 바르게 지도하지는 못할망정 학교가 그들의 장단에 맞추어 함께 춤을 춘다면 과연 이 나라 교육의 장래는 어떻게 될 것인지, 그저 처연할 따름이다.

세상에 태어나 아직 아무것도 모르는 나이 어린 철부지 학생들의 장래를 담보로 학교가 어떻게 그토록 서슴없이 잘못을 행할 수 있으며, 일말의 자기반성도 찾아볼 수 없는 작금의 교육 사태를 도저히 감내하기 어렵다.

세상에 이보다 더 경천동지(驚天動地)할 일은 있을 수가 없다. 당장은 힘겹고 어렵다 하여도 학교가 앞장서서 앞으로 학생들이 자신의 삶을 바르고 꿋꿋하게 이어 갈 수 있는 능력을 연마시키는 일을 감당해야 하는 것은 명약관화(明若觀火)하다. 우리 모두 함께 깊이 새겨 생각해 볼 일이 아닐 수 없다.

3. 공부의 요체

대학에서 30여 년간 학생들과 함께하면서 선생으로서 가슴 한구석 답답한 것이 몇 가지 있었다. 그중 하나는 요즈음 학생들이 그 어느 때보다 현실적 이익에 무척 민감하다는 점이다. 그 자체를 굳이 탓할 일만은 아니지만 문제는 그것이 거의 습관화되어 있다는 점이다. 이렇게 되면 매사에 즉흥적 행위에만 관심을 두고, 먼 장래를 내다보고 자신을 연마하기 위해 어렵게 공력을 들이는 일을 쉽게 포기하게 된다는 점에 문제의 심각성이 있다.

누구나 쉽게 알 수 있듯이 인간의 고귀함은 숭고한 인간으로서의 가치를 지니는 것에 있다. 이것은 인간의 가능성과 한계를 한 차원 뛰어넘어 감히 누구도 쉽게 이룰 수 없는 발견과 성취를 이룩하고 이를 꾸준히 지속해 나간다고 하는 점에서 비롯된다.

이러한 인간의 숭고한 가치 실현은 한순간의 행동에 의한 것이 아니며, 사려 깊은 생각에 의해서만 되는 것도 아니다. 이것은 꾸준한 사고 능력의 연마와 행동으로의 자신의 생각과 실천이 동시에 조화를 이루어 나아갈 때에만 가능하게 된다. 공부는 바로 이러한 인간 가치 실현의 과정이자 목적이 된다.

따라서 공부하는 사람은 항상 자기 자신의 부족한 점을 간파해서 이를 제거해 나가려는 강한 의지를 지녀야만 한다. 이를 위해서 항시 자신에게 문제가 되는 것은 무엇인가 하는 문제의식과 이를 개선해 나가려는 의지를 갖고 노력을 게을리하지 말아야 한다.

이러한 의미에서 볼 때 공부의 요체는 문제의식과 노력이다. 뚜렷한 문제의식은 이미 그 의식 속에 해결책을 내포하고 있으며, 또한 개선 의지와 노력은 이미 새로운 변신을 약속하게 된다. 이 부분은 좀 더 구체적 설명을 요한다.

사람이 공부를 할 때 가장 중요한 것은 문제의식이다. 문제의식이란 알고 싶고, 궁금한 것이 있을 때 그것이 무엇인지를 비교적 정확하고 분명하게 알고 있는 심리적 상태를 말한다. 이러한 문제의식이 나타나는 것은 특정 사태에 대하여 자신의 미흡한 점을 이미 인식한 까닭이다. 문제의식의 중요성은 바로 이러한 자신의 부족한 점을 인식하고 있다는 점에 있다.

따라서 어떠한 문제의식이 분명하게 자신에게 다가올수록 자신의 부족한 면을 한시라도 빨리 벗어나고 싶은 욕구가 강해지는 법이다. 누구라도 자신의 부족한 면을 밖으로 드러내 자랑하고 싶은 사람은 없기 때문이다. 이때, 반드시 조심해야 할 것이 있다. 다른 사람의 설명이나 책 등을 참고하여 자신의 부족한 부분이 무엇인지를 찾아 나가되 자신이 스스로 절실함에 이르기까지 찾아내려고 노력해야 한다. 이것이 무슨 뜻인가를 더 구체적으로 살펴보면 다음과 같다.

다른 사람의 설명이나 책의 내용은 내가 그것을 일시적으로 가늠해 보고 궁극적으로 찾아내고자 하는 진정한 의미를 확신하기까지 어디까지나 참고 자료이지 결코 나에게 진정한 깨우침을 제공할 수 있는 것은 아니다. 왜냐하면 내가 주변에서 찾고자 하는 것은 아직 내 몸속에 없는 부족한 부분을 채우기 위한 것이거나 내 몸속에 있는 잘못된 부분을 걸어내기 위한 것이기에 내 자신이 스스로 그 부족함을 보충하거나 잘못을 걸어내는 데 직접 관련이 없다면 아무리 훌륭한 설명도, 책의 내용도 다 무의미한 것이 되기 때문이다.

예컨대, 수학의 이차방정식 문제와 마주하여 그 답을 구하려고 하는 것은 자신이 아직도 미흡한 부분이 있음을 감지할 때만이 나타나는 현상이다. 또한 아침에 일찍 일어나려고 노력하는 것은 자신의 늦잠을 잘못된 습관으로 의식할 때만 가능하다.

이러한 문제의 해결 여부는 자신의 문제가 어디에 있는 것인지를 얼마나 명확하게 파악하고 있는가의 여부에 달려 있다. 따라서 매사가 대개는 그러하지만 공부 역시 자신의 부족한 부분이 무엇인지를 먼저 깨닫고 이것을 해결하기 위해 적극적으로 나서야만 가능해진다. 적극적으로 나서는 것은 끈질긴 노력이 없이는 불가능하다. 이러한 노력이 일정 기간 계속되면 하나의 습관이 되어 버린다. 이처럼 습관을 들이는 일 또한 공부의 커다란 어려움 중의 하나이다. 이러한 맥락에서 공부의 요체를 문제의식과 노력이라 한 것이다.

여기에서 하나 덧붙여 알아 둘 것은 우리가 찾은 일정한 의미의 깨달음은 언제고 또 가설이 되어 우리에게 문제의식으로 다가오게 된다는 사실이다. 이러한 순환의 고리가 이어져 학문을 이루고 이러한 학문의 고된 과정을 통해 사람다운 사람으로의 변신이 가능하게 된다.

이러한 의미는 문제의 의미보다는 단지 답을 찾아내려고 하는 것이 얼마나 허망한 것임을 알려 준다. 그러나 많은 사람은 문제보다는 답을 찾으려고 한다. 왜 그 답을 찾아야 하는지를 모르는 채 말이다. 또한 한번 찾은 답은 더 이상 관심을 두지 않는다. 그보다 더 좋은 다른 답이 준비되어 있다는 것을 모르기 때문이다.

공부는 공부가 무엇인지, 어떻게 하는 것인지, 왜 하는지를 스스로 자각할 때에 비로소 답이 나타나기 시작한다. 이 역시 문제의식이다.

4. 공부의 기본자세

1) 마음 가다듬기

공부에 있어 가장 중요한 것은 무엇일까. 고전, 교과서, 선생님, 학교, 적성, 독서 능력, 독서량, 암기력, 지능, 기초 실력, 사고력 등 수없이 많다. 그러나 그 모든 것의 중핵은 바로 자신의 마음가짐이다. 많은 사람이 자신의 마음가짐은 생각하지 못하고 오로지 공부의 요령을 찾으려 동분서주한다.

역설적이게도 이미 공부가 되어 있어야 공부를 할 수 있다. 탐구하고 노력하려는 마음가짐, 곧 자세가 필요하다. 단순하게 자세만 필요한 것이 아니라 다음과 같이 스스로 탐구하고 노력하는 실천이 있어야 한다.

 탐구는 기본적으로 의문, 곧 문제의식이 있을 때 그 답을 찾아가는 과정을 말한다. 따라서 우선 의문이 선행되어야 한다. 일상생활에서 또는 학교생활에서 잘 모르는 것 가운데 특히 이것만은 꼭 알고 싶다는 생각이 일정 기간 지속되면 그것이 바로 문제의식이다. 이때, 그것에 대하여 먼저 답을 구하려 하지 말고 어떠한 방법으로 답을 구할 것인가를 깊이 고려하는 노력이 필요하다. 즉, 나름대로 명확한 해결 방안을 생각해 보고, 그에 따른 자료를 모아 읽어 보고 비교 분석하여 요점을 간추려 본다. 그리고 결과를 추정해 보고 그 결과를 실제로 확인해 보고 최종적으로 문제를 해결하는 방식의 과정을 수없이 반복해 나가는 것이다. 이와 같이 문제의식에서 문제 해결까지의 일련의 반복적인 탐구 과정에 반드시 요구되는 것이 바로 면밀한 탐구와 지속적인 노력이다.

 노력은 되도록 먹고 입고 자는 것을 절제하고 탐구를 계속 이어 가는 것이다. 그런데 절제와 탐구는 그 특성이 상호 대립적이다. 전자가 신체적 즐거움을 억제하는 것이라면, 후자는 정신적 즐거움을 추구하는 것이기 때문이다. 그러므로 절제에 실패하면 탐구 정신은 다른 곳으로 분산되어 집중력이 감소되고 자연히 탐구 과정이 멈추고 결국 탐구 자체가 불가능해지기 마련이다.

 예를 들어, 식사량을 스스로 조절하지 못하거나 외모에 지나치게 신경을 쓴다거나 정한 시간 이외 아무 곳에서나 잠을 청하는 등 일정한 생활의 규율이 없으면 일단 탐구는 거기에서 정지될 수밖에 없다.

 따라서 기본적으로 탐구는 먹고 입고 자는 것을 뛰어넘지 못하면 절대로 실효를 거둘 수 없다. 한마디로 탐구는 시간과의 다툼을 벗어날 수가 없다. 모든 공부는 탐구의 시간이 축적될수록 숙성되기 때문이다. 따라서 나름대로 계획된 탐구를 꾸준히 실천해 나가기 위해서는 무엇보다 가급적 탐구의 시간을 확장시켜 나가는 것이 중요하다. 이를 위하여 불요불급(不要不急)한 시간을 줄여서 탐구의 시간으로 활용하는 것이 바로 노력의 핵심이다. 탐구는 단속적이라기보다 본래 연속적 특성을 지니고 있기 때문이다.

　따라서 많은 사람이 모두 하루에 24시간을 활용하지만 노력하는 자만이 탐구에 더 많은 시간을 활용할 수 있다. 이를 위해 기본적 체력 관리와 시간 절약은 필수적이다. 그 대강의 요체만 몇 가지 밝히면 다음과 같다.

- 식사는 가급적 소량의 자연식으로 한다.
- 자신의 몸을 청결하게 유지한다.
- 휴식과 수면 시간을 자신에 맞게 조정하여 습관화한다.
- 잠자리는 항시 일정한 곳을 정해 놓고 정갈하게 한다.
- 산책과 가벼운 운동을 규칙적으로 한다.
- 자신의 외모와 잡다한 일에 관심을 두지 않는다.

　이상의 모든 것을 의식하고 항상 마음을 안정시키려고 노력해야 한다. 이러한 일에 실패하면 할수록 그만큼 자신과 공부가 멀어지는 것은 피할 수가 없다.

2) 의문과 문제의식

앞서 말한 바와 같이 공부를 논할 때 빼놓을 수 없는 주제 중의 하나가 바로 의문과 문제의식이다. 이들은 가끔 서로 혼용되기도 하지만 그 속성은 전혀 다른 것이다. 의문이 오직 인식의 문제인 것에 반해, 문제의식은 개선의 문제이기 때문이다. 다시 말해, 전자는 대개 무엇을 잘 모르고 있음을 깨닫게 되는 수동적 현상과 관련지어 생각할 수 있으며, 후자는 스스로 부족한 부분을 보완하려는 적극적 경향과 관련지어 생각할 수 있다. 물론 양자 간에 그 의미가 다소 겹치는 부분이 없는 것은 아니다. 하지만 의문은 문제의식이 없이 있을 수 있으나, 문제의식은 의문이 없이 있을 수가 없다는 점에서 분명한 차이가 있다.

이것을 정리하자면, 의문은 자신이 이미 알고 있는 사안이 부정되는 새로운 국면에 접하게 되거나 아니면 아직 알고 있지 못한 사안에 대하여 스스로가 무지한 상태임을 자각하는 순간 이를 벗어나려는 심리적 현상이다. 이에 반하여, 문제의식은 자신이 이미 알고 있는 사안을 스스로 부정하고 새로운 의미로 대체하려 하거나 아니면 아직 알고 있지 못한 사안이 무엇인가를 스스로 찾아 나서는 심리적 현상이다.

예컨대, 수업 시간에 선생님의 말씀을 일부 이해하지 못한 경우에는 '그것은 무엇일까?' 하고 떠오르는 생각이 의문이며, 선생님의 말씀을 잘 이해한 이후에도 '여기에 또 다른 문제는 없는 것일까?' 하는 의문을 갖는 것은 문제의식이다.

따라서 일상생활 속에서의 당면 문제를 효율적으로 개선하고자 하는 문제의식을 결코 소홀히 할 수 없다. 하지만 이를 위해서는 기본적으로 먼저 인식의 명확성을 확보하는 것이 중요하기 때문에 특히 의문 사항을 철저하게 확인해 두지 않으면 안 된다. 왜냐하면 의문은 배움의 출발점이 됨과 동시에 도달점에 대한 정보를 암묵적으로 지니고 있기 때문이다. 또한 기초적 의문이 해결되지 않은 상태에서 문제의식은 생각조차 할 여지가 없다. 그러므로 의문이 없다는 것은 오로지 자신의 감각과 인식 능력에 자족하는 것으로 더 이상의 발전을 기대하기 어렵다.

감각적 지각이든 개념적 인식이든 간에 인식은 항상 명확한 이해를 전제로 한다는 점을 고려한다면 공부에서 의문만큼 중요한 것은 거의 없다고 해도 과언이 아니다. 대부분 인간은 조금이라도 자극과 인식의 차이가 의심이 되는 경우 의문을 나타내는 성향을 지닌다. 유아도 자신의 생각으로 정리가 안 되는 사태에 접하면 언제나 의문을 갖고 주변 사람들에게 질문을 하는 것이 보통이다.

하지만 일정한 욕구를 추구하는 일에 자칫 정신을 집중하게 되는 경우, 의문을 소홀히 하여 낭패를 보는 일도 다반사로 발생하기도 한다. 이것은 강한 욕구가 정당한 의심을 잠재우는 현상이다.

예를 들어, 고율의 이자를 보장한다고 하여 거금의 투자를 한 후 송두리째 잃게 되는 일이 종종 발생하는 것은 오로지 고율의 이자를 보장한다는 말에 현혹되어 조금도 의심을 하지 않은 때문이다. 즉, 여타 은행과 다른 고율의 이자를 보장한다는 것은 그만큼 별다른 자금 운용방식을 채택한다는 것으로 그 운용에 따른 위험 부담도 함께 지니고 있는 것임을 간과한 것이다.

따라서 의문은 의심과도 일맥상통하는 의미가 있다고 할 수 있다.

의심은 특정의 사안에 대하여 확신이 없어 주저하는 것이요, 의문은 현재의 인식 수준에서 보다 더 명확성을 확보하려는 시도이기 때문이다. 그러므로 의심은 단지 인식과 대상의 부합 여부에 초점이 있는 반면, 의문은 특정 대상에 대한 인식 수준을 더욱 높이고자 하는 것에 초점이 있다고 할 수 있다.

예컨대, 명랑하던 친구가 갑자기 우울해한다면 친구에게서 그러한 변화가 발생한 까닭은 무엇인가 하는 의문이 드는 것이요, 약골인 친구가 건장한 운동선수를 폭행했다고 한다면 의심이 든다. 즉, 전자는 친구가 변화한 원인을 기존에 알고 있는 그 친구의 됨됨이와 관련하여 다시 살피려는 것이며, 후자는 발생 가능한 일이 아님에도 발생하였다는 것을 믿을 수 없어 의심이 든다. 따라서 의문은 인식의 명확성이, 의심은 확실한 관련 증거가 중심이 된다.

이제 여기에서 다시 살펴보아야 할 요점은 의문은 오직 사태의 진상을 밝히는 것이 중요하며, 문제의식은 보완할 점이 무엇인가 그리고 이를 어떻게 해결할 것인가 하는 두 가지 문제의 해결이 중요하다는 점이다.

예를 들면, 더 이상 갱신되지 않고 있는 자신의 단거리 달리기 기록을 높이고자 하는 문제의식의 경우에 먼저 시간 단축을 위한 필수 요건과 현재 자신의 상황을 비교하여 그 차이를 보다 명확하게 확인한 후, 이것을 보완하기 위해서 어떠한 방법으로 연습하고 훈련할 것인가 등을 정하는 것이 중요한 것과 같은 이치이다. 이처럼 해결할 문제와 그 방안이 구체적으로 정해질수록 최종적으로 얻으려 하는 결과는 앞당겨지게 된다.

그런데 사람들은 해당 특정 사태에 대하여 명확하게 알고 있지 못하면서도 별다른 의문을 갖지 않는 경우가 많고, 설령 의문이 있다고 해도 깊이 파헤쳐 보려고 하기보다는 조금만 복잡해도 쉽게 포기하려는 경향이 짙다.

공부의 기본이 되는 독서의 경우에도 이와 비슷한 현상이 나타난다. 남들이 좋다고 하는 책을 이것저것 우선 읽으려고 한다. 그러나 그렇게 되면 독서가 생각대로 되지 않는다. 대체로 많은 경우에 단 몇 페이지의 책을 읽는 데에도 엄청난 인내를 요구한다. 특히 난해한 책일수록 인내의 한계는 쉽게 바닥이 드러난다. 또한 아무리 문제의식이 투철한 가운데 책을 읽는다 해도 책이 저절로 읽혀지는 것은 아니다.

적어도 공부를 하려는 사람들은 자신의 성적을 높여 보자는 문제의식 이전에 먼저 '공부는 무엇인가?' 하는 의문을 갖고 그와 관련된 학습, 학교, 교육, 교과서, 독서 등을 면밀하게 살펴보려는 노력을 기울여야 한다. 이러한 의문을 지닌 학생과 그렇지 못한 학생은 그 접근 방법이 근본적으로 다를 수밖에 없다. 비록 전자와 후자가 똑같은 인내가 요구된다고 해도 그 본질은 전혀 다른 것이다. 한 가지 분명한 점은 의문이 바로 설수록 문제의식이 더욱 명확해진다는 사실이다.

뚜렷한 문제의식을 지니고 있는 사람은 스스로 공부에 따르는 인내를 자청할 수 있는 능력이 강화되지만, 이것이 없는 사람들은 그것을 단지 강요당하는 것이기에 쉽게 포기할 수밖에 없다는 점에서 엄청난 차이가 있다. 동일한 인내 상황에 부딪힌다 해도 이를 극복하는 방식이 서로 다를 수밖에 없다.

설령 이러한 차이가 표면상으로는 같다 해도 독서에서 그 후에 나타나는 결과에서는 실로 엄청난 차이를 유발한다. 전자는 마음에 부담을 다소라도 덜어 내게 되는 반면, 후자는 오히려 그 부담을 가중시키는 결과가 나타난다.

어찌 보면 우리가 공부를 한다는 것은 이러한 마음의 부담을 덜어 내는 과정이다. 매일 조금씩이라도 그러한 마음의 부담을 덜어 내는 과정을 이어 나감으로 해서 일정 기간이 흐르면 남들이 함부로 흉내 낼 수 없는 편안한 단계까지 이르게 되는 것이 공부다.

따라서 공부는 그저 하나의 습관이다. 날마다 일상적으로 진행되는 일과 그 자체이다. 그런데 어쩌다 큰마음을 먹고 공부를 하려 한다면 그 어려운 제반 공부의 단계를 도저히 쉽게 밟아 나갈 수 없다.

초등학교에서 대학, 대학원에 이르기까지 한 가지 공통의 교육방법이 있다. 그것은 소위 과제물을 해결하는 것이다. 매일 주별, 월별, 학기별 과제가 주어진다고 해도 과언이 아니다. 이것은 우선 학생들의 학습 효율을 도모하기 위한 하나의 방편이기도 하지만, 이에 더하여 공부에 규칙적 습관을 유도하고 비록 수동적이기는 하지만 소정의 문제의식을 일깨워 주기 위한 의도가 다분히 개입되어 있다.

하지만 대다수의 학생은 이러한 의도와 달리 의무적으로 주어진 과제를 단지 순간적으로 모면하기에 급급한 현실에서 벗어나지 못한다. 이러한 현상은 학생들이 그러한 과제 해결을 위한 능력이 부족하기 때문이기도 하지만, 더욱 중요한 것은 그들이 진정한 문제의식을 갖지 못하고 있다는 점에서 비롯된다. 이들에게 과제는 그저 버거운 부담일 뿐 그것이 자신과 어떠한 관계가 있는 것인지를 전혀 의식하지 못한다.

그 단적인 일례의 하나로, 누구나 초·중등학교 시절에 거의 일상적 과제 때문에 마음고생을 한 경험이 있었을 것이다. 특히 초등학교 시절에 국어 교과의 경우 비교적 버거운 과제 중의 하나가 일정한 책을 읽고 독후감을 작성하는 일이다. 이것을 해결하는 첩경은 열심히 읽어 보고 글 전체의 맥락을 파악하는 것이다. 그러나 대부분 학생의 수준으로는 문맥의 파악은 물론 도대체 글을 어떻게 시작하고 어떻게 끝을 맺어야 하는 것인지 가늠할 수 있는 능력이 부족하기 때문에 주로 여러 가지 편법을 활용하여 마지못해 과제를 준비하게 된다.

문제는 이와 동일한 문제가 대학가에서도 나타난다는 점이다. 대학은 한 학기의 평가가 보통 중간과 기말 시험 그리고 과제물 성적을 중심으로 이루어진다. 이때, 시험이나 과제물이 대개의 경우 논술식으로 이루어진다. 고등학교까지 객관식 문제 풀이에 익숙해 있던 학생들로서는 논술이 여간 부담스러운 일이 아니다. 그래서 대부분의 학생은 담당 교수가 강의한 내용을 외워서 글자 한자 틀리지 않고 그대로 답안지에 옮겨 적으며, 과제물 역시 교재 내용을 그대로 옮겨 적는 수준에서 맴돈다. 이 역시 자신의 능력으로는 도대체 글을 어떻게 시작하고 어떻게 끝을 맺어야 하는 것인지 가늠할 수가 없기 때문에 나타나는 현상이다.

이러한 현상이 나타나는 원인은 바로 문제의식과 그에 따른 사고가 연결고리를 찾지 못하는 데서 발생한다. 문제의식은 한마디로 일정한 사태에 대한 정보의 소통이 정체되어 나타나는 현상이다. 이러한 현상의 발생 원인은 정보가 소통되는 길이 아직 마련되어 있지 않거나 정보의 정확성이 떨어지기 때문이며, 이것은 곧 사고가 제대로 이루어지고 있지 못한 때문이다. 즉, 사고에서 필요한 정보의 정확성을 갖추지 못하고 다양한 정보 소통의 길을 스스로 열어 가지 못하고 있는 것이다.

이러한 정보의 소통은 단순히 소통으로 끝나는 것이 아니다. 여기에서 다양한 정보의 분석, 종합, 판단, 추리 등을 통하여 정보의 변용이 이루어지며, 인간의 생존에 관련된 모든 문제 해결의 단서나 절차를 얻기 위한 새로운 정보를 생성하게 되는 것이다. 그런데 이러한 사고 작용이 잘 이루어지지 않는다는 것은 정말 심각한 문제가 아닐 수 없다.

이러한 사고의 특징은 물론 정보와 정보 간의 관계를 파악하여 새로운 정보를 얻는 것이 주된 과제이지만 특히 중요한 것은 그러한 과정을 통하여 정보 유통의 새로운 길이 형성된다는 점이다. 사고가 결코 쉽지 않은 것은 이처럼 새로운 정보의 유통 경로를 개척해야 하는 부담을 안고 있기 때문이다.

하지만 반드시 그토록 어려운 것만은 아니며, 사고가 일정한 단계에 이르면 저절로 길이 열리는 특성도 있다. 문제는 이러한 단계에 이르기까지 누구나 그러한 사고 경험을 통하여 정보의 유통 경로를 스스로 개척해 나가지 않으면 안 된다는 점이다.

정보의 유통 경로를 다양화하기 위해서는 무엇보다 문제의식이 투철해야 한다. 먼저, 무엇이 문제인지를 명확하게 파악해야만 한다. 왜 정보의 소통에서 정체가 발생하는 것인지를 알아야 한다.

예를 들어, 차들이 상습적으로 정체되는 사거리의 교통 문제는 그 정체의 근원적 원인을 찾아내야만 해결할 수 있는 길이 열린다. 단순하게 그 자리에서 무조건 교통정리를 하는 것은 필연적 한계가 있다.

이러한 교통 정체에 대한 문제의식은 해당 사거리에서 발생하는 교통 정체가 얼마나 심각한 것인가를 자각하는 것에서 출발한다. 여기에서 정체에 따른 사회 경제적 손실과 폐해에 대한 자각이 선행되지 않으면 문제의식보다는 언제나 눈앞의 현상에만 집착하여 임시방편을 모색하는 것에 급급하게 된다.

하지만 문제의식이 싹트면 자연히 보다 근본적인 새로운 접근 방법이 제기된다. 진입하는 차량들이 어떠한 경로로 들어오며, 어디로 진행하여 나가는가 하는 교통량에 대한 종합적 분석을 통하여 원인을 찾아 나서는 것이다. 다시 말해, 교통 정체가 어떠한 문제를 유발하는지에 대한 보다 명확한 인식이 들어설 때만이 비로소 문제의식이 나타나며, 이러한 문제의식은 이를 해소하기 위한 근원적 원인을 찾아내는 과정에서 더욱 강화되고 그 원인에 따른 해결방안을 찾기 위한 사고가 자연히 촉진되는 것이다.

어찌 보면 특정 문제의식은 그에 대한 나름대로의 풍부한 정보를 이미 소유하고 있는 결과에 따른 것이다. 결국 분명한 문제의식은 사고의 방향을 정확하게 이미 내포하고 있는 셈이다.

이처럼 문제의식은 진정한 배움과 깊이 연계되어 있다. 그런데 사람들은 자신의 문제의식은 외면한 채 오로지 뜻대로 생각이 되지 않는다고만 말한다. 즉, 배움이 부족하면 문제의식이 부족할 수밖에 없는 것이다. 그러므로 사람들이 배우려 하지 않고 사고부터 하려 하는 것은 마치 밑바닥을 다지지 않고 집을 지으려는 것과 같다. 이것은 우리의 삶 속에서 흔히 찾아볼 수 있는 대표적 본말전도(本末顚倒) 사례 중의 하나이다.

더욱이 대부분 공부의 초보자들은 설령 문제를 의식한다고 해도 우선 그 답을 찾으려고 조급해한다. 그것보다는 기존의 문제를 더 정교하게 다듬고 한 번 더 확인해 보려는 노력이 필요한 것임을 알아야 한다. 누구나 그 어떠한 경우에도 사전 준비가 없이는 사고를 할 수 없다. 문제의식이 중요한 까닭이 여기에 있다. 그래서 앞서 '공부는 답을 찾는 과정이 아니라 문제를 찾는 과정'이라 한 것이다.

3) 독해

독서는 공부의 근본 바탕이 된다. 그런데 독서는 일종의 독해 과정이다. 책을 읽고 뜻을 헤아리는 과정이 얼마나 진솔하게 이루어지는가에 따라 독서의 성패가 좌우된다. 다시 말해, 독서에서 중요한 것은 문자라고 하는 그릇에 담겨 있는 뜻, 즉 의미가 무엇인가를 얻어내는 독해이다. 그릇에 담겨 있는 밥을 꺼내 먹듯이 독서에서는 글자 속에 내재되어 있는 의미를 찾아내어 이해하는 독해가 핵심이 된다. 그러나 그것은 우리가 음식을 먹을 때 단순히 그릇에 담겨 있는 것을 먹는 것과는 달리, 문자 이면에 숨어 있는 의미를 찾고 그것을 다시 자신의 것으로 변환하여 내면화하는 두 가지 유형의 기술을 필요로 한다.

우선, 문자 이면에 숨어 있는 의미를 찾기 위해서 문자가 무엇인가를 어느 정도 이해하는 것이 중요하다. 문자는 단순히 뜻을 담는 도구라는 점을 절대 놓쳐서는 안 된다.

예컨대, 한자의 '교육(敎育)'과 영어의 '교육(education)'을 보면 이들이 모두 의미는 동일한 것이지만 표현 양식은 각기 다르다는 것을 알 수 있다. 이것을 문자의 자의성(恣意性)이라고 한다. 즉, 문자로 나타내려고 의도하는 의미와 그것을 나타내는 문자의 표현 양식에 필연적이고 논리적인 관련성이 없다. 앞서 밝힌 바와 같이 문자는 단지 뜻을 나타내는 도구일 뿐이다. 도구는 그것이 어떠한 용도에 필요한 경우에만 그 유용성이 있으며, 만일 그러한 필요가 없어지면 당연히 도구는 소용이 없어진다.

그러나 같은 일을 하는 경우라도 도구에 따라 능률이 다르듯이 문자 역시 상황에 따른 의미를 가급적 잘 나타내려는 특성을 지니고 있다. 문자도 나름대로의 태생에 따른 역사와 개성을 지니고 있기 때문에 비록 대략적 의미는 동일할지라도 세부적 의미에서는 적지 않은 차이를 나타낸다. 이러한 맥락에서 많은 사람이 다양한 문자를 제대로 익히기 위하여 적지 않은 노력을 기울인다. 따라서 다만 단순히 문자를 익힌 단계에 머무르는 것은 아무런 의미가 없는 것이다.

또한 문자가 아무리 의미를 잘 담아내고 있어도 그것은 결코 의미 그 자체가 될 수 없다. 문자와 의미 간에는 필연적 간극이 있다. 따라서 의미의 깨달음을 문자에 한정하면 진정한 뜻을 이해하기가 어렵다.

물론 이해의 첫 단계에서는 주로 문자에 의존할 수밖에 없는 것도 사실이다. 그러나 참다운 이해의 끝은 어디까지나 문자가 아닌 그 무엇이다. 이것은 문자로 담을 수 없기에 그냥 '무엇'이라고 할 수밖에 없다. 이때, 문자로 담을 수 없는 그 무엇이 바로 문자의 이면에 있으며, 이것을 깨닫지 않으면 안 된다.

다음으로 내면화한다는 것은 문자로 얻은 의미와 자신이 하나의 일체감을 형성한다는 의미이다. 이것 역시 앞서 설명한 문자 이면의 의미를 얻어 냄과 본질적으로 동일하며, 다만 다소 차이가 있다면 의미가 보다 숙성된 상태라는 점이 다른 것뿐이다. 이러한 의미를 상세하게 살펴보면 다음과 같다.

본래 인식은 그 과정 자체가 인식의 주체와 객체 간의 일정한 관계가 형성됨을 전제로 하여 이루어지므로 인식이 이루어진 후에도 주체와 객체 간에 이러한 관계가 계속 유지되는 성향을 나타낸다. 그러나 점차 이해가 깊어질수록 인식의 대상은 주체에게 더욱 가까이 다가서게 되며, 이것이 극에 달하면 결국 자신과 하나가 되는 현상이 나타난다. 이것이 바로 내면화된 상태이다.

따라서 이처럼 주체와 객체 간의 거리감은 이해 정도를 가늠하는 중요한 척도가 되며, 이것을 줄이는 유일한 방법은 역시 철저한 독서뿐이다. 다시 말해, 독서의 기본은 간단히 말하면 문자로 얻은 개념을 더욱 정교하게 다듬어 가는 과정이다. 이를 통해서 의미의 천착(穿鑿)이 일어나고 그에 따른 올바른 사고가 형성되어 나가는 것이다.

문자로 의미를 나타내면 독서로 이해하고 재해석하여 의미를 얻어내고, 그것을 사고에 반영하여 다른 의미와 연결하고 통합함으로써 새로운 의미로 변환하는 일련의 과정이 모두 독서라는 활동 여하에 달려 있다.

여기에서 의미라는 것은 기본적으로 어떤 대상에 대하여 일정한 의도를 반영한 특수성의 총합이다. 개념은 그러한 의미들을 담아내는 하나의 틀이다. 일반적으로 그물망이 조밀할수록 작은 고기가 담기며 성글수록 큰 고기가 담기고, 그물망의 크기가 클수록 많은 고기가 담기며 작을수록 적은 양의 고기가 담길 수밖에 없듯이 의미 역시 각 개념에 담겨 있는 의미의 구조에 따라 많은 차이를 나타내게 된다.

그런데 그러한 의미의 구조는 결국 개념체계에 고스란히 담기게 되고 사람에 따라 다르게 형성된다. 그것은 각자의 신체적 특성과 환경적 여건에 따라 관심사가 서로 다르기 때문이다. 따라서 처음에는 동일한 개념일지라도 서로 다른 의미의 구조를 지니고 있지만 독서를 통하여 학습량이 증가함에 따라 각자의 개별적 특성은 점차 사라지고 보편적 개념이 형성되어 나간다. 따라서 보편적 개념의 형성은 공부에 있어 결코 빼놓을 수 없는 매우 중요한 부분이 된다.

다만, 한 가지 분명히 해 둘 것이 있다. 개념 형성과 의문은 상호 깊은 관계가 있다는 점이다. 이것은 본래 개념 형성이 촉발되는 것은 주체와 객체와의 모순과 갈등이 심화되어 좀처럼 심리적 안정을 찾기 어려운 상황, 곧 문제 상황을 전제로 하기 때문이다. 이러한 문제 상황이 바로 의문의 단초가 된다.

그리고 보다 체계적이고 조직적인 개념 형성을 위한 실제적 방안은 다양한 유형의 사전과 친숙해지는 것이다. 따라서 가능하다면 자신의 주변에는 언제나 국어, 수학, 과학, 영어, 한자, 백과, 인명, 역사, 철학 등 다양한 사전을 비치해 놓는 것이 중요하다. 물론 필요할 경우 언제라도 사전을 찾아보려는 자세를 지니도록 노력해야 한다. 이러한 기본적 자세만 잘 갖추어도 공부의 반은 이룬 것이다.

⑤ 공부의 주요 과정

1. 궁리

1) 궁리와 공부

공부는 기본적으로 궁리(窮理)와 역행(力行)의 두 과정으로 구분
된다. 궁리는 세상 만물의 이치를 살피는 것으로, 확연대오(廓然大悟)
에 이르기까지 그 연유가 무엇인가를 끊임없이 밝혀 나가는 것이다.
대다수의 사람이 알고 있는 공부가 바로 이 궁리이다. 그러나 궁리는
공부의 절반에 그칠 뿐이다. 궁리 이후에 반드시 역행이 이루어져야
비로소 공부가 완성된다. 논리적으로 궁리가 역행에 선행하는 것은
피할 수 없으나 어떤 의미에서 공부는 궁리보다 역행이 더 중요하다
고 할 수 있다. 그러나 소위 공부한 사람들이 실제로 역행을 하지 못
하는 것은 궁리를 철저하게 하지 못한 까닭이다. 따라서 여기에서는
우선 궁리를 중심으로 살펴보고자 한다.

사람들이 학교에 다니는 것은 기본적으로 궁리를 하려고 함인데,
그것은 자연의 이치를 자신의 생각으로 가져오는 것이 핵심이다. 즉,
자연의 이치를 살펴서 그에 따라 자신의 부족한 생각을 넓혀 가기 위

함이다. 이를 위해서는 자연의 이치를 철저하게 궁구해 나가는 길밖에 없다. '궁구한다'는 것은 온 마음을 다하여 깊이 살펴 새로운 의미들을 찾아내 확인하고 그들을 서로 조합하여 관계적 의미를 파악하는 것을 말한다.

이것은 결코 쉬운 것이 아니므로 우선 어떠한 현상을 상세하게 살펴보고 그것이 도대체 어디에 뿌리를 두고 있으며, 왜 그러한 것인가를 상호 관련지어 확인하는 과정을 거듭해 나가는 것이 무엇보다 중요하다.

제반 사정이 이러하므로 궁구하고자 하는 개념과 연관된 여러 가지 관련 서적을 찾아 다양한 의미와 근거를 확인해 보기 위하여 독서의 과정이 필요하게 된다. 그러한 과정에서 관련 의미가 하나둘씩 발견되고 점차 그 의미들이 왜 그렇게 상호 연결되어 있는 것인가를 파악할 수 있는 계기가 마련되기도 한다. 또한 스스로 의문시되는 부분을 수차례에 걸쳐 자세하게 살펴보고 깊게 생각하는 과정에서 새로운 의미를 발견할 수 있는 단계가 나타난다. 이렇게 될 때 비로소 소정의 개념을 이해하게 되고 결국 자연의 이치를 내게로 가지고 올 수 있게 되는 것이다.

이러한 과정은 하루 이틀에 이루어지는 것이 아니라 오랜 시간을 거쳐 무르익고 성숙되어 가는 일정한 시일이 요구되므로 결코 쉽게 덤벼들어서는 안 되며, 조금씩 꾸준히 이어 가는 연속적인 탐구하는 노력이 필요할 뿐이다. 그런데 이러한 탐구하는 노력은 먼저 자세를 가다듬어 마음을 진정시키고 언제나 차분하게 생활해 나가는 태도에서 시작되는 것임을 명심해야 한다.

따라서 궁리를 위해 요구되는 기본적 능력은 독서 능력과 탐구 능력이며, 이것은 누구나 결코 피해갈 수 없는 숙명의 과제이다. 사실이 두 가지는 같은 것으로 상호 밀접한 관계를 지니고 있는 동전의 양면과 같다. 이에 대하여 보다 상세하게 살펴보면 다음과 같다.

2) 궁리의 방법

(1) 독서
① 독서하는 이유

독서라는 행위가 친숙해지는 계기는 글자를 배우고 난 이후이다. 처음에는 독서라고 하기보다는 글자 하나하나를 확인해 보는 것이라고 함이 더 알맞은 표현이다. 어찌하든 독서는 글자를 익히는 일과 밀접히 관련되어 있음은 분명하다. 여기에서 우리는 글자, 즉 문자에 대한 의미를 확인해 볼 필요가 있다.

많은 사람이 문자와 언어는 같은 것으로 착각하고 있으나 이것은 커다란 잘못 중의 하나이다. 물론 사람의 생각을 표현한다는 점에서는 같은 것이나 전자는 글로 나타내며, 후자는 소리로 나타낸다는 점에서 차이가 있다.

이러한 차이는 정보 전달자와 정보 습득자의 관계, 즉 의미를 전달하는 상황이 전혀 다르게 전개된다는 점에서 차이가 있다. 다시 말해, 문자는 독자가 자신의 주관을 견지하는 능동적 상황에서 필자의 생각을 참고하여 받아들임에 반해, 언어는 청취자로서 수동적 입장에서 화자의 일방적 전달 내용을 받아들임이 우선시 된다는 점에서 의미를 받아들이는 상황이 전혀 다른 것이다.

좀 더 구체적으로 말해서 전자는 문자 그대로 시·공간적 제약을 벗어나는 것임에 반해, 후자는 다분히 이것의 제약이 상존한다는 점이다. 이것은 대단히 중요한 차이로 독서하는 이유의 중요한 단서가 된다고 해도 과언이 아니다. 독서는 단순한 강의 수강과는 달리 자신의 부족한 부분을 보충하기 위한 자유로운 적극적 탐구 행위이다.

물론 강의를 수강하는 것도 자신의 적극적 의지가 중요한 것은 사실이다. 하지만 그것은 수강하는 사람들의 지적 수준과 인원 수, 강의 시간과 장소 등의 시·공간적 제약으로 인하여 의미의 보편성이 약화되어 총체적 의미의 연계가 어렵고 비판적 수용에는 일정한 한계가 따른다. 그러나 독서는 영원히 고정되어 있는 활자로 언제라도 부분적 내용의 상호 연계에 따른 총체적 의미는 물론 그 근거와 타당성을 면밀하게 검토할 수 있는 여건을 마련해 준다.

따라서 독서는 먼저 자신의 부족함에 대한 뚜렷한 인식이 전제되지 않으면 안 된다. 흔히 많은 사람이 독서에 흥미를 갖지 못하거나 실패하는 이유는 바로 여기에 있다. 그래서 독서는 탐독이 중심을 이룬다고 할 수 있다. 뚜렷한 문제의식을 전제로 할 때만이 어느 정도 탐독이 가능하게 되기 때문이다.

이러한 의미에서 볼 때, 실로 여러 가지로 부족한 점을 지니고 있는 인간은 누구나 독서를 하지 않을 수 없는 존재이다. 독서가 아닌 단순하게 다른 사람들의 이야기를 듣는 것만으로는 자신의 부족한 점을 채워 나가는 데 필연적 한계가 있으며, 그것은 그만큼 문제의식이 부족한 것이라고 할 수 있다. 다소 과장되게 말해서 열 시간의 좋은 강의를 듣는 것보다 단 한 시간의 충실한 독서가 자신을 더 성숙하게 한다.

그러나 불행하게도 진정으로 독서를 즐기려는 사람은 그리 흔하지 않다. 그 이유는 간단하다. 독서보다 쉽게 자신의 부족함을 채울 수 있는 방법이 있다고 굳게 믿고 그 방법을 활용하려 하기 때문이다. 그것은 명예와 출세를 찾아 나서는 것이다. 즉, 많은 사람이 명예와 출세가 자신의 부족한 점을 보충할 수 있다고 착각한다. 그러나 그러한 착각을 벗어나는 일도 독서를 하는 방법 외에는 없다는 점에서 독서 참여 문제의 심각성이 있다.

② 독서의 의미

사람들은 독서를 그냥 책을 읽는 일이라고 생각한다. 그리고 누구인가 자신의 취미가 독서라고 한다면 조금은 고상한 것처럼 생각하기도 한다. 하지만 독서에는 그보다 더 깊은 의미가 담겨 있다. 인간이 인간다움을 나타내는 가장 결정적 특징은 이성적으로 사고한다는 점이다. 이성적 사고란 거짓 없는 새로운 의미의 창출 과정을 말한다.

여기에서 의미를 보다 명확하게 이해하기 위하여 언어에 대해 살펴보면 다음과 같다. 그것은 간접적 지시가 원천이 된다. 지시는 곧 표적, 가리킴, 나타냄, 지적 등의 의미로 나타낼 수 있으며, 모든 동물의 기본적 행동 중의 하나이다. 그러나 인간은 이러한 지시를 간접적으로 할 수 있는 유일한 존재이다. 간접적 지시의 본질은 대치이다. 원래의 실체를 그대로 놓아둔 채 그를 대신하는 표식을 설정하여 놓는 것이다. 이러한 행위는 인간이 시간과 공간을 뛰어넘어 무한의 세계를 향해 자유자재로 생각을 열어 가는 획기적 단초가 된다.

우리가 일상생활 속에서 항시 사용하는 언어는 바로 이러한 간접적 지시의 대표적 산물이다. 인간은 언어 이외에도 소리, 행위, 모양,

빛, 색깔 등으로 간접적 지시가 가능하기 때문에 음악, 미술, 무용 등의 각 분야에서 창작을 통한 지시활동이 활발하게 이루어지고 있다. 그러나 언어는 이러한 모든 간접적 지시의 압권으로 이것이 없이는 그 어느 것의 간접적 지시도 이루어질 수 없을 정도로 중요하다. 즉, 언어는 간접적 지시의 절대적 지위를 확보하면서 그에 상응하는 역할을 한다. 이러한 역할이 가능한 이유는 언어만이 갖는 양면적 특성 때문이다.

좀 더 구체적으로 말해, 언어는 실체가 지니는 장점으로서의 구체적 특성과 단점으로서의 추상적 특성을 모두 지닌다. 이 때문에 인간은 언어에 의해 비로소 지시는 물론이려니와 각각의 지시물을 관련지어 복합의 특성을 지니는 '가상의 지시물'을 창출해 낼 수 있는 가능성을 열어 드디어 생각할 수 있는 길을 마련하게 된다.

예를 들면, 공책, 연필, 책받침, 볼펜 등 낱낱의 물건을 함께 '문구'라고 하는데, 사실 '문구'라는 것은 이 세상에 어디에도 그 실체가 없는 가상의 단어이다. 이때, '문구'라고 하는 단어는 어떤 특정의 행위– 책을 읽고 글을 짓고 쓰고 생각하는 – 공부하는 행위와 연관되어지면서 자연스럽게 자신의 특성, 즉 의미를 갖추게 된다.

이처럼 구체와 추상을 아우르는 언어는 단순히 낱개의 단어가 지니는 의미뿐만 아니라 두 개 이상의 복합 단어가 나타내는 의미에서부터 문장의 의미, 문단의 의미, 단원의 의미 그리고 책 한 권 전체의 의미까지 맥락을 이루어 우리에게 여러 가지 형태의 의미를 알려준다.

또한 이러한 다양한 의미는 그것이 단순한 단어의 의미이건 복합적 문장에 따른 의미이건 간에 일단은 우리의 생각 속에서 여러 개념을 연결하는 연결고리의 역할을 담당하게 된다. 또한 연결될 개념이나 의미를 추적하고 새로운 개념이나 의미를 생성하는 근거가 되기도 한다.

이처럼 의미의 연계망을 파악하는 것을 독해라고 한다. 따라서 독서란 독해 과정이며, 독해력은 곧 독서 능력이다. 독해력은 철저하게 독서량에 정비례하는 것으로 보아 크게 무리가 없다. 그러나 그 근본은 파지(把持) 개념의 수량, 정확성 그리고 관계망의 연계 정도에 뿌리박고 있다.

파지 개념의 수량은 자신의 기억 속에 잠재되어 있으면서 재인(再認)하여 활용할 수 있는 개념의 수량을 말한다. 더 구체적으로 말해, 책에서 읽고 쉽게 이해할 수 있거나 또는 대화 중에 자유자재로 활용할 수 있으며, 특히 글을 쓸 때 직감적으로 생각하여 사용할 수 있는 개념들의 최대치를 말한다.

개념의 정확성은 자신이 파지하고 있는 개념 자체에 잠재되어 있는 의미의 수량과 그 관계망의 연계 정도를 말한다. 여기에서 의미의 수량은 그 개념의 본질과 핵심, 근거와 연유 그리고 적용 범위 등을 헤아릴 수 있는 정도를 나타낸다.

그리고 관계망의 연계 정도는 자신이 파지하고 있는 개념들의 내연과 외연이 서로 연계되어 얼마나 안정적이면서도 일정한 틀을 형성하고 있는가 하는 정도를 나타내는 것으로 이것은 고차적 인지 능력의 작용이 수반되며, 일반적으로 사고 작용의 결과로 나타난다.

사고의 핵심이 논리, 근거, 검증, 객관적 사실 등에 의한 추리로 의미의 바른 연결과 새로운 의미의 창출에 있기 때문에 이와 같은 고차원의 인지 능력의 활용은 그만큼 생각의 폭을 넓혀 가는 중요한 기능을 담당할 뿐만 아니라 수많은 구체적 상황을 함축하는 효율성을 지니기도 한다. 이와 같이 새로운 의미를 만들어 활용할 수 있다는 사실은 언어가 지니는 중요한 특성에 기인하며, 인간의 삶에 비추어 볼 때 그 의의는 이루다 말로 형용하기 어렵다.

이제 이를 정리하여 보면, 인간은 언어로 생각하게 되며, 이때 무한의 생각 속에서 일정한 생각의 길을 찾아 나가는 것을 이성적 사고라고 하는 것인 바, 이것은 단순히 한두 권의 책을 읽었다고 해서 되는 것이 아니라 수많은 책을 읽음으로써 비로소 가능해진다. 오죽하면 "남아수독오거서(男兒須讀五車書)"라 했던가. 이때, 독서의 필요성이 대두된다. 이러한 의미에서 독서란 이성적 사고를 찾아가는 과정이 아닐 수 없다.

③ 읽을거리

그래도 독서에 관심이 있는 몇몇 학생은 나름대로 의문을 갖고 있다. 그러한 의문은 '주로 어떠한 책을 어떻게 읽어야 되는가?' 하는 것에 집중된다. 학생들이 가끔 이러한 의문을 표시할 때면 나는 보통 왜 책을 읽으려 하느냐고 되묻는다. 그러면 이들은 흔히 자신이 무엇인가 다소 무지함을 느끼기 때문이라고 말한다. 맞는 말이다. 아니, 더 이상 좋은 표현이 없을 듯 싶다.

하지만 한 가지 분명히 해 두어야 할 것이 있다. 그와 같이 단순하게 무지함을 채우기 위해서는 독서를 할 수도 없을 뿐만 아니라 해서도 안 된다. 이것은 바로 앞에서 밝힌 '독서가 부족함을 채우는 것'이란 뜻과 일면 모순을 나타내는 것 같기도 하나 틀림없는 독서의 불문율이다.

군이 무지함과 부족함을 설명하자면 이 두 가지는 성격상 차이가 있다. 무지함은 단순히 자신의 무지에 대한 총체적 감각으로 아무런 대책이 없는 것임에 반해, 부족함은 부분적 미숙에 대한 균형적 감각으로 어느 정도 대책에 대한 방향 감각을 지닌 것이라는 점에서 분명한 차이를 나타낸다. 이러한 의미의 참뜻을 조금이라도 이해할 수 있을 때 진정한 의미의 독서가 가능해진다.

따라서 진정한 의미에서 독서는 자신의 부족함을 채우기 위한 수단으로서가 아닌 오히려 부족함을 느끼기 위한 독서가 되어야 하며, 이로써 독서 그 자체가 일종의 가벼운 흥분을 자아내게 된다. 이쯤되면 '무엇을 읽을 것인가?' 하는 질문은 아무런 의미가 없게 된다. 그냥 무엇인가 읽고 싶은 강한 동기가 형성되어 책을 찾아 읽는 것이 독서이다. 여기에서는 독서라는 것이 따로 없다. 오로지 자신이 또렷하게 알아보고 싶은 것을 찾아 나서는 여정만이 있을 뿐이다.

흔히 우리 주변에서 독서가 무엇인지 잘 모르고 단순하게 위대한 사상집이나 고전, 유명한 위인전이나 역사책 또는 문학책 등을 선정하여 소위 '필독서'라는 미명하에 반 강제적으로 독서를 권장하는 것을 흔히 볼 수 있다. 이것은 대표적 난센스(nonsense) 중의 하나이자 언어폭력이다.

어떻게 모든 사람에게 읽을거리가 그렇게 고정될 수 있는 것인가. 그것은 '독서는 마치 문자의 바다에서 자유롭게 유영할 수 있을 때 비로소 가능하게 되는 것'이라는 의미를 미처 깨닫지 못하고 하는 말이다.

생각해 보건대, 자연의 모든 생물은 모두 각기 다른 특성과 환경을 지니며, 이에 따라 그들의 활동 무대도 자연스럽게 결정되고 변화한다. 사람의 사정도 이와 별반 다르지 않다. 물론 총체적으로 보면 누구나 인간의 고유한 특성을 지니고 있다는 점에서는 동일하지만 그러한 가운데에서도 각자의 사정에 따라 삶의 방식은 각기 다를 수밖에 없다.

독서의 경향 역시 각자 그 기호에 따라 다를 수밖에 없다. 아무리 독서라고 하여도 모든 사람이 획일적으로 하여야 하는 것은 아니며, 또 그렇게 되지도 않는다. 물론 독서량이 학문의 여러 범주를 망라하여 일정한 수준에 이르면 어느 정도 정해진 틀이 생기는 것도 부정할 수는 없다. 하지만 그것은 일부 학자에게 한정된 사태이다.

그렇다면 아직 철모르는 아이들이 도대체 어떤 책을 읽어야 할지 망설일 때는 어떻게 해야 하느냐고 반문할 수 있을 것이다. 이에 대한 대답은 의외로 간단하다. 아이들이 읽을 수 있는 책이 무엇인가 그토록 힘들여 궁리하기 전에 먼저 어른들이 평소에 그들 앞에서 책 읽는 모습을 솔선하여 보여 주면 된다. 그러면 아마도 그들은 누가 알려 주지 않아도 자신들이 읽어야 할 책을 귀신처럼 정확히 찾아 읽게 될 것이다. 참으로 놀라지 않을 수 없을 정도로 자신들이 읽어야 할 책을 제대로 찾아낸다.

어른들은 책 읽는 일을 도외시하면서 아이들에게 책 읽기를 바라는 것은 나무에 올라가서 물고기를 잡으려 하는 소위 연목구어(緣木求魚)의 상황과 다를 바 없다. 그뿐만이 아니다. 부모가 정작 자신은 독서를 등한히 하면서 자녀들에게 무조건 독서를 강요하는 것은 일종의 언어폭력이다.

그렇다면 어른이 솔선수범해야 하는데, 문제는 이것을 실행하는 것 자체가 무척이나 어렵다는 점이다. 차라리 아이들이 열심히 책 읽는 일을 기대하는 것을 포기하는 편이 더 쉽다고 할 수 있다. 아무리 어린 자식을 위하여 굳게 마음을 먹고 독서를 실천하려고 시도를 해보아도 기본적 독서 습관이 이미 형성되어 있지 않으면 결코 쉬운 일이 아니기 때문이다. 독서지도 문제의 심각성이 바로 여기에 있다.

그 책이 왜 명저인지, 그 정확한 의미도 잘 모르면서 심지어 자신은 전혀 읽어 보지도 않은 채 그저 남들이 소위 명저라고 말하는 몇몇의 책만을 알려 주면서 아이들로 하여금 그 책을 읽도록 강요한다면, 그처럼 알려 주고 강요함이 쉬운 것인 만큼 아이들은 책 읽기도 쉽게 포기하려 할 것이다. 그러나 비록 어렵지만 독서하는 것을 부모가 실천에 옮겨 모범을 보이면 아이들은 그 어려운 만큼 책을 찾아 헤맬 것이다. 따라서 자녀 독서지도의 문제는 부모에게 있다는 사실을 먼저 기억하고 있어야 문제가 해결된다.

좀 더 정확하게 말하면 아이들을 위해 모범을 보이는 부모가 책 읽는 일이 손쉽게 느껴질 때쯤 아이들도 독서하는 일이 자연스러워진다는 사실을 명심해야 한다. 이러한 의미는 뿌린 만큼 거둔다는 진리에서 단 한 치도 벗어나지 않는다.

독서를 하는 것이 중요하게 느껴지는 만큼 독서를 실천하려고 하였는지 스스로 자문해 보기 바란다. 어른들이 말로는 독서가 중요하다고 하면서 실제로는 다른 잡다한 일에 정신을 더 쏟는다면 어린 자녀나 학생들은 자신이 진정 읽어야 할 책을 끝내 찾아내지 못할 것이다. 그렇게 되면 설령 독서를 한다고 해도 진정한 독서를 할 수가 없다.

④ 읽는 방법

책을 읽을 때 자주 떠올리는 질문 중의 하나는 '다독, 정독, 숙독, 속독, 송독, 소독, 낭독 등 여러 가지 독서의 방법 중 어떤 방법을 택해야 하는가?'이다. 이러한 혼란은 아직 독서에 대한 갈피를 잡지 못하는 경우에 많이 목격된다. 많은 독자가 책을 읽는 데 무슨 특별한 방법이 있다고 착각하고 그것을 찾으려 한다.

정독을 하든 숙독을 하든 아니면 또 다른 어떤 방법을 취하든지 그것은 전혀 문제가 되지 않는다. 그것은 책을 읽으며 우리가 얻으려는 것이 도대체 무엇인가를 생각해 보면 알 수 있다. 책 속에는 주로 문자로 이루어진 다양한 형식에 따른 의미가 담겨 있으며, 그 밖에 다소의 정감, 잘 알 수 없는 여운 등이 나타나 있다. 이때, 무엇보다 중요한 것은 의미임은 두말할 나위가 없다. 그렇다면 책을 읽을 때 중요한 것은 그 어떠한 경우에도 문자 형식을 통하여 의미를 파악하는 일에서 벗어날 수 없다.

물론 의미와 형식은 상호 밀접하게 관련되어 있으므로 서로를 분리하는 것이 그렇게 쉬운 것은 아니다. 하지만 이들은 분명히 구분되는 요소가 있는 것도 또한 사실이다. 낱개의 소소한 의미들이 모여 더 나은 커다란 의미를 나타내는 바, 그 의미의 연계망이 형식이 되기 때문이다. 따라서 일단 책을 읽는 목적은 그 거대한 산맥과도 같은 의미의 연계망을 파악하고 요해(了解)하는 일에서 벗어날 수 없다.

이러한 의미에서 볼 때 정독과 숙독 등을 고려하는 문제는 전적으로 자신의 독서 능력, 즉 의미와 형식의 요해 능력에 따르는 일일 뿐이다. 능력이 있는 사람은 단 한 번의 속독으로도 요해가 가능한 반면, 능력이 부족한 사람은 독해가 이루어질 때까지 여러 번 반복해서 숙독하는 수밖에 없다. 독서에 통용되는 어떤 특별한 방법이 미리 정해져 있을 수가 없는 까닭이다.

여기에서 한 가지 분명한 것은 책 속에 담겨 있는 의미와 형식을 요해하는 능력, 즉 독해력은 선천적으로 타고나는 일면도 있으나 그것보다는 주로 자신이 읽은 책의 숫자만큼 신장되는 것이 숨길 수 없는 사실이다.

그러므로 그냥 글자를 따라 읽으면 된다. 읽되 그 의미와 형식을 찾도록 애써야 한다. 옛말에 "백 번 책을 읽으면 저절로 뜻을 알 수 있게 된다(讀書百遍而意自見)."라는 말도 결국은 독서의 양과 의미의 파악이 상호 밀접하게 관련되어 있음을 강조하는 말에 다름 아니다. 물건이든 깨달음이든 공들인 만큼 값진 것이 된다는 사실을 명심해야 한다.

혹자는 또 묻는다. 읽을 때 눈으로만 읽는가 아니면 소리를 내어 읽는가. 소리를 내어 읽는 것은 단지 의미의 해득에만 있지 않고 또 다른 어떤 목적을 두고 있음이다. 깊은 산속 사찰의 스님들이 독경할 때 흔히 이 방법을 사용하나 이것은 독경 이외에 다른 것에도 뜻이 있음을 나타낸다. 그러므로 독서 이외에 다른 의도가 있다면 그에 알맞은 방식을 찾아 읽으면 된다. 그러나 단순히 자신을 다듬으려 한다면 눈으로도 족하다. 한 가지 덧붙이자면, 소리 내어 읽음은 어린아이들이 말을 배워 익히려 할 때 주로 쓰는 방법이다.

⑤ 교과서와 독서자료

일반적으로 교과서는 학생들에게 있어서 필독서이다. 특히 교과

성적에 민감할 수밖에 없는 초·중등학교에 다니는 학생들은 교과서에 대한 미련을 떨쳐 버릴 수가 없다. 하지만 이것은 교과서와 독서 자료에 대한 의미를 또렷하게 파악하지 못한 것이다.

교과서는 과목별로 교육내용을 담고 있는 책이며, 교과는 교사가 학생들을 가르치는 데 필요한 분야별 내용이다. 학생들의 입장에서 보면 가르치는 교과가 아닌 배워야 할 학과가 된다. 교과는 하늘이 절대적으로 정해 놓은 것도 아니고, 무조건 가르치고 배워야 하는 것도 아니다. 교과를 알기 위해서는 우선 문자 그대로 여러 개의 각 과목이 있음을 분명히 알아야 한다. 국어, 수학, 사회, 과학, 음악, 미술, 체육 등의 7개 기본 과목이 있고, 이들을 총괄하는 도덕이 있다. 도덕은 예외로 하고서라도 7개의 기본 과목은 대체로 인간으로서 결코 외면할 수 없는 필수 과목의 유형이다.

이러한 과목은 자신의 인식 능력을 신장시켜 보다 정밀하고 폭넓은 사고를 산출해 낼 수 있도록 하는 기능을 담당한다. 이때, 교과에 대한 이해는 폭이 넓은 것보다는 정밀함에 더 초점이 주어져 있다는 점에 유의해야 한다.

예컨대, 국어는 언어, 수학은 수리관계, 사회는 집단생활, 과학은 자연, 음악은 소리의 조화, 미술은 색과 형상의 조화, 체육은 건강 등 각기 서로 다른 인간 삶의 분야를 보다 면밀하게 살펴볼 수 있도록 한다.

다시 말해, 과목은 각 분야를 자세하게 들여다보는 독특한 현미경이고, 교과는 현미경으로 들여다보이는 실체이다. 미세한 실체를 관찰하기 위해서는 먼저 실물이 확보되어 있고 현미경이 있어야 하듯이 교과의 경우에도 교과가 먼저 있고, 다음에 과목이 존재한다.

그런데 여기에서 중요한 것은 학생들이 교과를 명확하게 들여다보기 위해서는 먼저 현미경을 준비해야 한다는 점이다. 그렇게 되려면 전자와는 반대로 현미경인 과목이 먼저 있어야 한다. 국어 교과를 들여다보기 위해서 국어 과목이 먼저 있어야 한다. 대체로 초·중등 과정은 이러한 과목을 이수하도록 하여 학생들에게 현미경을 갖추어 주는 과정이라고 보면 거의 틀림이 없다.

따라서 제대로 된 교과를 보는 것은 현미경이 어느 정도 갖추어진 고등교육 이후라고 할 수 있다. 흔히 사람들은 모범적인 사람을 교과서와 같은 사람이라고 말한다. 이때 사용되는 의미는 바로 분야별 교과에 따라 그것을 들여다보는 도구가 비교적 성숙된 상태에 이른 사람이다. 즉, 교과를 볼 수 있는 도구로서의 현미경을 잘 갖추어 관찰 대상을 누구보다 분명하게 인식할 수 있기에 교과에 담겨 있는 의미를 그대로 행동에 반영하는 것을 빗댄 표현인 것이다. 그런데 모범적인 사람을 융통성 없는 사람으로 곡해하는 것은 교과에 대한 이해가 부족하거나 남의 지적 수준을 비하하는 것이다.

교과는 본래 일관성에 의한 철저한 정합성이 핵심이 되며, 이것을 토대로 제반 교과가 전개된다는 점을 명심해야 한다. 특히 소위 학자라고 하는 사람들은 그러한 전공별 정합성을 미세한 잣대를 활용하여 초극미한 세계까지 정교하게 다듬어 가는 사람들이기에 여기에는 만의 하나라도 융통성을 허용할 수 있는 여지가 없다.

이러한 의미에서 교과는 두 가지 기본적 의미를 지닌다. 하나는 교과를 보는 틀인 현미경, 즉 과목의 의미이다. 다른 하나는 교과 그 자체이다. 과목이 정교해질수록 더 자세한 교과를 볼 수 있음은 더 말할 나위가 없다. 과목과 교과는 비록 논리적으로 선후가 정해질 수는 있지만 상호 관련적인 것이어서 과목이 세분화될수록 교과는 보다 면밀하게 구성되고, 교과를 면밀하게 구성하려면 과목을 세분화하게 되는 결과를 낳게 된다.

여기에서 소위 안목은 교과에 대한 이해가 어느 정도 일정 수준 이상으로 형성된 이후를 일컫는 말이며, 이것은 이미 교과에 대한 예민한 감각을 지니고 있는 상태이다. 이러한 점에서 보통 과목을 탐구 양식이라 하고, 교과를 교육내용이라고 할 때 다양한 탐구 양식은 교육내용의 이해에 대한 원숙미를 더해 가는 것임을 알 수 있다.

결국 교과서는 인간의 삶과 관련된 7개의 기본 분야를 통찰할 수 있는 능력을 키워 주기 위해서 고안된 도서임을 알 수 있다. 교과서의 중요성은 바로 이 점에 있다. 그런데 교과서도 제대로 다루지 못하는 상황에서 다른 독서자료를 생각하는 것은 한마디로 어불성설(語不成說)이다. 물론 일반 서적이라고 해도 교과서 이상의 짜임새와 내용을 구비하고 있는 것도 없는 것은 아니다. 하지만 그러한 경우는 극히 제한되어 있고, 전문가의 도움 없이는 판단이 결코 쉽지 않다. 굳이 다른 부교재가 필요하다면 그것은 곧이어 논의할 독서자료를 참고하기 바란다. 따라서 학생들은 무엇보다 교과서에 충실하려고 노력해야 한다. 이후 여력이 있으면 다른 독서자료를 찾는 것이 순서이다.

여기에서 한 가지 특수한 경우가 있다. 그것은 사람에 따라서 이러한 교육의 의미를 잘 모르고 교과교육을 거부하거나 어느 한 과목에만 관심을 집중하는 경향을 나타낼 수도 있다는 점이다. 이러한 경우에도 '강압적으로 교과교육을 받도록 해야 하는가' 하는 문제가 제기된다. 이것은 인생관, 가치관의 문제가 개입되므로 다음 기회로 미룬다. 한 가지 분명히 밝히고 싶은 것은 삶의 총체적 의미는 항상 편향성에 우선한다는 점이다.

다음으로 독서자료는 그림이나 영상이 아닌 글자로 뜻을 나타낸 모든 자료를 말한다. 그러므로 만화는 엄밀한 의미에서 독서자료가 아니다. 독서는 철저하게 글자를 통한 개념 확대가 형성되는 경우에 한정되기 때문이다. 일반적으로 독서자료는 과목 구분이 분명하지 못하다는 점에서 그 특징을 찾을 수 있다.

물론 일반 서적도 세칭 십진 분류라고 해서 총류, 철학, 종교, 사회과학, 순수과학, 기술과학, 예술, 어학, 문학, 역사 등으로 구분하여 각 서적의 분야가 정해져 있는 것은 사실이지만, 이것은 교과서와는 근본적으로 다른 의미를 지닌다. 이미 앞서 언급한 바가 있지만 교과서는 과목과 교과의 성격을 동시에 지니고 있으면서 교과보다는 과목에 중점이 있지만, 일반 서적은 그러한 의미보다는 대부분 일반적 내용에 한정되어 있기 때문이다. 교과서의 내용이 특정 분야로 한정하여 일정한 내용 수준이 있는 것과 달리 일반 서적은 일정한 분야와 내용 수준의 한계가 없기 때문에 아무리 자료가 많아도 읽을 수 있는 범위는 개별 독해력에 따라 극히 제한될 수밖에 없다.

한마디로 말해, 일반 서적의 구분은 과목 구분이 아닌 내용 수준에 따른 구분이 중심이 되는 것이다. 따라서 교과서를 통한 기본 과목에 대한 수련을 쌓지 못하고 이해 수준이 부족한 상태에서 일반 서적을 접하는 것은 무리가 따를 수밖에 없다.

예컨대, 철학, 역사, 종교 등의 분야는 기본적으로 교과목 전반에 대한 이해력이 없이는 도저히 이해할 수 없다. 사회과학 분야는 사회 과목, 순수과학과 기술과학 분야는 수학과 과학 과목, 예술 분야는 음악, 미술, 체육 과목, 어학과 문학 분야는 국어 과목에 대한 이해력이 선행되지 않으면 불가능하다.

　대부분의 많은 사람이 책 읽기에 실패하거나 기피하는 현상이 바로 이 점에서 기인되고 있다. 다시 말해, 교과 이해에 대한 기초능력이 부족한 데 따른 것이다. 그럼에도 불구하고 사람들은 무조건 책을 읽기만 하면 되는 것처럼 인식한다. 매우 애처로운 일이 아닐 수 없다.

　물론 발달 수준에 따라 난이도를 알맞게 조절해 놓은 책들도 있으며, 때로는 각 단계에 따라 반드시 읽어 두어야 할 책들이 없는 것은 아니다. 하지만 이러한 것들은 그렇게 많지 않을 뿐만 아니라 이 역시 교과서 수련이 선행되어야 한다는 점에 있어서는 이견이 없다. 단, 이때 주의해야 할 점은 소위 전문 서적이나 논문 등과는 구분해야 한다는 점이다. 그것은 교과의 매우 특수한 형태이므로 다른 맥락에서 보아야 한다.

　이제 교과 이해에 대한 기초 능력이 확보되었다면 '어떠한 책을 읽어야 하는가' 하는 문제가 대두된다. 그것은 음식과 같다. 특별히 어떤 책을 읽어야 하는 규정과 법칙은 없다. 자신의 건강 상태에 따라 골고루 다양한 음식을 섭취하듯 자신이 관심을 두고 있는 분야의 책을 두루 읽어 나가면 된다. 특별한 관심이 없는 경우에는 총류, 역사, 철학, 종교 등의 각 영역에서 기초적 내용을 먼저 읽은 후, 점차 난이도를 높여 가며 가급적 여러 영역이 두루 관련되어 있는 서적들을 찾아 읽어 나가면 된다.

　요즈음과 같이 인터넷의 발달로 그저 긴급한 현안에 관련된 사항들만 즉시 찾아서 확인해 보는 세태가 만연하여 어느 한 가지라도 제대로 깊은 지식체계를 갖추고 있지 못한 사람들이 늘어나면 아마 독서는 세상에서 점차 더 멀어질 것이다. 세상이 어떻게 돌아가든지 간에 이 땅에 책 읽는 사람들이 넘쳐나는 세상이 하루속히 왔으면 하는 꿈같은 생각을 해 본다.

(2) 탐구
① 탐색

탐구(探究)는 탐(探)에서 시작되고 구(究)에서 정착된다. 아직 세상에 드러나지 않은 것을 찾아 나서는 것을 탐 또는 탐색(探索)이라 하고, 탐하여 얻어 낸 것을 깊이 살펴 정리하는 것을 구 또는 논구(論究)라고 한다. 그러므로 탐은 문제의식이 선행되어 탐의 방향이 설정되어야 진행이 가능한 것이며, 구는 살피고 정리하는 방식을 사전에 미리 알고 있어야 가능하게 된다.

물론 탐색이 선행되지 않고 논구가 이루어질 수는 없는 것이지만, 탐색이 선행된다고 해서 반드시 논구가 이루어지는 것도 아니다. 이러한 의미에서 탐색이 없는 논구도 불가능하지만 논구가 없는 탐색도 의미가 없다. 다시 말해, 탐색과 논구는 모두 탐구의 필수적 단계이며 과정이다. 여기에서 탐색의 의미를 조금 더 구체적으로 살펴보면 다음과 같다.

탐구는 열정적이면서도 세밀한 지성의 활동이며, 이것은 호기심과 정비례하여 발달해 나가는 것으로 볼 수 있다. 그리하여 일단 또렷한 문제의식을 가지고 그 해결방안을 찾아 나서는 탐색이 시작된다. 그리고 이러한 탐색의 성패는 탐색하고자 하는 문제가 무엇인지를 얼마나 분명하게 인식하고 있는가 하는 문제의식에 의하여 좌우된다.

그런데 그러한 문제의식은 앞서 잠시 언급한 바와 같이 자기비판 정신이 선행되지 않으면 안 된다. 즉, 항시 자기 정진을 위해 스스로 자신의 문제점을 인식하고 개념의 의미와 근거를 확인해 보고자 하는 열정으로 예민한 비판 정신이 선행되어야 하는 것이다. 이것은 일정한 문제 사태에 직면하여 생활의 불편함을 개선하려는 의도로 나타나기도 하지만 그것보다는 아직까지 자신이 파지하고 있지 못한 것 또는 이미 파지하고 있는 개념에 모종의 불안감을 감지하고 이를 안정화하려는 의도의 발로로 인하여 나타난다.

하지만 이러한 불안감의 싹틈은 먼저 인식의 주체인 자신과 인식 결과로서의 개념 간의 미세한 차이를 인식할 수 있는 고도의 정신적 능력이 선행되어야 한다. 자신의 부족함을 분명하게 인식할 수 있는 가능성이 열리게 되는 것은 바로 이처럼 개념의 불안정을 찾아내는 비판 정신 때문이다. 즉, 비판 정신은 먼저 인식의 주체와 객체 간 정신의 분리가 이루어진 이후 자신의 결점을 인식하는 고도의 자기비판 정신이 없이는 불가능하다. 이러한 자기비판 정신이 선행된 이후에서야 비로소 다른 사람의 좋은 생각을 알아볼 수 있는 기초가 마련된다.

많은 사람이 탐구 능력에 문제를 지니는 것은 기본적으로 이와 같이 자신의 결점을 냉철하게 객관적으로 인식하는 자기비판 정신의 부재에 있다고 볼 수 있다. 역으로 말하면 이러한 비판 정신은 스스로 자신을 점검하는 일이 중심에 있기에 탐구의 요체가 된다.

또한 자신의 문제가 뚜렷하게 인식되면 될수록 더 나아가 그에 대한 개선 의지는 더욱 강화되고 탐색의 방향 착오가 그만큼 줄어들게 되어 문제 해결을 위한 적정한 관련 자료의 획득이 가능해지기 때문이다. 탐구에서 자기비판이 중요한 것은 바로 이 때문이다.

물론 탐구에서 모종의 결과를 얻어 내 자신의 부족함을 보완하는 것보다는 그 결과로 얻을 수 있는 명예나 재화에 더 관심을 두고 탐구하는 경우도 있지만 그러한 경우에도 자신의 부족함을 채우려는 의도가 개입되는 것은 동일하다. 다만, 전자는 자신의 인식 결과에, 후자는 존재감이나 물적 결핍에 초점이 있다는 점에서 차이가 있다. 이러한 차이는 탐구 과정에 그대로 반영된다. 전자는 점차 깊이가 더하여 탐구가 지속되는 반면, 후자는 일정한 탐구 결과를 얻으면 거기에서 끝이 난다.

예컨대, 청소기 사용의 불편함을 해결하기 위한 탐구는 그 불편함이 해결되면 그것으로 탐구는 끝이 난다. 하지만 청소기의 작동 원리에 의혹을 해소하기 위한 탐구는 그와 연관되어 있는 또 다른 의혹이 연이어 나타나 탐구가 쉽게 끝나지 않을 뿐만 아니라 설령 의혹이 해소되어도 그것을 바탕으로 또 다른 탐구가 계속하여 이어지게 된다.

이러한 의미에서 탐색은 무엇보다 주변 사물이나 현상에 대한 명석한 인식 능력이 선행되어야 하는 것임을 알 수 있다. 그러한 가운데 미흡하거나 분명하지 않은 부분에 대한 의문이 나타나고, 그 이후에야 비로소 이를 더욱 심화시키기 위한 문제의식이 나타난다.

그런데 문제는 과연 일정한 탐색의 방법이 있는가 하는 문제이다. 이것은 이미 앞서 밝힌 바와 같이 그 중심에 독서가 있다. 적어도 궁리를 위한 탐색은 독서가 없이는 상상할 수조차 없는 일이다. 어떤 의미에서 모든 독서는 일종의 탐색 과정이라고 보면 거의 틀림이 없다.

탐색을 위한 자료 수집에는 비단 도서뿐만 아니라 다양한 인쇄매

체들이 모두 포함된다. 각종 사전은 기본이고 신문, 방송, 인터넷 등과 같은 대중매체 그리고 필요한 경우 각종 박물관, 기념관, 도서관, 전시관 등의 공공 기관, 그 밖에도 전문가 자문, 현지 상황 확인, 관련 사진, 유품, 탐문, 조사, 관찰 등 거의 모든 사안이 연계되어 있다고 해도 과언이 아니다.

이 모든 활동은 기본적으로 독서의 질을 향상시킴은 물론 여타의 탐색을 보다 용이하게 하며, 새로운 문제의식을 발아시키는 원동력이 된다. 이렇게 되면 탐색은 연이어 논구로 이어지고 이것은 다시 새로운 문제를 촉발시킴으로써 계속하여 탐구의 순환이 이루어진다. 이러한 탐구의 총체적 과정을 소위 연구라고 한다. 탐구의 과정이 반드시 장시간에 걸쳐서 진행되어야 하는 것은 아니지만 연구의 깊이를 더하기 위해서는 비교적 끈질긴 노력과 장시간의 집요한 추적이 필요하다.

따라서 탐색에는 남다른 적극성과 강한 열정에 따른 집요한 추적이 요구된다. 아무리 문제의식이 있고 그 탐색 방안을 알고 있다고 해도 그러한 열정과 적극성이 없다면 탐색은 이루어지기 어렵다. 대개 독서에 실패하는 원인도 여기에 있다.

여하튼 이러한 탐색이 이루어진 이후에는 각종 탐색 자료들을 깊이 파헤쳐 보고 논리적으로 정리하는 논구 작업이 요구된다. 이러한 논구는 주로 서술형식을 빌어서 이루어지기 때문에 이것을 흔히 논술이라고 한다. 아무리 남다른 탐구를 하여 좋은 궁리를 했다고 해도 다른 사람들과 서로 교류하는 가운데 검증받고 그 결과를 관련 분야에서 유익하게 활용되도록 하지 않으면 안 되기 때문이다. 이러한 의미에서 이제 논술의 의의를 구체적으로 살펴보면 다음과 같다.

② 논술의 의의

논술이란 언어교육에서 절대 빼놓을 수 없는 소중한 인간의 능력이다. 이것은 언어의 최종 단계인 짓기 단계의 중핵이 되기 때문이다. 단순하게 논술이 단지 자신의 의견을 여러 사람에게 개진하는 행위라고 하면 별것 아닌 것 같으나 실상 알고 보면 최고의 고난도 사고가 요구되는 것으로서 이러한 능력의 부족은 결국 총체적 언어 능력의 부족을 의미한다.

우리가 이미 잘 알고 있다시피 인간의 삶에 있어 의사소통이라는 행위는 두말할 나위가 없이 중요하다. 그런데 의사소통은 주로 듣기와 말하기 그리고 읽기와 짓기의 두 가지 방법으로 이루어진다. 전자는 소리로, 후자는 글자로 소통이 이루어지는 것이다. 이러한 소통에서 글로 이루어지는 짓기에 의한 논술 방식이 가장 어렵다.

일상생활에서는 대부분의 소통이 소리를 위주로 이루어지기 때문에 글로 이루어지는 짓기에 대한 중요성이 그렇게 크게 인식되고 있는 것은 아니다. 하지만 각별히 정교한 의미를 소통하고자 하는 경우에는 이것이 필수적이라는 점에서 매우 중요한 의미가 있다. 특히 과거 역사적으로 중요한 변곡점을 좌우할 수 있는 인간의 모든 문제에는 이러한 짓기 능력이 직간접적으로 개입되어 왔음을 상기해 둘 필요가 있다.

우리가 공부를 하는 중요한 이유 중의 하나 역시 옳은 뜻을 얻어 지키기 위함이다. 앞의 공부의 기본자세에서 마음 가다듬기, 문제의식, 독해 등에 관하여 언급한 것은 모두 이처럼 뜻을 올바로 얻기 위한 일정한 준비 단계이다. 물론 반드시 이러한 준비 단계를 거쳐야 하는 것은 아니지만 대체로 모두 빼놓을 수 없는 중요한 단계라는 것은 틀림이 없다.

그런데 뜻을 얻는다는 것은 무엇인가 소중한 바를 자신 안으로 받아들이는 것이다. 이러한 받아들임은 내어보냄을 통해 순환을 이루는 것이 자연의 이치이다. 이것은 마치 음식을 섭취하는 경우에도 일정한 한계가 있을 뿐만 아니라 그것을 소화한 후 배설하는 순환 과정이 이어짐과 같은 이치이다.

뜻을 받아들임에 있어서도 똑같은 이치가 적용된다. 아무리 많은 뜻을 알고 싶다고 해도 하루아침에 할 수 없을 뿐만 아니라 설령 할 수 있다고 해도 반드시 밖으로 표출해 내는 과정이 이어지지 않으면 안 된다.

이때, 그 받아들인 뜻을 재확인하여 표출하는 과정의 중심에 논술이 있다. 따라서 논술은 공부하는 사람들에게 있어 절대 놓칠 수 없는 중요한 과정이다. 역으로 말하여 얼마나 논술을 잘할 수 있는가의 여부에 따라 또 다른 뜻을 받아들일 수 있는 역량이 결정된다.

물론 받아들인 뜻을 표출하는 방식이 비단 논술에 한정된 것은 아니다. 논술에서처럼 글자 이외에도 소리, 모양, 색깔, 개인적 기능, 행동 등 다양한 통로가 있으나 적어도 무엇인가 공부를 하고자 뜻을 세우고 관련 의미의 정교함을 가다듬는 사람들은 논술 이외의 방법이 거의 없다고 보면 틀림이 없다. 이것은 지금까지 인류 역사상 나름대로 학문에 일가를 이룬 대다수의 분이 그들의 생각을 논리적으로 정리하여 글로 남겨 놓고 있는 것을 보면 알 수 있다.

물론 일부 배움이 뛰어난 분들이 오로지 자신의 언행만으로 뜻을 나타낸 경우가 있으나 이것은 극히 제한적 예에 불과하다. 이러한 의미에서 논술의 중요성은 더 이상 언급할 필요가 없다.

따라서 논술은 그것이 어떠한 형태를 취하든 교육을 통하여 계발되고 성취되어야 하는 무엇보다 소중한 인간의 기본 능력이 아닐 수 없다. 사정이 이러하기 때문에 모든 대학이 입학시험에서 앞을 다투어 학생들의 논술능력을 주시하는 것이다. 이것이 갖는 중요한 의미는 인간의 의사소통은 다른 동물과 달리 기본적으로 그 수준이 있다는 점이다. 수많은 책을 읽어 교양을 쌓고 공부하는 일도 결국은 이러한 의사소통의 수준을 높이는 일에서 크게 벗어날 수가 없다.

모든 사람이 서로 같은 언어로 대화를 나누는 경우에도 그 사용하는 언어의 수준은 실로 가늠하기 어려울 정도의 차이를 나타낸다. 이러한 차이를 좁히기란 말처럼 쉬운 것이 아니다. 잘 모르는 사람들은 조금만 더 관심을 두어 보완하면 되는 것으로 쉽게 생각하지만 실상은 그렇지가 못하다. 그에 관련된 다양한 지식을 익히고 자기의 것으로 소화하는 노력과 시간이 요구되기 때문이다.

여기에서 특히 한 가지 명확하게 짚고 넘어가야 할 점은 사람은 배워서 아는 것이 아니라 알기 때문에 배우는 것이라는 점이다. 자신이 알고 있는 만큼 주변의 사물과 제반 현상을 인식할 수 있으며, 그만큼 올바른 판단력이 형성되어 바른 행위도 가능해진다.

물론 어려서는 배워서 알게 되지만 사람의 인지가 발달의 속도를 더해 갈수록 그 반대의 현상이 일어난다. 즉, 자신이 알고 있는 만큼 인식하고 말하고 행하게 된다.

논술이 교육에서 값진 의미를 지니는 것은 바로 이 점 때문이다. 흔히 세간에서도 '알고 있는 만큼 느낄 수 있다.'고 말을 하는데, 이것은 바로 그러한 의미를 정확하게 나타내고 있다.

③ 논술의 개념

이제 논술이란 무엇인가를 좀 더 구체적으로 살펴볼 수 있는 계기가 마련되었다. 우선 논술과 유사한 개념으로 활용되고 있는 것 중에 논문, 논설, 논증 등이 있다. 이 모든 것은 기본적으로 논하는 행위를 공통으로 한다. '논(論)'이란 기본적으로 '사물의 옳고 그름을 자신의 판단에 의해 구별하는 것'이다. 즉, '논'은 자신의 능력으로 사물이나 현상의 옳고 그름을 판단하는 작용 그 자체이다.

이러한 의미에서 논술이란 '논하여 진술하는 것'으로 논리에 따라 사물이나 현상의 옳고 그름을 단정하여 진술하는 것이다. 한마디로 논술은 특정 현상을 보편적이고 필연적인 불변의 관계를 나타내는 원칙인 이(理)로 대변하는 작업을 말한다.

기본적으로 이(理)는 모든 물체 변화의 근본 형식으로 그에 따라 물체는 다양한 변화를 나타낸다. 이것은 역으로 말하면 아무리 다양한 변화의 모습도 결국 그것은 이(理)라고 하는 일정한 형식의 지배를 받는 현상임을 의미한다.

따라서 우리는 삶 속에서 일정한 형식의 이(理)와 변화의 다양한 모습의 양자 중 어느 것에 더 중점을 두는가에 따라 얼마든지 견해를 달리할 가능성이 있다. 문제는 이(理)와 현상의 관련을 보다 통합적 안목에서 살펴봄으로써 이(理)를 통하여 현상의 변화를 예측하고, 현상을 통하여 이(理)의 본래적 의미를 통찰할 수 있어야 한다.

물론 우리에게 보다 실질적 의미를 지니는 것은 현상이다. 하지만 그것은 이미 앞서 살펴본 바와 같이 존재 자체의 특성 또는 감각의 불안정으로 인하여 우리에게 지속적 믿음을 제공하지 못한다. 이러한 현상의 문제를 극복하는 방안의 하나가 바로 현상 이면의 숨겨진

이(理)를 탐색하여 현상을 예측함으로써 그에 따른 문제를 최소화하는 것이다.

일반적으로 자연 현상은 이(理)와의 괴리가 일정한 한계를 벗어나지 못하기 때문에 별다른 문제의 소지가 없다. 그러나 자연에 인간의 의도를 과도하게 개입시키면 이(理)와 현상의 괴리가 일정한 한계를 벗어나 상호 극심한 대립 상태로 되는 경우가 종종 발생한다.

예컨대, 강에 둑을 설치하여 보를 조성하는 경우에 보존과 개발의 대립은 피하기 어렵게 된다. 만일 보존을 선택하면 엄청난 지진과 홍수, 태풍 등을 통하여 저 스스로 허물기도 하고 새로 만들기도 하여 스스로 변화를 이어 나가게 되지만 삶의 불편은 어느 정도 감수해야만 한다. 그런데 개발을 선택하는 경우에는 수위 조절을 통하여 어느 정도 생활의 편리함을 얻을 수 있지만 수질은 그만큼 손상되어 스스로의 조화와 자생력을 잃고 신음하게 된다.

이러한 사정으로 인하여 환경의 개발을 통한 쾌적한 환경의 조성이라는 인위적 조작과 환경의 보존이라는 자연 이치의 존중 양자 간에 갈등이 조성된다. 이것은 결국 환경의 파괴와 보존이라는 양립할 수 없는 양극의 가치가 대립하는 것이 아닐 수 없다.

이러한 문제의 유일한 해결책은 파괴할 수밖에 없는 정황과 보존하는 사태를 서로 대비적으로 밝혀서 그 가치를 저울질해 보는 길뿐이다. 이때, 전자의 필요성을 논하는 것은 그리 어려운 일이 아니다. 하지만 후자의 경우에 그 정당성을 확보하는 일은 매우 섬세한 논리의 활용이 요구된다. 왜냐하면 전자는 그 필요성이 감각적으로 확인되는 일임에 반해, 후자는 인간의 편리를 뛰어넘어 납득할 수 있는 고도의 논리적 타당성을 확보하지 않으면 안 되기 때문이다.

따라서 논술은 주로 후자의 논리적 전개 절차를 통한 타당성의 확보를 의미하며, 이것이야말로 인간의 값지고 고유한 능력 중 하나인 이성의 가치를 드러내는 일이다.

그리고 이러한 논술에 의한 주장이 소정의 검증 절차에 의하여 확립된 것이 이론이다. 그동안 언어, 수학, 과학, 사회, 역사, 철학, 예술 등의 분야를 모두 망라하여 지금까지 세상에 등장한 수많은 이론은 기본적으로 이러한 논술에 의한 것이다.

결국, 논술은 인간 인식의 한계로 인한 인식의 근본적 문제를 분석적으로 탐구하여 논리적 타당성을 확보함으로써 보다 진실에 다가서는 하나의 중요한 인식 방식이다. 이것은 아무리 자신이 확신하고 있는 생각이라고 할지라도 비판적 검토를 통하여 논리적 근거를 밝혀 보편적 타당성을 구축하는 작업이다. 여기에서 비로소 자신의 고유한 생각을 공인받고 제삼자에 대한 설득력을 강화할 수 있는 바탕이 마련된다.

이러한 의미에서 논술은 논리와 실제 간의 필연적 일체감을 지닌 생명력을 살려 내기 위하여 논리적 사태와 사실적 사태의 준거인 원인과 이유를 밝히고 그에 따른 논리적 관계를 자신만의 특유한 개성이 묻어나는 창의력으로 일정한 절차에 따라 기술하여 나가는 것을 말한다.

결국 논술의 핵심은 이(理)와 현상의 괴리를 좁혀 나가기 위하여 다양한 응용 논리적 방식을 논리의 적용 절차에 따라 진술하는 것에 있다고 할 수 있다.

④ 논술의 출발 배경

논술은 기본적으로 자신의 견해를 논리적으로 개진하는 것이지만 대부분 다양한 견해의 갈등과 대립을 전제로 한다. 이러한 대립의 근원은 그것이 인식의 결과를 토대로 하기 때문이다. 또한 이것은 기본적으로 각자의 감각 능력에 따라 차이를 나타낸다. 따라서 논술은 제반 사물에 대한 인간의 감각적 한계와 인식 한계에 따른 문제가 있다는 점을 이미 전제로 하고 있다.

그것은 크게 구분하여 주관적 요인과 객관적 요인 그리고 관계적 요인의 세 가지 요인이 있다. 주관적 요인은 인식 주관의 신체적 한계와 감각 환경의 제약이 있으며, 객관적 요인으로는 인식 대상의 관계성과 변화 가능성 그리고 관계적 요인으로는 인식의 이질적 요인과 수단적 요인으로 구분하여 생각해 볼 수 있다. 이제 그러한 인식의 문제들을 보다 구체적으로 살펴보고자 한다.

■ 주관적 요인

주관적 요인은 인식 주체의 한계로 나타나는 요인을 말한다. 인간의 인식은 감각 자체의 한계와 감각 환경의 제약으로 구분된다. 먼저, 감각 자체의 한계는 인간의 감각이 주로 다섯 가지 감각기관을 통하여 이루어지는 것이나 그것이 이미 나름대로의 한계를 갖고 있다는 사실이다.

예컨대, 시각은 전자기파의 파장이 약 400~720nm 정도이어야 인식하며, 청각은 소리 진동수가 20~20,000Hz 정도의 진동이어야 인식하는 등의 한계를 지니고 있음을 알 수 있다. 그 밖에도 생명체에서 생명체로 전달되는 인상이나 관념과 같은 오감 이외의 영적 사태의 감각에는 심각한 한계를 지닌다.

또한 환경의 제약은 사회의 문화적 전통, 시대적 상황 등에 따른 신체적 욕구, 인식의 수준에 따라 인식의 범위가 제한될 수밖에 없다는 점이다. 아무리 각 개인이 저마다 타고난 성품과 기질이 다르더라도 그가 성장하고 살아온 환경에 따른 인식의 차이를 극복하기 어렵다는 점을 부인할 수 없다.

예를 들면, 북극 지방 사람들의 추위에 대한 감각과 적도 부근 지역 사람들의 추위에 관한 감각은 극명한 차이를 지닐 수밖에 없다. 온도는 동일하지만 어떠한 환경에서 살아왔는가에 따라 감각적 차이를 나타낸다.

결국, 모든 감각에는 이처럼 감각 자체의 한계와 감각 환경의 제약이 있음을 부인할 수 없다.

■ 객관적 요인

객관적 요인은 인식 대상의 변화에 따른 인식의 한계로 나타나는 요인을 말한다. 이것은 관계적 특성과 변화 가능성의 문제로 구분된다. 관계적 특성이란 어떠한 인식 대상이든지 단독의 실체로 존재하는 것이 아니며, 매 순간 실체와 실체 간에 끊임없이 일정한 관계를 형성하면서 존재한다는 사실이다.

그러므로 우리가 감각하는 특정의 실체는 비록 순간적으로는 비교적 정확하게 알 수 있다고 해도 실제로는 환경에 따라 계속 변하고 있으므로 극히 일부분을 감각하고 있는 것에 지나지 않으며, 결코 감각적으로는 그 총체적 모습을 파악할 수 없을 뿐만 아니라 스스로 그 자신을 드러내지도 않는다는 사실을 감안해야 한다. 즉, 아무리 우리가 겉으로 드러나 있는 실체의 모습을 또렷하게 인식할 수 있다고 해도 그것은 환경과의 관계 속에서 그것이 그렇게 드러나는 현상일 뿐, 실제로 이면에 숨겨져 있는 수많은 내부 요인까지는 고려하지 못하고 있다는 사실을 부인할 수가 없다. 인간의 능력으로는 그러한 관계적 요인과 변화에 따른 실체의 진면목을 모두 뚜렷하게 밝힐 수 없다.

또한 변화 가능성이란 세상에는 그 어느 것도 고정불변의 실체가 없다는 엄연한 사실이다. 물론 모든 실체는 주변 환경에 의하여 변화하기도 하지만 시간의 흐름에 따라 스스로 내적인 변화를 거듭하면서 환경의 변화를 초래하기도 한다. 그러므로 모든 인간의 인식은 시간의 흐름에 따라 달리 할 수밖에 없다.

더욱이 자연의 실체에 인간의 공력이 가해져서 자연의 성질에 변화를 초래하면 그만큼 변화에 따른 실체를 인식하기 어렵게 된다. 따라서 실체의 미세한 변화를 우리의 감각이 포착하지 못하는 한 감각이 아무리 정확하다고 해도 실체를 인식하는 것에는 한계가 있을 수밖에 없다.

■ 관계적 요인

관계적 요인은 인식의 주체와 객체의 상호 관계에 따른 요인을 말한다. 이것은 이질적 요인과 수단적 요인으로 구분된다. 우선, 이질적 요인이란 인식의 자체 한계를 말한다. 인식의 주체와 객체의 관계가 동질성을 벗어날 수밖에 없다는 점이다. 인식의 주체와 객체는 모두가 자연의 일부라는 점에서 일정한 관계가 전혀 없는 것은 아니다. 그러나 결코 동일한 것은 아닌 바, 분리 상황에 따른 인식의 한계, 즉

거리감, 인식 시기, 인식 상황의 여건 등의 차이에서 자연히 인식의 한계를 내포하게 된다.

또한 수단적 요인을 보면 대부분의 인식이 지시적 언어의 틀을 벗어나기 어려울 뿐만 아니라 언어 역시 인간의 삶에 제약적일 수밖에 없는 것이어서 처음부터 정확한 인식에 이른다는 것은 상상하기 힘든 것이다. 설령 아무리 정확한 감각을 토대로 인식을 한다 하여도 결국 최종적 인식은 일단 언어로 변환되어 개념화되어야 가능하다.

이러한 점은 근대 인식론의 주류를 이루어 온 영국의 경험론과 독일의 합리론이 그 기나긴 오랜 세월 속에서도 아직도 그 나름의 주장을 고수하고 있음을 보아도 알 수 있다. 직접적 경험을 강조한 경험론도, 논리적 합리를 강조한 합리론도 모두 장단점을 갖고 있으며, 아직까지 근본적 인식의 한계를 넘어서지 못하고 있는 것이다.

이상의 의미에서 볼 때, 인간의 인식에서 정확성을 기하는 것은 처음부터 무리한 요구일 수밖에 없다. 이러한 상황에서 옳고 그름을 판단할 수 있는 방법은 가급적 자연의 흐름 속에 내재하여 있는 이치라고 하는 것에 의존하는 것뿐이다. 논술은 비록 근원적으로 바른 인식에 도달하기는 어렵다 해도 모든 사물에 내재하여 있는 이(理)를 궁구하여 비교적 바른 인식에 도달할 가능성을 열어 보인다.

⑤ 논술의 전개 기준

논술은 기본적으로 판단의 문제이다. 판단은 개념 간의 관계 그리고 그 관계의 추리가 중요한 요건이 된다. 따라서 기본적으로 개념이 명확해야 하며, 또한 추리가 타당해야 그 판단이 바르게 된다. 그렇다면 어떻게 추리의 타당성을 확보할 수 있는가. 그것은 합당한 이유를 제시하여 근거를 마련하는 것이 요체이다. 이유는 이치의 궁극적 전제가 되는 것이다. 이것은 크게 논리적 근거와 사실적 근거로 구분되고, 후자는 다시 관계의 원인 그리고 행위의 동기 등으로 구분된다. 원인은 사실의 근원적 시발 사태이며, 동기는 행위가 촉발되는 사유가 된다. 그러므로 사실적 근거는 원인과 동기 등 그 실제의 정황에 비추어 어느 정도의 확인이 가능하다.

하지만 논리적 근거는 오로지 논리 자체에 의존하여 확보해야만 하기 때문에 논술에서 특히 주의를 기울이지 않으면 안 되는 사항이다. 따라서 여기에서는 논리적 근거 확보를 위한 대전제, 근거, 관점의 의미를 살펴보고자 한다.

■ 대전제

대전제는 보통 결론을 도출하기 위한 삼단논법에서 첫 번째 제시하는 공인된 전제를 말한다. 이것은 모든 현상의 근거를 확보하기 위한 바탕인 것이며, 모든 논술은 반드시 이로부터 출발해야 한다. 만일 이것에 분명한 생각을 견지하지 못하면 아무리 훌륭한 논술이라고 해도 사상누각(沙上樓閣)과 같은 의미를 지닐 수밖에 없다. 그러므로 모든 논술은 대전제의 다음과 같은 공인 원칙을 먼저 확인하는 일이 가장 긴요한 과제이다.

논술의 대전제는 일차적으로 우주의 자연법칙에서 출발해야 한다는 것이다. 그 어떠한 논술도 이러한 원칙을 벗어나 성립될 수 없다. 이것은 하늘의 절대 명령이자 하나의 준칙이다.

다음으로 중요한 것은 모든 생명의 가치를 존중하여야 한다는 원칙이다. 인간을 중심으로 하여 이 세상 모든 생명은 존중받을 가치를 지닌다는 점이다. 논술에 따른 그 어떠한 주장도 근본적으로 이러한 생명의 가치를 존중하는 것을 벗어난다고 하면 그것은 아무런 의미를 갖지 못한다.

이것이 비록 일반적 가치체계의 정립에 따른 경중의 판단에서 논란의 여지가 있는 것은 사실이지만 그렇다고 해서 그 본질적 의미가 퇴색되는 것은 아니다. 다시 말해, 그 어떠한 경우에도 생명의 숭고함을 떠나 무엇인가를 논하는 것은 무의미한 일이 아닐 수 없다.

이러한 의미를 조금 더 확연히 살펴보기 위해 인간의 죽음을 고려해 볼 필요가 있다. 세상의 어떠한 가치도 죽음을 넘어서지 못한다. 삶이 죽음으로 전환되는 과정에서 죽음보다 더 숭고한 희생과 같은 가치를 상정하는 일이 가능한 것은 사실이나 그것도 다른 생명을 전제로 하는 경우에 한하며, 그렇다고 하여도 그것이 논술의 준거가 되지는 못한다.

논술의 또 다른 대전제는 모든 인간의 활동은 생산적이어야 한다는 원칙이다. 즉, 인간의 활동에는 반드시 생산적 가치가 내재되어 있어야 한다는 점이다. 역으로 말해서 어떠한 경우에도 파괴적 활동이 있어서는 안 된다. 비록 부분적으로 파괴적 활동이 용인될 수는 있어도 결코 그것이 정당화되지는 못한다. 인간을 포함한 그 어떠한 생명체도 이러한 생산적 활동에의 참여를 거부할 수 없으며 거부해서도 안 된다.

생명체라는 것은 본래 자신의 생명을 유지하고 발전을 도모하는 한편 다른 생명체의 생명을 보호하고 도와주는 역할을 위주로 하는 것이어야만 한다. 따라서 만일 이것에의 참여를 거부하거나 심지어 파괴적 활동에 가담하는 의미를 담는 논술은 아무런 의미를 지니지 못한다.

따라서 모든 논술은 일단 대자연의 법칙과 생명의 가치 그리고 생산적 활동 등을 가장 우선시한 이후에 전개되는 것이 아니면 안 된다.

■근거

논술에서 무엇보다 중요한 것이 근거이다. 근거는 특히 연역 논리 전개의 바탕이 되기 때문이다. 대전제는 기지의 판단을 그대로 활용하는 것임에 비해, 근거는 기지의 판단이 출발이 될 뿐 일정한 판단에 이르기까지의 관계를 추리 과정에서 논리적으로 면밀히 살펴 필연의 관계를 밝혀내야 하는 것이다. 그러므로 연역 논리에서 개념, 판단, 추리 등 어느 것 하나 빼놓을 수 없는 주요 논리 전개 활동이기는 하지만, 특히 추리는 간과할 수 없는 논리 전개 방식 중 하나이다. 왜냐하면 여기에서 판단의 근거가 확보되기 때문이다.

추리란 한마디로 기지의 판단을 전제로 하여 새로운 판단을 도출해 내는 활동이다. 이러한 추리에는 직접 추리와 간접 추리가 있다. 전자는 한 가지의 전제에 대한 반대, 모순, 대소 등의 관계에 따른 진위 판별이 있으며, 후자에는 이미 널리 알려진 두 가지 이상의 전제를 바탕으로 결론을 도출해 내는 삼단논법에 따른 추론이 있다.

이러한 연역은 적어도 논리적으로 볼 때, 기지의 판단이 선행되고 이후 추론에 따른 새로운 판단을 도출하는 과정을 말한다. 그러나 논술은 그 반대의 경우가 대부분을 차지한다고 해도 과언이 아니다. 먼저, 가설을 설정하고 후에 논증하는 형식을 취하기 때문이다. 이러한 논술의 특성상 그 주장의 근거를 얼마나 명확하게 확보하는가 하는 점이 무엇보다 요긴한 사안이 된다. 그러므로 논술에서는 자신의 주장을 다른 사람들에게 공인받기 위한 근거로 합리적 타당성을 확보해야 하는 것이다. 타당성은 모든 사람이 진리나 가치 등에 대한 인식의 동질성을 승인하는 증거가 되기 때문이다. 그런데 타당성의 근거는 대부분 이미 주장에 내포되어 있는 핵심적 요소라고 할 수 있다. 각자 상황에 따라 예리한 분석을 통해 주장 속에서 그러한 요소를 추출해 내야 근거가 확보되는 것이다.

또한 때로는 근거의 확실성을 뒷받침하기 위하여 논거가 요구되기도 한다. 논거에는 사실과 소견이 있으며, 사실은 증명 또는 검증이 되어야 하며, 소견은 전문가의 권위로 신뢰도를 확보한다.

예컨대, '교수는 그들의 삼대 역할인 연구, 교수, 사회봉사 중 연구를 가장 우선시하여야 한다.'라는 주장을 하고자 할 때, 교수의 본래 기능인 교수를 위해서 연구가 다른 무엇보다도 선행되지 않으면 안 된다는 것을 밝히는 것이 근거가 된다. 즉, 학생 지도에 따른 교수의 선행 과제는 가급적 지도 과제에 대한 깊은 통섭을 이루는 것이며, 이것은 오로지 연구를 통하여 이루진다는 점을 밝히면 근거가 확보되어 상기의 주장이 설득력을 지니게 된다.

이러한 근거를 뒷받침하는 논거는 교수의 법적 규정사항, 교수의 본질적 기능 등과 연구의 개념, 학자들의 연구활동 상황 등을 제시하는 것이 된다.

■ 관점

논리 전개에서 절대로 빼놓을 수 없는 것이 관점이다. 논술을 전개하고자 하는 사람은 우선 자신이 어느 관점을 취할 것인가를 명확하게 설정해야 한다. 동일한 주제를 경제적, 정치적, 사회적, 과학적, 역사적, 철학적, 심리적, 예술적 관점 등 어떠한 관점에서 바라볼 것인가에 따라 논술의 방향이 전혀 다르게 결정되기 때문이다.

예를 들어, 대북지원 문제나 해외 파병 문제를 논하는 경우 그 옳고 그름을 떠나 어떠한 관점에서 논하는가에 따라 전혀 다른 결론을 도출해 내게 된다. 여기에서 예상되는 관점으로는 단순한 인도적 차원, 국가 간 신뢰 협약, 경제적 이득, 민족 통일, 전쟁 방지, 해외 지원 등 다양한 시각에서 논의가 가능하다. 이러한 경우 어떠한 시각 또는 관점에서 논의하는 것이 더 바람직한 것인가에 대한 논의의 여지는 항상 남아 있을 수 있다.

이처럼 논술은 그 관점에 따라 논의의 전개가 전혀 다른 모습을 나타낸다. 즉, 논술의 관점은 논리 판단의 전제와 근거 확인의 명확한 자료가 되는 것이다

⑥ 논술의 절차

많은 사람이 논술하면 우선 대학입시와 연관을 짓는 것이 아닌가 하는 의구심을 떨쳐 버릴 수가 없다. 하지만 논술은 사실 대학입시에 한정하여 생각해서는 안 된다. 그것은 논술을 도구화할 가능성을 높게 지니기 때문이다. 일단 논술이 도구로 전락되면 논술 본연의 의미를 상실할 뿐만 아니라 더 이상 언어능력의 진전을 기대하기 어렵게 된다.

어떠한 경우에도 논술의 요체는 자신의 고유한 생각을 체계적으로 표현하고 싶은 강한 충동을 느낄 때, 그것을 단지 글로 정교화하여 나가는 과정이라는 점이다. 이러한 글에 의한 표현 충동은 논술을 익

혀 가는 매우 중요한 출발점이 되므로 반드시 익혀 두어야 하는 사항이다. 이들을 좀 더 구체적으로 설명하면 다음과 같다.

일반적으로 사람들이 논술하면 우선 떠올리는 생각이 글의 서술 형식이다. 서론, 본론, 결론의 형식 아니면 기승전결(起承轉結)의 형식 또는 문제 제기, 논리 전개, 요약 정리의 형식 등 다소 혼란스러운 제반 형식에 먼저 얽매이게 된다. 어떠한 의미에서 이러한 형식이 중요한 것은 사실이다. 그러나 이러한 형식에 따르는 부담감에서 벗어나지 못하는 한 그 사람은 영원히 논술의 진정한 의미를 발견하기 어렵다고 할 수 있다. 논술에서도 형식 이전에 뚜렷한 문제의식이 중요한 것이기 때문이다.

논술에서 요구하는 것은 오로지 문제의식과 언어능력뿐이다. 우선, 문제의식은 앞서 밝힌 바와 같이 해결해야 할 과제와 방법을 동시에 지니는 것이 일반적이지만 여기 논술과 관련해서는 무엇보다 문제 자체가 무엇인가를 보다 면밀하게 정교화하여 나가는 과정을 어느 정도 수준에 이르기까지 반복하는 것이 중요하다. 다시 말해, 자신의 생각은 어느 것에 의미가 있으며, 생각이 적용되는 실제 사태와 관련하여 혹시라도 그 속에 어떠한 문제점이 있는 것은 아닌가 하는 점 등을 살펴야 한다.

또한 논술에 있어서는 특히 언어능력이 중요하다. 언어능력은 크게 표현력과 이해력으로 구분되는데, 이해력은 표현력의 기초가 된다. 아무리 잘 표현하려고 해도 이해력이 부족하면 표현력 역시 부족할 수밖에 없다. 많은 사람이 논술에 실패하는 이유가 논술형식을 익히지 못해서가 아니라 거의 이러한 이해력의 부족 때문이다. 이해력은 기본적으로 적용, 분석, 종합, 판단, 평가 등의 제반 능력이 요구되는 것이지만 무엇보다도 우선 독서량과 밀접한 관련이 있다고 보면 거의 틀림이 없다.

이러한 의미에서 명료한 문제의식과 독서를 통한 일정한 이해력의 구비는 이미 논술의 역량을 대부분 습득한 것이라 해도 과언이 아니다. 이제 남은 부분은 글자로 표현하는 능력인 바, 이것은 주장과 설득이 요체가 된다. 물론 중요한 것은 주장이지만 양자가 동전의 앞뒤와 같은 것이기에 반드시 그렇다고만은 할 수 없다. 설득을 잘한다는 것은 주장을 잘한다는 것이며, 그 반대도 마찬가지이다.

올바른 주장과 설득을 위해서는 논리, 근거, 예증의 세 가지 요소가 중요하다. 쉽게 말하여 논리는 일관성이 핵심이며, 근거는 타당성의 바탕이며, 예증은 논리와 실제를 일치시키는 사례이다. 따라서 자신이 주장하고 싶은 내용을 글로 써내려 갈 때 자신의 주장이 일관성을 유지하고 있는가, 누구나 인정할 수 있는 근거를 제시하고 있는가, 실제로 그러한 주장이 현실에서 가능한 것인가 등의 세 가지 측면을 주로 살펴야 한다.

예컨대, 공기 오염을 방지하기 위해서 경유를 사용하는 자동차를 줄이자는 주장을 하면서 한편으로는 자동차 도로를 더 많이 확충해야 한다고 주장해서는 안 된다. 세상의 그 어떠한 자동차도 공기 오염에서 자유롭지 못한 이상, 그것은 논리가 서지 않기 때문이다.

주장의 근거를 분명하게 확보하기 위해서는 경유 자동차와 휘발유 자동차 매연 양의 차이와 각 차량의 상대적 등록 대수 비율 등을 제시하여야 한다. 또한 경유 자동차의 매연에 의한 공기 오염이 총체적 공기 오염에 상대적으로 얼마나 높은 비중을 차지하고 있는가를 제시하고, 공기 오염이 심한 지역에서 각종 동식물은 물론 인간이 겪는 고통의 실제 사례를 제시하여 그 폐해가 동식물과 인간의 삶에 얼마나 위협적인 것인가를 밝혀야 한다.

이상의 제반 능력을 골고루 갖춘다는 것은 그리 쉬운 일은 아니다. 하지만 공부를 하는 것 자체가 이미 이러한 어려움을 극복하는 것에 의의를 두고 있는 것인 만큼 모두가 노력하여 누구나 어느 정도의 논술 실력을 갖추도록 해야 한다.

논술능력이 부족한 만큼 언어능력에 한계가 있다는 점은 어찌할 수가 없다.

2. 역행

1) 역행과 공부

역행(力行)은 궁리(窮理)와 상호 밀접하게 관련되어 있다. 궁리가 사고를 통하여 원리를 익히는 과정이라면, 역행은 그것을 실천하며 몸에 익히는 과정이다. 다시 말해, 역행은 궁리한 바를 생활 속에서 이치에 맞게 행하여 드러내는 것으로 자신의 생각을 몸소 실천에 옮기는 것이다.

그러므로 사리에 비추어 만일 모자람이 있으면 반성하고, 넘치면 덜어 내어 올바르게 실행에 옮겨 나가는 것이다. 여기에서는 과도하게 신중하거나 경솔한 행동이 허용되지 않는다. 설령 다소의 시행착오가 있을지라도 처한 상황에 따라 적절한 대처 방안을 강구하게 된다.

중요한 것은 잠시도 역행의 의지를 놓아서는 안 된다는 점이다. 생활 속에서 궁리한 바를 꾸준히 실천에 옮겨 나가야 한다. 행동은 곧 인식의 반영일 수밖에 없으며, 인간의 존재 가치는 결국 그의 행동에 의하여 좌우되기 때문이다.

이러한 의미에서 기본적으로 궁리는 그 자체가 바로 인간 가치의 원천이 된다. 이것은 이성이 인간 가치의 중심이 되는 중요한 까닭 중의 하나가 되는 것임을 나타내고 있다.

이성의 가장 중요한 특성 중의 하나는 자신을 인식의 대상으로 삼아 자아개념을 형성하기도 한다는 점이다. 이것은 매사를 바르게 생각하고 회의(懷疑)를 통하여 인식의 확실성을 확보하려는 성향으로 결국 궁리의 특성을 반영하는 것으로 생각해 볼 수 있다.

이러한 의미에서 한 인간에 대한 평가는 그가 생각하고 있는 이해의 바탕을 살펴보면 가능해진다고 할 수 있다. 이해는 기본적으로 특정 대상에 대한 정신의 요해 작용이지만 그 속에 필연적으로 내재할 수밖에 없는 분석과 판단 등의 정신 작용에는 실천적 요소의 개입이 불가피한 것이기 때문이다.

이것은 과학에도 순수과학과 같은 논리적 지식이 있는 반면, 응용과학과 같은 실천적 지식이 있다. 철학에도 존재나 인식에 관한 논리적 지식이 있는 반면, 가치나 규범과 같은 선의 추구를 목적으로 하는 실천적 지식이 있는 것과 관련되어 있다. 즉, 각기 개념적 의미와 인간 행위의 밀접한 관련성을 나타낸다. 다시 말해, 궁리와 역행의 필연적 관계를 각기 다른 방식으로 나타내고 있는 것이다.

이러한 의미는 곧 역행은 논리적 근거를 확보하여 행하는 것이며, 역으로 말하면 일정한 논리는 역행으로 뒷받침되지 않으면 안 된다.

여기에서 한 가지 중요한 점은 인간의 의미 있는 행동은 본래 비교적 오랜 기간의 반복적 실행의 결과로 나타나는 것임을 감안할 때, 인간의 의미 있는 사고 역시 한 순간에 쉽게 바꿀 수 있는 것이 아니라는 점이다.

여하튼 이러한 궁리와 역행의 두 가지 과정이 상호 관계적으로 원만하게 진행되어 나아갈 때, 비로소 그 논리의 타당성과 적용의 한계를 실제로 확인해 볼 수 있게 된다.

예컨대, 언어나 수학 또는 실과 등의 이론은 실생활에서 활용으로, 과학 이론은 실험으로, 도덕이나 사회윤리이론 등은 실천으로, 예술적 지식이나 감각은 표현과 감상 등으로 꾸준히 실행에 옮겨 보는 노력을 기울여야만 한다.

이러한 과정을 통하여 이론과 그 적용의 장점과 단점을 추출해 낼 수 있고, 나아가 이론과 실제의 관계를 파악하게 됨은 물론 양자 간의 균형감각도 지닐 수 있게 된다. 또한 이론의 뿌리가 되는 실제가 지니고 있는 문제 사태를 보다 명확하게 인식할 수 있으며, 그것을 토대로 더 나은 이론을 추구할 수 있는 계기를 마련하게 된다.

따라서 역행은 무엇보다 올바른 몸가짐으로 바른 행동에 힘써야 하는 것이다. 물론 역행은 궁리를 바탕으로 한 것임은 다시 말할 나위가 없다. 이것은 행동의 기본자세로 성실과 근면을 뜻한다. 아무리 행동이 바르다고 해도 그 속에 항상 성실함과 근면함이 있어야 한다. 성실은 온 마음을 다함이며, 근면은 오래 꾸준하게 지속함을 이름이다. 전자가 행동의 질을 나타낸다면, 후자는 양을 나타낸다. 즉, 행동의 양과 질에 진솔함이 묻어나야 비로소 바른 행동에 이를 수 있다.

그러한 진솔함은 자연의 이치를 궁구하여 천지 만물에 따라 공정한 마음으로 만물을 사랑하는 바른 몸가짐을 바탕으로 다양한 상황에 알맞게 응대하는 것에서 찾을 수 있다. 우리가 공부를 하는 것은 이러한 바른 행동을 하기 위함이다. 그러나 이러한 바른 행동은 현실에서 자기희생과 불이익을 감수해야 가능한 경우가 적지 않다.

만일 그렇지 못한 경우에는 그 알고 있는 바가 사사로운 물욕에 훼손되어 스스로 알고 있는 바를 합리화하고 자신을 기만함으로써 바른 행동에서 멀어진다. 즉, 비록 알기는 하되 행함이 이에 따르지 못하는 배움의 병폐를 면하기 어렵게 된다. 이는 전형적인 지행(知行) 불일치의 사태이다.

그러므로 무릇 공부하는 사람들은 자신이 배워 깨닫게 되는 것이 있을 시는 항상 실제의 사물에 비추어 그 시비를 살펴보고, 실제로 그에 따른 상황에 접하면 자신이 아는 바를 행동으로 과감하게 나타내 보임으로써 자신의 아는 바를 더욱 굳건히 하여야 한다.

사람이 만일 깨우처 아는 바가 아무리 많다고 해도 그것을 실제 행동으로 나타낼 수 없다면 그 깨우침은 아직 참다운 앎에 이르지 못하였음을 면치 못한다. 공부는 비록 지난한 연마 과정일지언정 이처럼 실제의 행동에서 그 빛을 발하므로 그 어느 것보다 사람이 항상 반드시 먼저 겪어 익혀 두어야 한다.

여기에서 무엇보다 중요한 것은 이론의 이해 정도를 완숙된 경지에 이르게 함으로써 생각과 몸이 하나가 되도록 해야 한다는 점이다. 대부분 이론과 행동이 하나가 되지 못하고 이원화되는 사태는 바로 이러한 역행의 과정을 소홀히 한 까닭이다. 다시 말해, 실행의 경험이 없는 이론은 실제 사태에 당면했을 경우에 그 적용의 가능성이 제한될 수밖에 없다. 이처럼 생각과 행동의 불일치는 자신이 지니고 있어야 하는 바른 생각의 의미를 잃게 되는 결과를 낳는다.

인간의 생각은 항상 그 관계되는 실제의 상황과 끊임없이 정보를 주고받음이 있을 때 시·공간을 초월하여 자신의 생각을 수정하고 보완할 수 있다. 이로 인하여 그 의미가 생명력을 얻게 되고 언제나 환경의 변화 상황에 긴밀하게 대처할 수 있는 능력을 지닐 수 있게 되는 것이다.

이러한 생각의 생동감은 한 인간의 자신감과 자율성을 확보해 주는 매우 요긴한 밑거름이 되며, 절대 놓칠 수 없는 그 무엇이다. 이것은 세상 그 무엇과도 바꿀 수 없는 자신만의 소중한 자산이다.

그러나 대부분의 사람은 이러한 생동감을 갖지 못하여 자연히 이론과 실제의 분리가 일어나게 된다. 그리고 이것은 다시 이론의 부실을 낳게 되어 결국 역행에 이르지 못하는 악순환을 거듭하는 순환구조에서 벗어나기 힘들게 된다. 역행이 뒷받침되지 못하는 이론이나 생각은 단지 허구에 불과하다. 특히 유학(儒學)에서 그토록 거경(居敬)을 강조하고 있는 것도 이와 같은 까닭이다.

대개의 경우 학자들은 역행보다는 궁리를, 일반인들은 궁리보다는 역행을 선호하는 경향이 없는 것은 아니지만 그 어느 쪽도 결코 바람직한 것은 아니다.

여기에서 한 가지 유의해야 할 점은 먼저 궁리의 치밀성을 확보해야 한다는 점이다. 이것은 궁리가 역행의 토대가 되므로 반드시 스스로의 생각에 부족함이 있는가를 항시 살펴야 하는 것임을 의미한다. 아무리 많은 궁리를 한다고 해도 그 이치의 정연함을 제대로 확보하지 못하면 그 역행의 방향이 잘못되어 위태로울 수밖에 없다.

따라서 가급적 궁리에는 그에 합당한 배움이 요구된다. 배움이 없으면 자칫 자신의 궁리에 결함이 있음을 쉽게 깨닫지 못할 뿐만 아니라 그러한 결함이 있을수록 실천에 옮기려는 성향은 더욱 강하게 나타나기 때문이다.

예컨대, 여러 해 전에 어느 노인이 자신의 불만을 해소하기 위해 숭례문에 불을 놓아 훼손시켜 사람들의 공분을 산 것은 이를 잘 나타내 준다. 이 노인은 나름대로 자신이 당면한 문제를 해결하기 위하여 여러 가지 궁리를 한 끝에 그것이 가장 옳다고 생각한 것이기에 그러한 행동을 실천에 옮긴 것이다. 이것은 사욕이 앞서서 그릇된 궁리를 한 결과이다.

물론, 그 노인의 행위는 마땅히 지탄을 받아야 할 사항이지만, 인간의 행위는 단순하게 결과만을 놓고 평가할 일은 아니다. 그보다는 오히려 그 노인에게 그토록 심한 마음의 상처를 주어 그릇된 생각을 하도록 한 우리 사회의 책임도 결코 간과해서는 안 된다. 행정부서 담당자가 조금 더 그 노인을 인격적으로 대하고 그의 입장에서 공감하여 주려고 하기보다는 권세 없고 힘없는 한갓 노인으로 취급하여 무례를 범한 것은 아닌지 살펴보아야 한다.

현시점에서 숭례문이라는 국보가 갖는 국가의 상징성 때문에 오로지 방화 용의자와 관리 책임자들에 대한 문책 정도로 사건을 마무리하였지만, 실제로 보다 중요한 것은 인간 행위의 역동적 기제를 올바로 인식하고 그에 따른 대책을 수립하지 않는 한 언제나 동일한 사건의 재발은 예정되어 있는 것과 마찬가지라고 할 수 있다.

따라서 역행에서는 행위 이전에 먼저 행위의 바른 방향을 찾아나가는 궁리가 중요한 것이며, 이것은 결코 소홀히 할 수 없는 순서이다. 그럼에도 불구하고 공부한다는 사람들이 부나 명예 같은 사욕을 채우는 일에 자신의 온갖 정력을 쏟아부으면서도 책은 멀리하고 자신을 조금이라도 되돌아보려는 노력을 게을리하려 하니 이것이 바로 생을 낭비하는 것이 아니고 무엇인지를 반문하지 않을 수 없다.

2) 역행의 단계

역행은 궁리한 바를 실천에 옮기는 것이기에 실천이 원만하게 이루어질 수 있도록 사전에 준비하고 실천하고 검토하고 숙련시키는 등 일련의 과정이 요구된다. 이러한 과정에는 관찰 및 조사, 실험 및 시행, 수정 및 보완, 실행 및 추진, 반복 및 연습, 일체화 등 다음과 같은 여러 단계의 과정이 있다.

(1) 관찰 및 조사

이것은 이론을 실제와 견주어 그 적용의 가능성을 진단하는 것이다. 실행에 앞서 그에 따른 시행 방법, 기대 효과, 문제의 소지 여부 등을 확인하고 예측하여 보는 것이다. 이 단계는 궁리한 바를 역행에 옮기려 하는 순간 그 실행 여부를 결정하는 중요한 의미를 지닌다. 만일 끝내 역행으로 이행되지 못한다면 궁리가 아무리 반듯한 논리와 근거를 지니고 있다 하여도 그것은 한갓 공상의 수준에 머물수밖에 없다. 궁리는 역행에서만 진정한 의미를 지닌다고 볼 수 있기 때문이다. 여기에서는 평소 독서나 사고를 통하여 쌓아 놓은 궁리의 수준이 중요한 변수로 작용하게 된다.

(2) 실험 및 시행

이것은 부분적으로 실행에 옮겨 당분간 그 사태의 추이를 지켜보는 것이다. 본격적 실행에 혹시 예상하지 못한 문제가 있을지도 모르기 때문에 실험적으로 시행하여 보는 것이다. 이 단계의 반응 정도는 실행의 최종적 성패 여부를 판가름해 볼 수 있는 매우 중요한 자료가 된다. 따라서 이것은 실행을 일단 표면화하였다는 점에서 커다란 의미를 지니며, 여기에는 치밀한 판단력과 용기 있는 결단력이 요구된다.

(3) 수정 및 보완

이것은 실험적 시행의 결과로 나타난 장단점을 분석하여 장점은 확대하고, 단점은 보완할 수 있는 방안을 마련하는 것이다. 실행을 본격적으로 단행하기에 앞서 최종적 실행방안을 마련하는 것이다. 여기에서는 과도한 비판이나 낙관보다는 실행을 성공적으로 이끌어 내기 위한 철저한 대비가 요구된다. 따라서 여기에서는 그에 따른 보다 분석적이고 비판적인 사고가 요망된다.

(4) 실행 및 추진

이것은 무리가 없이 추진되어 나가도록 결정한 최종 방안에 따라 각종 여건을 조성하고 직접 시행하는 것이다. 이 단계에서는 실행에 따른 장단점이 그대로 노출되며, 수정 및 보완의 여지도 지극히 제한된다. 남은 것은 운명에 맡기고 오직 온갖 정성을 다하여 최선을 추구하는 길만 남아 있다고 해도 과언이 아니다.

(5) 반복 및 연습

이것은 실행 및 추진을 통하여 일정한 실행의 범위가 결정된 이후 그것을 반복적으로 시행하여 실행의 숙련도를 높여 나가는 것이다. 이 단계는 그 사람의 성실과 끈기가 요구된다. 여기에서 특히 유의해야 할 점은 실행의 의미가 아닌 그 자체의 실행 완성도에 관심의 초점을 두어야 한다는 사실이다. 대부분 매사를 잘 처리하면서도 최종 결과는 부진하게 만드는 것이 바로 이러한 완성도의 부족 때문이다.

예컨대, 수학 문제를 풀이하는 경우 아무리 문제의 풀이 과정을 충분하게 이해하고 실제로 풀어낼 수 있어도 막상 시험 시간에 그 문제와 마주하면 손도 못 대는 일을 당하는 경우가 바로 그것이다. 이것은 그 문제의 의미를 알지 못해서가 아니라 반복 실행에 따른 문제의 실행 완성도를 놓친 때문이다. 이처럼 실행 완성도는 궁리와 별개의 또 다른 의미가 있는 것임을 알아야 한다.

(6) 일체화

이것은 실행이 능숙한 경지에 이른 것을 말한다. 실행에 따른 장단점의 한계 파악은 물론 새로운 차원의 실행방안의 모색도 가능해진다. 이것은 바로 궁리와 역행이 하나로 되어 그 구분의 경계가 허물어진 상태이다. 인간의 모든 궁리가 바로 이 단계에까지 이르러서야 비로소 진정한 앎의 단계에 있다고 할 수 있다. 따라서 실행의 완성도는 일체화의 가능성 여부와 관련되어 있다.

지금까지 살펴본 바와 같이 역행은 궁리와 연계되어 실생활 속에서 각 단계별 준비와 숙련이 요구되는 것임을 알 수 있다.

제3부

교육론

⑥ 교육의 개념

1. 삶과 교육

세상의 생명을 지닌 만물은 각기 저 나름의 타고난 본성에 따라 살아간다. 그러나 인간은 그 특유의 본성을 잘 따르지 못하고 심지어는 그 반대의 삶을 살기도 한다.

여기에 인간은 그 본성에 따른 삶을 추구하도록 하는 교육이 요구된다. 적어도 교육은 인의예지(仁義禮智) 사단(四端)의 성정을 따르려는 인간의 참다운 본성을 되살리는 일과 연관되어야 하는 것이다. 그러나 오늘날의 교육은 오로지 먹고 살기 위한 직업에 필요한 능력을 개발하거나 신장시키는 일에 초점을 맞추고 있는 바, 갖가지 부작용이 속출하고 있는 시점에 와 있다.

하지만 분명히 말하거니와 교육의 핵심은 어디까지나 인간의 내면에 있는 고유한 본성을 확립하는 일이다. 다시 말해, 교육은 인간이 대자연과 하나가 되는 핵심과제의 중심에 있어야 한다. 이러한 의미를 핵심과제와 관련하여 더 구체적으로 살펴보면 다음과 같다.

인간은 여타 동물과 달리 자신의 핵심과제를 해결하기 위해서는 필연적으로 엄청난 어려움을 극복해야 한다. 인간의 본성이 아무리

고결한 것일지라도 일상의 삶 속에서는 언제나 제반 욕구의 유혹에 쉽게 무너지기 때문이다.

인간 본성의 이러한 유약함은 일차적으로 욕구의 강렬함 때문이기도 하지만 보다 근원적으로는 자연과 사회 등에 대한 올바른 관점을 결여하고 있다는 점에서 찾을 수 있다. 왜냐하면 모든 인간 행동의 오류는 기본적으로 잘못된 사고에서 비롯되기 때문이다. 즉, 자신과 인생 그리고 자연과 사회 등에 대한 그릇된 관점은 스스로 당면하게 되는 문제인 '자신의 개성을 세상에서 과연 어떻게 발현시켜 나갈 것인가' '삶의 바른 길은 무엇인가' 등의 기본적 문제에 대하여 그릇된 해결방안을 모색하도록 한다는 점에 심각한 문제가 있다.

물론 우리가 이미 주지하고 있는 바와 같이 인간의 인지, 정서, 신체 등의 발달과 도덕성, 사회성 등의 성숙은 대부분 원래 발달 단계별 특정 과업의 이행에 의하여 자연스럽게 이루어진다는 엄연한 사실을 부정할 수는 없다. 하지만 다른 한편으로는 주변 환경의 여건에 따라서도 많은 영향을 받게 되는 것이므로 잘못된 변화는 반드시 바로잡아야 한다.

따라서 교육은 항상 사람들로 하여금 자연과 사회 등에 대한 올바른 관점을 지닐 수 있도록 하는 일과 연계되지 않으면 안 된다.

이러한 의미에서 교육은 그 무엇보다 개개인의 실체, 즉 본성에 따른 정체성을 파악하도록 하는 일이 중요하다. 이를 위해서 교육에서 다루어야 하는 것은 한마디로 말하여 자신 내면의 소리를 귀담아 듣고 그에 따라 살아갈 수 있도록 하는 내용이어야 한다. 결국 자신을 깊이 이해할 수 있도록 하는 내용이지 않으면 안 된다.

여기에는 근본적 문제가 있다. 그것은 인식의 주체와 객체가 동일하기 때문에 자기 인식에 한계가 있다는 점이다. 따라서 주변 환경의 이해를 통한 간접적 인식의 방법이 주로 활용된다. 그리고 주변 환경의 이해를 돕는 것에 학문이 자리한다.

이를 통하여 인간으로서의 본성에 대한 이해는 물론 자신의 개성에 대한 이해가 가능해진다. 이러한 자기 이해가 어느 정도 가능해질 때 비로소 자신의 적성을 확인하게 되며, 인간으로서 본성에 따른 삶을 영위하게 되는 것도 가능하게 된다. 이것이 인간다운 삶이며, 곧 잘 사는 길이다.

인간은 단순히 물질적 풍요를 누릴 수 있다고 해서 행복을 느끼고 잘사는 것으로 생각하지는 않는다. 그것보다는 오히려 자신의 내면에서 우러나오는 본성의 요구에 충실할 수 있을 때 더 진정한 행복을 느끼는 존재이다. 재산과 명예보다는 강한 자긍심과 내적 충족감에 더 높은 의미를 부여하는 것이다. 왜냐하면 세상의 어느 누구도 결코 자신을 속일 수는 없기 때문이다(No man can betray himself).

흔히 교육을 이야기하는 경우, 너무 쉽게 생각하는 경향을 보게 된다. 무엇이든지 혹은 어디에서든지 간에 이유를 불문하고 좋은 성적을 얻어서 일등을 하는 것 이외에 더 좋은 것은 세상에 없다는 생각에서 벗어나기가 힘든 것 같이 보인다. 그 어떠한 경우라고 할지라도 무조건 다른 사람들을 제치고 일등을 해야 한다는 생각에서 한 치도 벗어나지 못하고 있다. 아니, 그보다 여기에서 밀리는 경우에는 인생의 낙오자로 전락한다는 강박관념 속에 항상 사로잡혀 있다. 이것은 각주구검(刻舟求劍)의 우를 범하는 것에 다름 아니다. 이것보다는 차라리 우공이산(愚公移山)의 미련함을 택하는 것이 더 현명한 선택이 된다는 점을 미처 인식하지 못하고 있다.

이러한 의미에서 특히 교육만큼은 배우는 학생이나 가르치는 선생이나 모두 정확한 생각을 바탕으로 해야만 한다. 만일 이것이 잘못되면 만사가 허사가 되기 때문이다. 우리가 교육이라는 제도하에 후학들에게 무엇인가를 가르치는 확실한 이유 중의 하나는 그들이 잘 살아나갈 수 있도록 하기 위함이다.

그런데 잘 산다는 것은 흔히 말하는 부자가 되고 출세한다는 것과는 다른 것으로 좀처럼 쉽게 말할 수 있는 것은 아니다. 누구나 세상의 바른 이치와 자신의 본성을 깨달아 천지 만물과 함께 조화를 이루어 가며 살아가는 것이다. 좀 더 정확하게 말하여 나의 삶의 질을 높여 가는 동시에 천지 만물의 삶에 보탬이 되도록 하는 삶, 곧 화육(化育)을 위한 삶이 되어야 한다.

여기에서 왜, 무슨 이유로 나의 삶이 타(他)의 삶에 보탬이 되어야하는가를 일일이 다 밝힐 수는 없다. 그것은 오로지 공부를 통한 개인의 학업 성취 여하에 달려 있기 때문이다. 단지 중요한 한 가지 이유만 밝혀 두자면 우주 만물은 그 근원이 하나인 것이지만 기(氣)에따라 순간적으로 그 모습을 달리하고 있으므로 그 어느 것이나 서로하나가 되려는 경향성을 지닌다. 그 경향성의 본질은 사랑이고 그 사랑은 자신과 타자를 동시에 살리는 힘이 된다는 점이다.

따라서 적어도 이처럼 분명한 이유를 알려 주는 일에 성공하지 못한 교육은 실패한 교육이다. 여기에서 무엇보다 중요한 선결 요건이자신의 본성에 따른 정체성을 확립하는 일이다. 이러한 의미에서 교사는 국어, 영어, 수학, 과학, 예체능 등 어느 교과를 가르치든 그것이학생들의 잘 사는 삶, 즉 자신의 삶을 살찌우고 동시에 그것이 타의삶에 보탬이 되는 삶으로 연결되지 않는다면 그 가르침은 한갓 헛된 일에 지나지 않을 뿐이다.

　교육은 단순한 소망에 의해 이루어지는 것이 아니며, 또한 교육에 대한 일반적 상식처럼 쉽게 생각해서도 안 된다. 소망 이전에 치밀한 준비와 노력이, 상식에 의해 판단하기 이전에 바른 이해와 안목이 요구된다. 교육은 먼저 배우기 싫어도 배우지 않으면 안 될 것이 있음을 확인시켜 주고, 그다음 자신의 나아갈 바를 스스로 찾아 나가게 하는 것이다.

　사정이 이러함에도 불구하고 아직도 많은 사람이 잘못 인식하고 있는 교육에 대한 여러 가지 편견 중에서 중요한 몇 가지만 정리하여 보면 다음과 같다.

〈학교에 대한 편견〉

- 학교보다는 일류 학원이 잘 가르친다.
- 학원비가 비쌀수록 잘 가르친다.
- 교육의 중심은 학교나 학원이 되어야 한다.
- 가능한 한 학원 수강이나 과외 지도를 받는 것이 좋다.
- 자식을 일류 대학에 들여보내야 자녀교육에 성공한 것이다.
- 무조건 내 자식만큼은 반드시 세칭 일류 학교에 보내야 한다.
- 사립 초등학교, 특수 목적고, 외국의 명문대 등이 좋은 학교이다.

〈교사에 대한 편견〉

- 세간에 명성이 있는 교사가 좋은 교사이다.
- 학생들에게 인기 있는 교사가 실력 있는 교사이다.

- 교과나 전공 실력이 뛰어난 교사가 유능한 교사이다.
- 일류 대학으로 입학 실적이 높은 교사가 잘 가르치는 교사이다.
- 내 자식을 잘 가르치면 실력 있는 교사이고, 그렇지 않으면 그 반대이다.

〈자식에 대한 편견〉
- 내 자식만큼은 어쩐지 영재라는 생각이 든다.
- 자식의 할 일과 나의 할 일은 서로 완전히 별개이다.
- 내 자식의 진로만큼은 가급적 내가 결정해 주어야 한다.
- 자식이 공부를 못하는 이유는 단지 노력이 부족하기 때문이다.
- 자식은 나의 분신이기 때문에 그의 앞날은 곧 나의 미래이다.

〈학업에 대한 편견〉
- 지식 교육이 교육의 전부이다.
- 시험 결과가 곧 교육의 결과이다.
- 공부만 잘하면 만사가 해결된다.
- 현대사회에서는 무엇보다 영어를 잘해야 한다.
- 시험에서 높은 점수를 얻는 학생이 바로 공부를 잘하는 학생이다.

〈공부 방법에 대한 편견〉
- 모든 배움은 이를수록 좋다.
- 공부는 무조건 열심히만 하면 된다.
- 책상에 앉아 있는 시간과 성적은 정비례한다.

• 교육의 성패는 과외비의 규모 여하에 달려 있다.

　이상의 모든 잘못된 상식과 편견은 교육을 황폐하게 할 뿐이다. 이러한 편견에서 하루속히 벗어나는 길만이 올바른 교육을 펼쳐 나아갈 수 있다. 그러나 대부분의 사람이 그러하듯이 자신의 부족한 면을 올바르게 인식하는 것이 그렇게 쉬운 일은 아니다. 그것은 끊임없는 자기 경신의 의지가 있는 사람들에게만 주어지는 특권이다. 한반도에서 삶을 이어 가는 조선의 배달민족만큼은 그러한 특권을 누렸으면 하는 간절한 소망뿐이다.

2. 교육과 공부

　교육을 생각할 때, 가장 먼저 생각하게 되는 것이 학교라고 할 수 있다. 그러나 교육은 사실 학교 이전의 근본적 의미를 깨닫지 않고서는 이해하기 어려운 개념이다. 여기에서는 공부와 관련하여 이러한 이유를 살펴보고자 한다.

　인간에게 있어 삶은 숙명의 과제를 불러일으킨다. 우선적으로 먹고 입고 자는 문제가 가장 시급한 과제이다. 그런데 인간에게는 조금 더 나은 것에 대한 갈망과 그를 성취하게 하는 지성이 겸비되어 있기에 우리는 언제나 도전과 절제라고 하는 양대 극단의 사이를 오가며 생활하게 된다.

　예컨대, 때로는 무모한 도전을 감행하기도 하며, 절호의 기회를 맞이하고서도 절제하며 신중한 선택을 하기도 한다.

그러나 도전과 절제는 그 어느 것이나 지나치면 항상 자멸을 초래하는 것이 상례이다. 그리하여 자신의 바람직한 성취를 위해 항시 그 정도와 실행 여부를 가늠하게 된다. 우리는 이러한 자신의 행동 판단에 대한 생각의 형태를 반성적 사고라고 부른다.

물론 대부분의 경우, 현실은 험난한 도전이 끝없이 바쁘게 전개될 뿐 그에 대한 적절한 행동 판단마저 의식할 겨를조차 없는 것처럼 보인다. 하지만 우리가 한 발 물러서서 세상을 조금만 여유를 갖고 눈여겨보면 많은 사람이 어려운 현실 속에서도 자신의 삶을 매우 진지하게 여기며 살아가고 있고, 보다 나은 삶을 위해 나름대로 열심히 생각하고 노력하고 있다는 점을 알 수 있다.

그러나 실상은 그들 역시 좋은 대안을 찾아내기는 좀처럼 쉽지 않다. 아니, 이것은 아무나 할 수 있는 일이 아니다. 이를 위해서는 자신과 주변 환경에 대한 보다 객관적이고 명확한 인식이 선행되어야 하며, 이것은 오랜 기간 고된 연마의 과정이 요구되기 때문이다.

이러한 인식에 기초가 되는 것이 경험이다. 즉, 자신이 현실 속에서 겪은 실제의 체험은 적어도 동일한 여건에서 보다 효율적 행위의 실현 가능성을 거의 확보하고 있다는 점에서 판단의 중요한 근거를 제공할 뿐만 아니라, 자신과 환경과의 관계를 파악하는 기초 자료로 활용할 수 있기 때문이다.

그러나 그러한 경험은 보통 체험만을 기반으로 하므로 조직적 사고로 연결하기 어렵다고 하는 문제가 있으며, 또한 특성상 체험을 할 수가 없는 것이거나 미처 체험을 하지 못한 부분에 대하여는 나름의 한계를 지니는 결정적 단점이 있다. 그러한 단점을 보완하는 것이 바로 독서다. 이것은 비록 간접 체험이기는 하지만 직접 체험 이외에 더 이상의 방법은 없다고 생각된다.

한마디로 말해 독서는 다른 사람들이 한 체험의 의미를 글로 익히는 것이다. 글은 체험의 주요 골자를 문자로 체계화하여 조직해 놓은 것이다. 이러한 글을 매체로 하여 독서는 조직적 사고력을 기르는 장점이 있기는 하지만, 이것 역시 어디까지나 간접 방식이기에 체험과 같은 직접 방식에 부수되는 생동감 있는 의미를 깨닫는 데에는 역시 한계를 나타낸다.

그리하여 보다 직접 방식에 근접하기 위해 사용되는 방식이 있으니 그것이 바로 공부다. 한마디로 말하여 공부는 문자와 체험의 간극을 오가며, 이 양자를 일치시키는 과정이다. 다시 말해, 체험이 지니는 생명력과 문자가 지니는 의미의 정치(精緻)함을 통합하여 나와 환경이 하나가 됨을 이루어 가는 과정이 바로 공부다.

그런데 교육은 엄밀하게 말하여 체험의 생명력보다는 의미의 정치함에 더 중점을 두는 행위라고 볼 수 있다. 그 이유는 여러 가지 측면에서 살펴볼 수 있지만 경험 자체의 특성에 이미 붙박여 있는 의미로도 확연히 드러난다. 경험은 체험을 기반으로 하지만, 생생한 삶의 의미를 확인하는 데는 한계가 있는 것이다.

아무리 체험에 현실의 생생함이 있어도 그것을 의식하여 경험의 반성적 의미를 얻어 내는 것은 그렇게 쉬운 일이 아니다. 대개의 경우 일상의 현실 속에서는 이를 되돌아볼 수 있는 기회마저 놓쳐 버리고 단순히 무수한 체험이 반 강제적으로 이어지는 것이 바로 체험의 세계라고 볼 수 있다. 이러한 현상이 계속해서 이어지면 인간은 연일 무수한 시행착오를 반복하며 살아갈 수밖에 없다.

이를 극복할 수 있는 방안이 바로 문자의 체계적이고 상징적인 의미를 더듬어 보는 과정이다. 이것은 비록 체험의 생생함은 없다고 하지만 현실의 체험을 보다 논리적이고 객관적인 의미로 맛볼 수 있게 함으로써 무수한 시행착오를 줄임은 물론 미래를 예견하여 보다 요긴한 준비를 가능하도록 한다. 더 나아가 보다 발전적인 방향을 설정할 수 있는 토대를 마련한다는 점에서 결코 간과할 수 없는 부분이다.

그렇다면 어떻게 하여 객관적인 의미가 그러한 기능을 가능하도록 하는 것인가. 그것은 의미의 관련성에 기인한다. 의미란 체계적 관계망을 기초로 한다. 총체적이고 복잡한 관계 속에서 보다 정확한 의미가 드러난다.

요컨대 우리가 무엇을 이해한다는 것은 그 무엇이 관계하는 총체 속에서 그것이 어느 부분을 어떻게 차지하는 것인가를 바라볼 수 있을 때 비로소 그 진정한 의미가 전달되는 순간이 나타난다. 많은 사람이 자신을 명확하게 인식하지 못하는 이유 중의 하나가 바로 여기에 있다. 즉, 자신에 대한 인식은 지금의 자기 자신이 존재하게 되기까지 관계된 무수한 물적, 심적 관련 요소들에 대한 총체적 그물망에 대한 안목이 구비되어 있어야만 가능하다. 그러나 그러한 총체적 그물망을 구비하는 것은 어떠한 의미에서 인간의 한계를 벗어나는 일이다. 하지만 그럼에도 불구하고 그것을 끊임없이 추구하려는 본성을 지니고 있는 것 또한 인간이다. 여기에 인생의 역설이 내재한다.

여하튼 중요한 것은 보다 발전적인 자신의 삶을 위해 꾸준히 상징적 의미를 검토해 나가는 과정이 분명히 요구된다는 점이다. 그러나 현대사회는 바로 이 점에서 치명적 문제를 야기시킨다.

현대사회는 하루가 다르게 주로 인간의 체험 영역을 무수히 늘려가고 있다. 물론 이것은 과학기술을 바탕으로 다양한 문명의 이기를 통하여 보다 생활의 편리함을 제공하는 것도 사실이지만 그 이면에는 자신은 도저히 이해하기 어려운, 아니 이해할 가능성조차 없는 복잡한 기술과 능력이 동원되고 있다는 것 또한 분명한 사실이다.

얼핏 생각해 볼 때, 그러한 기술과 능력은 일반인들이 여러 가지 문명의 이기를 편리하게 사용하는 것과는 다른 것으로 별 상관이 없다. 하지만 그러한 생각에는 매우 위험한 요소가 잠재되어 있음을 알아야 한다.

그것은 우리가 생활 속에서 편리하게 사용하는 모든 기기가 적어도 사용하는 순간에는 자신의 일부가 되어야 한다는 사실이다. 이를 위해서는 기기의 세부 속성을 충분히 이해하는 것이 무엇보다 중요하다. 즉, 상대를 정확하게 이해할 수 있을 때 비로소 자신이 그 기기를 자유자재로 활용할 수 있는 길이 열리기 때문이다.

그러나 만일 이러한 이해가 어렵다면 아무리 내가 자주 사용하는 것일지라도 자신에게는 언제나 실체를 알 수 없는 이물에 지나지 않는다. 그러므로 그것을 이용하는 자신은 단지 그 기기가 작동하는 대로 따라서 움직일 수밖에 없는 노예가 된다. 결국 자신이 기기의 중심에 서지 못하고 한갓 이방인으로 전락한다.

예컨대, 이제 우리의 일상생활 속에 없어서는 안 될 컴퓨터의 경우만 해도 단순히 이용할 수만 있으면 되는 것이 아니다. 컴퓨터 작동에 대한 기본적 원리를 모르면 비록 그것을 직접 이용할 수는 있어도 자신과의 일정한 거리감은 지울 수가 없다. 이처럼 컴퓨터가 자신에게 이질감으로 남아 있으면 그만큼 기계로부터 소외되어 생생한 직접 체험의 의미를 깨닫는 것에는 한계가 있다는 엄연한 사실을 놓쳐서는 안 된다.

이러한 체험의 한계는 자신의 자율성을 제약하는 결정적 요인이 된다. 항상 이들의 작동에 따라 정해진 틀 속에서만 살아가야 한다. 자신이 의도하는 바에 따라 기기를 활용할 수 있는 것이 아니라 기기의 사용법에 의존하여 무조건 따라야 하며, 행여 고장이라도 나면 그것을 판매한 사람들의 지시에 순순히 응해야 한다. 이러한 이방인들의 생활에 활력이 위축되는 것은 피할 수 없게 된다.

이러한 현상은 한 동네에서 함께 살아가는 사람들의 경우에도 마찬가지이다. 어떤 곳에서든 이방인들은 그 주변 환경에 대한 충분한 이해를 바탕으로 살아가는 원주민들에 비하여 상대적으로 활력에 제한을 받게 되고 그들의 협력과 지원을 구할 수밖에 없는 처지가 될 수밖에 없다.

여기에서 한 가지 중요한 의미를 발견하게 된다. 그것은 다름 아닌 인간의 이해 정도와 체험이 일치할수록 개인의 자율성이 신장된다는 사실이다.

우리가 단순히 먹고 살 수 있다고 해서 사는 것은 아니다. 살되 자신의 고유한 생각을 실현해 내고자 하는 자율성이 넘쳐흘러야 한다. 인간은 단순히 허기진 배를 채움으로써 만족하는 존재가 아니다. 자신의 고유한 생각을 바탕으로 삶의 의미를 스스로 발견해 낼 수 있는 자율성이 확보되어 있어야 참다운 삶을 살아갈 수 있다.

자율성은 한마디로 자기통제 성향이다. 스스로 자신의 처지를 고려하여 행동규칙을 정하고 그에 맞게 행하는 것이다. 이러한 자율성을 위한 준비의 과정이 교육이요, 공부다. 일반 동물과 사람은 바로 이러한 점에서 분명한 차이를 드러낸다.

수많은 사람이 눈속임으로라도 학교에서 높은 점수를 얻어 출세하는 것이 좋은 것으로 착각하고 있는 듯 싶다. 그러나 분명히 말하여 삶은 자신의 삶에 대한 생생한 의미의 발견을 통한 자율성의 확보가 없이는 무의미한 것이며, 설령 있다고 해도 그것은 순간의 환상일 뿐이다. 이러한 환상의 삶을 우리는 삶의 자기소외라고 부른다.

자기소외의 삶은 바로 자신의 생각을 현실에 깊이 뿌리내리지 못하고 생명력 없이 살아가는 이방인과 같은 삶이다. 즉, 체험의 세계와 의미의 세계가 서로 달라서 체험은 체험대로, 의미는 의미대로 갈라져 자신의 주장을 고수하기에는 필연적 한계를 지니는 것이다. 그 어디에서도 진정한 자신의 모습을 발견하지 못하고 갈등과 혼란 속에서 방황을 거듭하다가 결국은 비참한 삶의 종말을 맞게 되는 것이 일반적 상례이다.

우리가 의미의 세계와 체험의 세계를 항상 조화롭게 발달시켜 나가지 않으면 안 되는 이유가 바로 여기에 있다. 최근 선진국일수록 기계와 물질문명으로부터 인간 소외 현상이 심각하게 나타나고 있음은 바로 이를 반증하는 것이 아닐 수 없다.

바로 이 순간에도 스스로 자문해 보면 뜻이 더욱 분명하게 드러난다. 내 자신의 삶 속에서 반복되고 있는 체험의 세계를 얼마나 상징적 의미로 파악할 수 있으며, 또한 나의 생각이 얼마나 현실에서 실제로 드러나고 있는가. 여기에 만족할 만한 대답을 얻지 못하면 못할수록 자신의 삶은 괴로울 수밖에 없으며, 결국 과연 자신이 왜 이 지구상에 존재해야 하는 것인가를 심각하게 고민하지 않을 수 없는 상황에까지 이르게 된다.

그러나 반대로 만족할 만한 대답을 얻는다면 그는 분명 자신의 존재를 가치 있게 여길 것이며, 자신이 하는 일 하나하나가 그 나름의 의미를 지니게 된다. 그에게 의미는 삶, 그 자체가 된다. 이러한 사람들에게는 서로 하는 일이 다를지언정 하나의 공통점이 내재한다.

그것은 모두가 자신과 주변 환경을 살려 나가는 것과 관련된 역할과 기능을 담당하려 한다는 점이다. 그들에게는 크든 작든 반듯한 그들만의 분명한 자율적 세계가 존재한다. 이러한 그들의 세계는 닫혀 있는 듯 열려 있으며, 열려 있는 듯 닫혀 있다. 적어도 이러한 사람들을 만들어 가는 과정이 바로 교육이다.

그런데 오늘날 교육은 출세하여 돈을 벌고 명예를 얻는 수단쯤으로 여겨지고 있으며, 모두가 이러한 생각을 하도록 부추기고 있는 실정에 있다. 모든 교육정책이 대부분 여기에 초점이 맞추어져 있는 것이 그것이며, 세칭 일류 대학이 아니면 안 된다는 집단적 강박의식이 그것이며, 전문대학은 기술자 양성기관이라고 단정하는 것 등이 이를 적나라하게 나타내고 있다.

말로는 누구나 먼저 인간이 된 후에 기술이 있다고 외치면서도 실제 상황은 죽기 아니면 살기로 직업 기술 전수에 여념이 없다. 교육 본래의 의미는 온데간데없이 사라지고 직업교육, 취업교육, 기술교육, 기능교육 등도 모자라서 교육 훈련이라는 얼토당토 않은 단어까지 등장하였다. 교육이 취업의 만능 해결사 역할에서 벗어나지 못하고 있는 것이다. 얼마나 학생들을 취업시키는 일이 다급하면 한때는 아예 정부가 교육부를 '교육인적자원부'로 개칭해 가며, 4년제든 2년제든 상관없이 인간을 하나의 취업 자원으로 보는 놀랄 만한 발상을 서슴없이 드러내기까지 하고 있겠는가. 이것은 모든 학생을 국가 경제 발전의 도구로 여기는 것으로써 국민의 인권을 철저하게 무시하는 처사가 아닐 수 없다. 이 나라 위정자는 다른 나라의 인권을 문제

삼기 전에 먼저 자국민의 인권부터 살펴야 한다.

분명히 말하거니와 인간이 자원을 활용할 수 있을지언정 절대로 인간은 자원화될 수 있는 존재가 아니다. 그러나 오늘날 우리 사회는 인간을 단지 경제 발전을 위한 수단으로 자원화하여 연도별 인간자원 활용 계획을 세우기에 여념이 없는 사회가 되었음을 부인하기 어렵다.

매일 무더기로 쏟아지는 이러저러한 비리 사건과 사고가 없는 나라, 비록 조금 가난하게 살아도 자신의 자율적 생각을 펼쳐 꿈을 이루어 가는 가슴 벅찬 감동 일화를 연일 접할 수 있는 나라, 그러한 나라를 바라는 것은 정령 헛된 꿈으로 끝나고 말게 될 것이라는 생각을 떨쳐 버릴 수가 없다.

3. 교육의 의미

인간은 인간으로서의 잠재 가능성 이외에는 거의 아무런 능력이 없는 연약한 존재로 처음 세상에 태어나는 부족한 존재이다. 교육은 한마디로 그 부족함을 채우려는 시도이다. 그런데 거기에 중요한 문제가 하나 있다. 그냥 채우는 것이 아니라는 점이다.

여기에 두 가지 점을 유의해 둘 필요가 있다.

첫째, 스스로 채워야 한다. 부족함을 느끼는 것도 자신이요, 그것을 채우는 것도 자신이어야 하기 때문이다.

둘째, 바른 것으로 채워야 한다. 부족하다고 해서 아무 것으로나 채워서는 절대 안 된다.

우선 '스스로 채움'의 의미를 좀 더 살펴보면 다음과 같다. 앞서 언급한 바와 같이 인간이 삶의 의미를 생각할 수 있는 여지가 있는 것은 스스로 명령하고 행동하려 하는 소위 '자율성'이 있다는 점을 전제로 한다. 만일 오로지 남이 시키는 대로만 한다면 자신의 존재 의미가 없게 된다. 이런 의미에서 인간에게 있어 자율성은 무엇보다 소중한 그 무엇이다. 이것이 인간의 정신 속에서 든든히 바탕을 이루고 있을 때 스스로 생각하는 능력이 개발될 뿐만 아니라 나아가 '전이력'을 키워서 하나를 통해 열을 알 수 있게 된다.

다만, 한 가지 조심스럽게 다루어야 할 점은 자율성은 기본적으로 교육의 전제가 되기는 하지만 동시에 교육의 도달점이 되기도 한다는 점이다. 전자는 자신의 단순 성향과 자유의지로서의 성격을 지니는 데 반해, 후자는 자기통제와 실천의지로서의 성격을 지닌다. 그러므로 전자와 달리 후자는 교육을 통한 엄격한 자기 연마 과정을 통과한 후에 비로소 그 획득이 가능하다.

여하튼 교육의 목적은 바로 이러한 자율성을 전제로 하여 이루어진다. 가끔 훈련과 교육이 어떻게 다른가 하는 문제가 제기될 때 그 관건이 되는 것이 바로 이 점이다. 교육은 분명히 가르치는 일과 밀접한 관련이 있는 것은 사실이나 그것이 전부는 아니다. 그러한 행위를 통하여 그를 넘어선 보이지 않는 자율성의 신장이 있다. 그러나 훈련은 특수 행동의 반복 과정일 뿐이다.

다음으로 '바른 것으로 채움'이란 무엇인가를 살펴보면 다음과 같다. 사람이 채워야 할 영역을 크게 몇 가지로 구분하면 기준에 따라 여러 분류가 가능하지만 대체로 신체, 정신(인지, 정서, 의지), 재능 등 크게 세 가지로 나눠 볼 수 있다. 사실 이 세 영역은 그 어느 것 하나 빼놓을 수 없는 중요한 부분들이다.

그런데 각각 모두가 중요하다 하여도 특히 정신 영역은 우선적으로 더욱 중요하다고 할 수 있다. 왜냐하면 그것이 우리의 자율성을 마련하는 본부가 되기 때문이다. 항간에서 자주 인성교육이라는 이상한 말이 통용되고 있는데, 그것은 바로 이 정신 영역의 채움과 밀접한 관련이 있다. 우리가 흔히 '학교와 학원이 어떻게 다른가'라고 하는 문제가 제기될 때 그 기준이 되는 것도 바로 이 점이다.

보통 인간에게 무엇을 가르친다고 할 때 요점이 되는 것이 두 가지 있다. 그것은 '왜 가르치는가' 와 '무엇을 가르치는가'이다. 전자는 교육목적이라 하고, 후자는 교육내용이라 한다. 이때, 우선 교육목적을 정하고 그에 따라 교육내용을 정하는 것이 일반적 순서이다.

여기에서 학교교육의 의미를 살펴보기 위해 잠시 학교와 학원의 설립 목적과 지도 내용의 특성을 비교하여 보면 다음과 같다.

우선 학교는 기본적으로 신체, 정신, 재능 등 인간의 총체적 발달을 목적으로 하지만 특히 정신의 발달을 중심으로 한다. 그러나 학원은 신체, 정신, 재능 등에서 어느 한 가지에 중점을 두어 지도하는 곳이며, 특히 재능 연마를 중심으로 한다. 따라서 학교의 교육내용은 대체로 종합적이지만 학원의 그것은 어느 특정 분야에 한정된다.

여기에서 좀 더 자세하게 학원의 특색을 생각해 볼 수 있다. 우선 교육목적의 측면에서 볼 때, 세상 그 어느 곳에도 인간의 정신발달을 도모하는 학원은 없다. 물론 시중의 다양한 요가학원, 단전학원, 서예학원, 음악학원, 태권도학원 등에서도 정신교육을 하는 것으로 선전하고 있는 것도 사실이다. 그러나 그것은 특정의 정신적 과제를 미리 설정하여 놓고 그곳까지 도달하게 하도록 하는 것이지 발달 수준에 따라 무한의 발달을 꾀하는 것은 아니다.

여기서 중요한 것은 학원은 폐쇄적 특정의 목적과 그것을 달성하기 위한 필수적 내용이 극히 한정되어 있다는 점이다. 따라서 특정의 목적을 달성하기 위해서는 그 기정(旣定)의 내용을 의무적으로 습득해야 한다. 그런데 이것은 주로 장·단기간의 반복적 몸체의 수련 과정을 필수적으로 요구한다. 이러한 신체의 단련은 곧 특정 분야 재능의 우수성을 발휘하는 것에 우선적으로 초점이 주어진다. 다시 말해, 재능의 연마이다.

그러나 학교교육은 이와는 사뭇 다른 양상을 지닌다. 학교가 추구하는 교육목적은 주로 정신적 발달이지만 이것은 신체적 발달에 따른 최저 수준 이상의 발달을 꾀하는 개방성을 지니고 있다. 다시 말해, 어느 특정의 정신적 능력이 아닌 총체적 정신 능력을 추구한다. 물론 이러한 정신 능력도 능력의 일종이기 때문에 그 재능의 연마라고 하는 수단적 의미를 완전하게 벗어날 수는 없으나 기본적으로 인지적 사고라고 하는 정신 작용에 그 뿌리를 두고 있다는 점에서 학원과는 접근 방법에서 분명한 차이를 지니는 것이다.

즉, 학원에서 단전 수련이나 요가는 몸의 행공(行功)에 있어 기본적 자세를 기점으로 하여 그것의 고난도 동작을 자유롭게 행할 수 있는 재능을 발휘할 수 있도록 하고 그에 따른 각 분야별 특정 목적에 도달하는 것이 무엇보다 선행되어야 한다. 이에 반해, 교육에서의 교과는 사람들로 하여금 정신의 바른 자세를 확립하고 한 인간으로서의 진정한 자율성을 확보하도록 하는 것에 우선적 관심이 있다.

이러한 의미에서 각종 입시 학원을 비롯한 어떠한 형태의 학원도 재능의 연마라는 본래의 교수 방식을 외면할 수가 없다. 얼핏 보기에 입시 학원만큼은 여타 학원과 다르다고 생각할 수 있으나 이것도 절대 예외가 될 수 없다. 이곳 역시 하나의 재능, 즉 입시 문제를 풀어 내는 재능을 기르는 것이 주목적이지 인간의 정신 연마에 목적이 있는 것이 아니다.

물론 그러한 지적 재능도 정신 연마와 관련이 있다고 보는 일부 견해가 있을 수 있으나 이 역시 잘못된 견해이다. 사람의 재능에는 여러 가지가 있으며, 지적 재능도 그러한 재능 가운데 하나일 뿐이다. 그 어떠한 경우에도 재능의 연마는 모두 기능의 원숙함을 얻는 과정이지 결코 정신의 자율성을 얻는 과정이 아니다. 이것은 지적 재능이 매우 뛰어난 사람들도 정신의 연마가 부족할 경우, 한 인간으로서 떳떳하지 못한 행위를 자행하는 것을 주변에서 어렵지 않게 찾아볼 수 있다는 점에서 분명히 알 수 있다.

정신의 자율성은 오로지 장기간에 걸친 성숙한 지성을 바탕으로 하지 않으면 결코 얻을 수 없는 그런 것이다. 이것은 인간을 포함한 모든 자연에 대한 넘치는 사랑과 여유를 안겨 준다는 점에서 절대 포기할 수 없는 정신적 가치이다.

이러한 의미에서 결국 교육은 자율성을 토대로 한 바른 정신의 정립에 있다고 할 수 있다. 물론 이것은 신체, 정신, 재능 등의 조화로운 발달을 토대로 이룩되는 것이 사실이다.

그러나 오늘날 우리의 교육은 하나부터 열까지 모두 재능 중심의 교육을 강조하고 있기에 참다운 교육보다는 재능개발 훈련을 한다고 봄이 더 타당하다고 할 수 있다. 암기 위주의 교육이 그것이요, 자격

중 취득 중심의 교육이 그것이며, 자연과학기술 중시의 교육정책이 그것이고, 상대적 인문사회학의 천시가 그것이다.

우리는 얼핏 재능 중심의 교육을 통해 물질의 풍요를 누릴지는 모르되 한 인간으로서 자율성의 상실이라는 커다란 대가를 치르고 있다는 사실을 결코 잊어서는 안 된다. 보기에 따라 이것은 대수롭지 않을 수도 있다. 하지만 정말 그러한 것인지는 의문이 아닐 수 없다.

그런데 한편 좀 더 자세히 교육을 생각해 보면 한 가지 묘한 현상이 일어나고 있음을 알 수 있다. 그것은 바로 내부의 그 무엇을 덜어 내는 일도 교육의 일부라는 사실이다.

예컨대, 학생들로 하여금 잘못된 마음을 씻어 내도록 반성하게 한다든지, 모든 잡념을 덜어 내기 위해 명상을 하게 하는 것 등이 그것이다.

그렇다면 교육이란 안으로 채워 넣는 것이 주가 되는 것인가 아니면 밖으로 덜어 내는 것이 주가 되는 것인가를 확인할 필요가 있다. 여기서 다시 한번 강조하면, 교육은 인간다움을 추구하는 과정이며 또한 그에 따른 노력의 총체이다. 만일 인간이 아무렇게나 살아가려 한다면 굳이 교육은 필요 없는 것이다.

이미 앞서 밝힌 바와 같이 인간은 그 자체로 이미 인간이 될 수 있는 잠재력을 갖고 세상에 태어난다. 여기에 약간의 도움을 얻으면 자연스럽게 참다운 인간으로 성장해 나가게 된다. 그러나 삶의 과정에서 자신의 미숙함과 주변 여건의 미비로 인해 바르지 못한 것을 채우게 되어 이로 인하여 바른 것을 채워 넣음이 방해를 받게 되기도 한다.

이것은 다소의 쟁점을 내포하고 있는 예민한 사항이어서 여기에서 짚고 넘어가기에 매우 조심스럽기는 하다. 하지만 한 가지 분명한 것은 바른 것을 채워 넣기 위해서는 반드시 바르지 못한 것의 덜어 냄이 선행되지 않으면 안 된다는 것이다. 매사가 나름대로의 사전 준비가 필요하듯이 교육 역시 그 이전에 바른 마음가짐을 반드시 준비해 두지 않으면 안 된다. 많은 사람이 바른 것을 채워 넣으면 바르지 못한 것이 자연히 없어지는 것으로 잘못 이해하고 있으나 실상은 그렇지가 않다.

이러한 의미에서 볼 때 교육은 덜어 냄과 채워 넣음의 과정이 부단히 반복적으로 계속되는 과정이며, 채워 넣음과 덜어 냄의 어느 한쪽만을 강조하는 것은 교육의 깊은 의미를 잘 깨닫지 못한 것이다.

그러나 아직도 해결되지 않은 부분이 남아 있다. 즉, 인간으로서의 잠재 가능성과 채워 넣음은 어떠한 관계가 있는 것인가 하는 점이다. 이것은 조금 더 복잡한 논의를 요구한다.

인간으로서의 잠재 가능성은 구체적으로 탁월한 이성적 사유 능력, 자신만의 천부적 재능 등이 그 중심을 이루고 있다. 그런데 이들은 그 어느 것이든지 반드시 정해져 있는 일정한 규칙에 따라 발달해 나간다. 이것은 채워 넣음에 있어서 그 순서와 내용을 함부로 할 수 없는 것임을 시사한다. 하늘이 정한 규칙을 따르지 않는 경우 발달에 치명적 결함이 발생하는 것을 피할 수 없기 때문이다.

즉, 인간의 잠재 능력이 세상에 빛을 발하기까지는 일정한 순서에 따라 꾸준히 준비하고 채워 넣고 덜어 내어 무르익는 제반 과정을 거치지 않으면 안 된다. 정해진 일정한 순서를 거스를 수도 없으며, 내용을 바꾸어 줄 수도 없으며, 단련 과정을 건너뛸 수도 없는 것이다. 오직 각각의 발달 단계에 맞추어 정성을 다하여 준비하고 꾸준히 연마하는 길만이 있을 뿐이다. 여기에 약삭빠른 요행이나 남이 미처 알지 못하는 지름길이란 있을 수 없다.

이상의 의미에서 분명히 확인할 수 있는 한 가지 사실은 인간의 잠재 가능성이란 문자 그대로 가능성일 뿐이라는 사실이다. 즉, 저마다 타고난 가능성의 정도가 많고 적음에 따라 영재 혹은 둔재의 결과로 나타날 수 있는 가능성만을 지니고 있는 것이다.

따라서 아무리 영재라고 하여도 어느 날 갑자기 고난도의 미적분을 다루거나 한시를 짓는 일을 장려할 수만은 없는 것이다. 그들이 다소 예상치 못한 발달 속도를 보일 수는 있을지언정 일정한 발달 단계는 절대로 거스를 수 없기 때문이다. 다시 말해, 아무리 탁월한 잠재 가능성을 지니고 있다고 하여도 일정한 규칙에 따른 채워 넣음과 덜어 냄의 길을 피할 수 없다. 덜어 냄이 없는 일방적 채워 넣음은 있을 수가 없는 일이기 때문이다.

이러한 사실을 망각하고 간혹 우수한 재능을 지닌 영재아의 교육을 성급하게 다루어 둔재로 전락시키는 경우를 종종 볼 수 있는데 매우 안타까운 일이다. 영재나 둔재를 막론하고 교육은 순수하고 정직한 방법만이 있을 뿐이라는 점을 분명히 확인해 둘 필요가 있다.

4. 교육의 뿌리

모든 현상에는 반드시 그 근원이 되는 뿌리가 있다. 나무의 뿌리는 그 줄기와 가지 그리고 잎과 열매 등과는 달리 땅속에 감추어져 있다. 뿐만 아니라 일상생활에서 우리가 주로 필요로 하는 것은 굵고 곧은 줄기와 알찬 열매 그리고 시원한 나무의 그늘 등 얼핏 보면 뿌리와 아무 관련 없는 듯이 보이는 것들이다. 그래서 사람들은 뿌리의 중요성을 별로 인식하지 못하고 지낸다.

그러나 뿌리가 튼튼하지 못한 나무에는 아무리 좋은 밑거름을 주고 영양제 주사를 놓아도 회생하기가 어렵다. 이처럼 뿌리가 충실하지 않은 나무는 심각한 문제가 있다는 것을 조금만 생각해 보아도 알 수 있다.

만사가 그러하듯이 교육에도 그러한 뿌리가 있다. 교육의 뿌리는 말할 필요도 없이 영·유아기의 정상적 발달이다. 이 시기에서 올바른 발달이 없이는 청소년기나 장년기 등의 발달이 제대로 이루어질 수가 없는 것이다.

영·유아의 발달에 있어 가장 중요한 것은 비교적 명확하게 정해져 있는 단계별 과제를 잘 이행하여야 한다는 점이다. 일반 부모의 경우에도 일일이 그것을 잘 파악하고 그에 따라 자녀들을 양육할 수 있다면 그보다 더 바랄 것은 없겠지만 이것은 현실적으로 쉬운 일이 아니다. 이것은 각 단계별 시작과 끝 무렵에 영·유아가 나타내는 특유의 행동을 인식할 수 있는 능력이 사전에 구비되어 있어야 하기 때문이다.

그렇다고 한다면 차선의 방법을 취할 수밖에 없다. 그것은 절대로 섣부른 영·유아 지도를 삼가는 것이다. 만일 굳이 자신의 의도대로 지도하고 싶다면 스스로 영·유아 발달에 대하여 깊게 연구한 이후로 미루거나 아니면 반드시 전문가의 조언을 얻고 난 후에 해야 한다.

만약 이 모두가 불가능하다면 가급적 아이의 의견을 존중해 주어야 한다. 그러나 이러한 경우 간혹 이를 곡해하여 무조건 아이의 의견을 추종하려는 경우도 발생된다. 이것은 섣부른 지도를 하는 경우와 위험하기는 마찬가지이다. 아무리 하고 싶은 것이 있어도 해서는 안 되는 것과 참고 견디어야 하는 것이 있음을 반드시 알려 주어야 한다. 그것은 영·유아는 대체로 다음과 같은 세 가지 중요한 심리발달의 초기 단계에 있기 때문이다.

첫째, 의지의 발달이다. 이것은 의지의 자율과 집중에 연계되어 있다. 간단히 말하면 생각의 지향성이다. 즉, 어느 한 가지에 자신의 감각을 집중시키는 단순 능력에서 사고를 집중시키고 그다음으로는 의미를 집중하는 단계로 점차 발전해 나가게 된다.

이것은 모든 심리의 공통적 특성이며, 특히 각 단계에서의 충실한 경험적 체험이 중요하다. 다시 말하면, 감각 집중의 초기 단계는 물론 사고 집중, 의미 집중 등의 각 단계가 각각의 중요성을 지닐 뿐만 아니라 상호 밀접하게 연관되어 있다는 것이다.

이러한 연관성에서 보면 인간의 심리 활동은 외부의 무엇인가를 자신의 내부로 받아들이면서 비로소 시작되는 것임을 알 수 있다. 이것은 심리 작용이 기본적으로 자신의 생명을 보존해 나가기 위해 주변 환경과 상호작용하는 필수적 작용이라는 맥락에서 이해될 수 있다.

둘째, 사고의 발달이다. 이것은 특정 대상의 추상화와 놀이에 연계되어 있다. 이는 흔히 '생각'이라는 것의 핵심이 되며, 그 본질은 외부의 실체를 내부로 받아들여 이를 적절히 변환시키는 능력이다. 여기에 그 중개 역할을 감당하는 것이 바로 개념이다.

개념은 의미를 담는 그릇이라고 보면 이해가 쉽다. 궁극적으로 중요한 것은 의미이기 때문에 알맹이로서 뜻을 얻으면 그 도구로서의 개념은 버리게 된다. 많은 사람이 바로 이러한 개념 자체에 얽매여 정작 중요한 의미는 얻지 못하고 사고의 발달에 장애를 극복하지 못하는 경향이 있다.

인간이 굳이 사고하는 것은 기본적으로 삶의 문제를 해결하고자 하는 의도와 밀접하게 관련되어 있기는 하지만, 인간의 '흥미'라는 것도 사고를 촉진하는 매우 강력한 요인이다. 모든 인간은 자연히 어느 특정 또는 여러 대상에 대하여 흥미를 느낀다. 이 역시 심리 작용의 하나이다.

특히 유아에게는 이것이 놀이로 나타난다. 놀이는 3~6세 유아의 두드러진 특징의 하나이다. 놀이의 본질은 현실의 탈피이다. 즉, 실제를 벗어나 현실과 상상이 혼재하는 상태가 지속된다. 인형도 사람의 모양에 근거하여 실제의 사람과 동일하게 인식하는 것이 그 예이다.

유아는 부모의 태도, 가정환경 등 다양한 현실의 제약에 따른 감각적 불안을 벗어나기 어렵기 때문에 단지 자신의 생각 속에 현실을 투영하여 현실을 벗어날 수밖에 없는 것이다. 즉, 사물의 어느 한 가지 속성에 근거하여 추상화하여 인식한다.

셋째, 정서의 발달이다. 이것은 일체감에 따른 감성 표현에 연계되어 있다. 인간이 해결해야 할 인간의 문제가 물론 한두 가지가 아니겠으나 무엇보다 먼저 해결해야 할 과제가 있다면 그것은 바로 신체적 결핍과 정신적 외로움에서 벗어나는 일이다. 이를 위해서는 필요한 재산을 소유하고 있어야 하며, 주변의 많은 사람으로부터 애정 어린 관심을 받을 수 있어야 한다.

그러나 이것은 영원한 인간의 과제일 뿐 쉽게 그 해결방안을 찾을 수 있는 것이 아니다. 인간이 사회생활을 하는 것도, 놀이를 즐기는 것도, 명예를 탐하는 것도 알고 보면 그 근원은 무능에 따른 결핍감과 고독에 따른 알 수 없는 불안감에서 벗어나고자 하는 데 있다. 이처럼 정서는 인간의 일생을 통하여 끈질기게 따라붙어 다닌다.

이것이 특히 유아에게는 자기를 과시하기 위한 표현으로 나타난다. 표현의 본질은 자아의 확인이다. 자신의 생존가치를 계속 확인하고 인정받으려는 욕구의 표출이다. 이것은 유아가 자신과 그를 둘러싼 외적 조건이 밀접하게 맞닿아 있는지의 여부를 확인할 수 있는 유일한 통로이다.

그리하여 그들은 계속해서 무엇인가를 자신의 겉으로 표출하여 나타낸다. 때로는 어리광으로, 또는 섣부른 몸짓으로, 때로는 강한 불만과 저항으로 표출되어 대부분의 어른이 쉽게 이해할 수 있는 것도 있으나 그렇지 못한 것들도 적지 않다.

또한 앞서 언급했듯이 유아는 자신의 주체적 정서를 지니고 있지 못하기 때문에 항상 이에 대한 불안감을 지닌다. 그래서 이들은 다른 사람들을 따라서 모방하는 한편 조금씩 자신의 솔직한 감정을 드러내어 이것을 주변 사람들로부터 확인받으려 애쓰게 된다.

이상의 의미에서 확인한 바와 같이 인간에게는 언제나 나름대로의 심리 상태가 있으며, 영·유아는 그 나름대로의 심리적 특성이 있다. 따라서 우리는 이에 대한 보다 정확한 이해와 함께 그에 따른 지도 노력이 필요하다.

따라서 영·유아기의 발달에는 남다른 관심을 기울여야만 한다. 여기에서 교육의 희비가 엇갈리는 계기가 마련되기 때문이다. 물론 이 문제는 그리 간단하지 않다. 하지만 아무리 그 뿌리가 복잡하다 하여도 본질은 나무를 지탱해 주는 근원이 된다는 점에서 매우 단순 하다고 볼 수 있다. 여기에서 한 인간의 기초를 마련해 주는 것에 대하여 중요한 몇 가지를 살펴보면 다음과 같다.

사람의 삶에는 하나의 진지한 방향이 있다. 이것은 어찌 보면 완전성의 추구이며, 한편으로는 이상적인 인간 삶의 추구이다. 즉, 인간다움에 대한 갈망이다. 인간다움을 굳이 한마디로 언급하자면 이성과 잠재 능력의 계발을 통해 인간의 몸체에서 저절로 우러나오는 진한 장미향과도 같다.

이것은 서로에 대한 따뜻한 사랑의 마음과 감동적 존경심을 발하고 여기에서 비로소 인간다움이 살아난다. 교육의 뿌리는 바로 이러한 의미를 바르게 이해할 때에 생기를 되찾을 수 있게 된다.

그 세세한 내용을 여기에 다 형용할 수는 없다. 다만, 한 가지 분명한 것은 인간의 발달에 있어서 체력, 인지 능력, 정서, 재능 등이 균형적 발달을 하도록 도모해야 한다는 사실이다.

체력의 기초는 알맞은 섭생과 활동이 조화롭게 이루어져야 하며, 인지 능력의 기초는 섬세한 감각 능력과 반듯한 마음가짐이 마련되어야 가능하다. 그리고 정서의 기초는 부모와의 애착형성과 정서적 환경에서 비롯되며, 재능의 기초는 자율적 경험의 기회를 얻는 일에서 이루어진다. 이에 대하여 조금 더 구체적으로 살펴보면 다음과 같다.

우선, 체력의 기초는 특히 유아기에 친구들과의 다양한 활동과 놀이를 통하여 유연성, 민첩성, 정확성, 평형감각 등을 마련하는 것이 중요하다. 이를 위하여 나무에 오르내리기, 두발자전거 타보기, 빨리 달리기, 매달리기, 멀리뛰기, 높이뛰기, 과녁 맞추기, 던지기, 구르기, 재주넘기 등 다양한 활동이 요구된다. 이와 아울러 건강을 위한 먹거리 선택 능력을 길러 주어야 한다. 특히 즉석식품이나 가공식품 등은 피하고 자연식품을 권장해 나가야 한다.

그리고 인지 능력의 기초는 매우 세심한 주의를 요한다. 우선적으로 무엇보다 바람직한 감각발달이 이루어지도록 해야 한다. 예민한 감각이 마련되지 못하면 인지 능력은 그 뿌리를 잃고 말게 된다.

인지와 관련하여 또한 결코 소홀히 할 수 없는 것은 정직과 성실 그리고 타인에 대한 배려의 마음을 심어 주는 일이다. 이를 위해서는 평소에 부모가 어려운 이웃을 돕는 행동을 직접 보여 주고 바르고 정직한 말을 통하여 끊임없이 반복적으로 지도해야 한다. 단 한 번일지라도 자녀들 앞에서 거짓 행동을 보이면 그만큼 바른 지도가 어렵게 된다. 자칫 유아기에 이것을 경솔하게 취급하여 빠뜨리면 추후에 아무리 좋은 것을 배우게 된다고 해도 별 실효를 거둘 수 없게 된다. 마치 밑 빠진 독에 물 붓기식이 되고 마는 것이다.

다음으로 정서의 기초를 보면 생후 초기에 특히 엄마와 애착형성이 가장 중요하다. 이를 통하여 사람에 대한 신뢰가 형성되고 옳고 그름과 좋고 나쁨에 대한 바른 판단이 가능해지기 때문이다. 또한 애착형성 이후에 적어도 초등학교를 졸업할 때까지 부모와 기타 주변 사람들과 꾸준히 친밀감을 유지할 수 있는 정서적 환경을 조성해 주어야 함은 더 말할 필요가 없다.

특히 이 시기에 부모와 잠자리를 함께하면서 자녀와 자연스러운 피부 접촉이 이루어지는 것은 친밀감의 유지에서 매우 중요하다. 그러나 자율성 발달을 위해서 이처럼 잠자리를 함께하는 것도 적당한 시기부터 점차 독립할 수 있도록 지도해 나가야 한다. 이때 유의해야 할 점은 부모와 함께하던 잠자리를 언제부터 독립시키며, 그 방법은 어떻게 해야 하는가 하는 문제이다.

경우에 따라 다소의 차이는 있으나 초등학교 4학년 이후에는 가급적 잠자리를 따로 마련하도록 해야 한다. 잠자리를 독립시키는 방법은 약 3~4개월에 걸쳐 상태를 보면서 처음에는 일주일에 하루, 다음은 이틀, 삼일 등을 거쳐 혼자 잠을 잘 수 있도록 유도해야 한다. 개별적 잠자리 적응 초기에 자녀의 잠자리를 중간중간에 확인해 보는 것은 두말할 나위가 없다.

마지막으로 재능의 기초는 자신의 적성과 흥미를 인식할 수 있도록 하는 데 있으며, 이것은 자율성의 확보가 급선무이다. 자율성은 기본적으로 자신의 정체성을 확인하는 것에서 비롯되지만 어린 시절에는 스스로의 문제 해결 경험을 통하여 형성되기 때문에 가급적이면 자유롭게 자신의 문제를 스스로 해결해 나가도록 도와주되 다양한 분야의 활동 경험을 해 볼 수 있는 기회를 마련해 주는 것이 중요하다. 이를 위해서 새로운 경험의 기회를 확대시켜 주고 필요 이상의 간섭을 피해야 하며, 특히 학업에 대한 압박감을 주지 말아야 한다.

또한 부모가 자녀들 앞에서 여유 있게 제반 가정사를 해결해 나가는 모습을 모범적으로 보여야 한다. 자녀들 앞에서 매번 난맥상을 드러내 보이는 것은 가능한 피해야 한다. 부모의 두려움을 목격하는 일처럼 자녀들에게 공포감을 자극하는 일은 없으며, 그것은 자율성을 가로막는 최대의 장애가 되기 때문이다.

이러한 의미를 종합해 볼 때, 어린 자녀들의 성장에서 가장 중요한 것은 이 시기에 자신의 적성과 흥미에 따라 다양한 경험의 기회를 갖도록 하는 것이며, 이 과정에 부모가 함부로 개입하여 갖가지 요구를 하면 그만큼 자녀들의 자율성을 병들게 하는 것임을 인식해야 한다. 자녀들이 공부를 잘해서 좋은 점수를 얻기 바라는 부모의 세속적 관심을 그릇된 것이라고 탓할 수만은 없지만 자녀들의 발달과 성장은 오히려 그와는 정반대의 성향을 지닌다는 점을 먼저 깊이 인식해야 한다.

성적은 외부로부터 인위적으로 얻을 수 있는 것임에 반해, 성장은 내면에서 자연적으로 채워짐으로써 얻는 것이다. 또한 성적이 주로 자신의 지적 능력 여하에 좌우되는 것임에 반해, 성장은 총체적 균형 발달이 이루어지는 것으로 주변으로부터 이에 대한 자애로운 관심과 배려, 즉 진심 어린 인간적 관심이 절실하게 요구된다.

적어도 자녀들에게 있어서는 성적의 부진함을 내세워 질책하기 보다는 성장과 발달에 별다른 문제는 없는지 살펴보고 오히려 앞으로의 성취 가능성을 격려하여 용기를 주는 따뜻함이 선행되어야 한다.

사정이 이러함에도 불구하고 부모는 자녀들의 자연적 성장과 발달에 더 진솔하고도 인간적인 관심을 가지려 하지 않고, 오로지 명예와 출세 등과 같은 세속적 관심에 골몰하여 단지 성적의 높고 낮음만을 탓하려 한다. 이것은 온갖 짐승이나 하는 뽐내기 경쟁 속으로 자녀들을 내몰아 그렇지 않아도 짧은 인생을 헛되게 하는, 실로 안타까운 일이 아닐 수 없다.

따라서 아무리 급한 일이 있어도 부모가 된 사람들은 누구나 어린 자녀들의 성장 과정을 깊이 연구하고 올바른 발달이 이루어질 수 있도록 항시 노력하는 자세를 견지해야만 한다. 여기에서 "다음에 하면 되지."라는 말은 허용되지 않기 때문이다. 자녀들에 대한 관심과 열정을 들인 만큼 아이들은 성장하며, 나중에 그만큼 보람이 뒤따른다는 사실을 반드시 명심해야 한다.

아이들이 바르게 성장하는 것은 맛있는 밥과 풍부한 물질에 의한 것이 아니라 대가를 바라지 않고 주는 한없이 깊은 사랑과 거칠지 않으면서 한결같은 세심한 배려 때문이다. 글자를 빨리 읽어 주기 바라고 높은 점수를 받아 오기 바라는 부모의 성급한 마음 때문에 자녀들은 하루하루 마음의 상처를 더해 간다는 사실을 깊이 새기지 않으면 안 된다.

5. 교육의 목적

교육에서 가장 중요한 것은 올바른 교육목적-교육을 행하는 목적은 무엇이며, 교사가 학생들을 가르치는 이유와 학생들이 교과를 배우는 이유는 또한 무엇인가-을 확인하는 일이다. 여기에서 무엇보다 중요한 것은 학생들로 하여금 인간답게 살도록 하는 것에 초점이 있지 않으면 안 된다는 점이다.

이미 앞서 언급한 바와 같이 소위 인간답다는 것은 무엇보다 바른 생각과 행동을 하는 것에서 찾을 수 있다. 바른 생각과 행동은 천지만물의 화육(化育-enlivening)에 따른 이치에 따라 생각하고 여기에 동참하는 것이다. 이것은 만고불변(萬古不變)의 정해진 이치로서 오랫동안의 자기 노력에 의한 심신의 연마와 실천이라는 수신(修身)이 없이는 도저히 불가능하다.

대개 자기 노력 없이는 매사가 쉽게 이루어지지 않도록 되어 있는 것이 일반적 사리(事理)이지만, 특히 이 수신의 사안만큼은 절대로 숨겨 놓은 지름길이 없다. 그저 열심히 익혀 실천에 옮겨야 한다는 도리에 따를 수밖에 없는 것이 바로 이 배움의 길이다.

따라서 아무리 세월이 변해도 그 근본의 틀인 교육목적이나 내용 또는 방법이 변할 리가 없는 것이다. 만일 수신에서 벗어나 이러저러한 명분을 내세워 교육을 개혁(改革)하려 한다면 그것은 그 자체가 이미 교육의 본질을 벗어나고 있음을 뜻한다.

교육에서 흔히 각자의 재능개발을 앞세워 이러저런 교육 방침을 주창하는 것 역시 마찬가지다. 재능개발은 어디까지나 교육의 곁가지에 불과한 것이며, 아무리 중요하게 생각한다고 해도 이미 타고난 재능이 변할 수 있는 것은 아니다. 만일 그것이 변한다고 한다면 아예 타고난 재질이라고 조차 말할 수 없는 것이다.

천부적 재능은 일정한 여건이 주어지면 예상외로 능력을 발휘하는 것은 사실이지만 이 역시 숙련의 정도 여하에 따라 다르게 되는 것은 피할 수 없다. 숙련(熟練)은 문자 그대로 열심히 익히는 것으로 스스로의 끊임없는 노력이 요구될 뿐이다.

모든 자연의 동식물은 그들의 타고난 고유한 특성에 따라 그들답게 살아가고 있다. 하지만 인간은 다양한 가능성만을 지니고 태어날 뿐 일정한 교육을 받지 않고서는 결코 인간의 뚜렷한 특성을 스스로 찾아 나가지 못한다.

예컨대, 새는 날 수 있는 재능과 신체 조건을 지니고 태어나기 때문에 일정한 시기에 이르면 반나절 정도의 연습만으로도 날 수가 있다. 하지만 인간은 언어능력을 갖고 태어나지만 짧게는 몇 년에서 길게는 수십 년에 이르는 연마가 필요하다.

이러한 의미에서 인간으로서의 행실을 할 수 있도록 하기 위해 교육이 필요함을 알 수 있다. 즉, 교육은 인간에게 인간 본연의 인성(人性)을 발휘할 수 있도록 하는 작업이다.

그러한 교육은 선천적으로 주어진 본성(nature)과 후천적으로 문화적 여건에 따른 습성(nurture)이 상호작용하는 가운데 진행된다. 그러므로 교육은 가급적 본성에 일치하도록 하는 작업이다. 왜냐하면 본성에서 멀어지면 질수록 인간다움을 벗어나기 때문이다.

본성이란 자신에게 이미 주어져 있는 행동의 경향성을 말한다. 그래서 천성이라고도 한다. 그것은 천연의 성향이다. 인간의 천성 중에서 무엇보다 중요한 것은 이성과 덕성이다.

우선 이성은 이(理)를 따르는 성향[性]이다. 여기에서 이(理)는 올바름이기에 반대로 그름은 비리(非理)라고 한다. 이성은 특히 사고활동에 가장 큰 영향을 준다. 생각을 이치에 맞게 올바르게 하는 기능을 담당한다. 따라서 만일 순간이라도 이성을 잃으면 그 순간 인간다움을 잃게 된다.

또한 덕성은 마음속에 외물(外物)을 얻음[得]이 있다. 그런데 득(得)은 곧 덕(德)이다. 즉, 외물을 대하는 행동[行]에서 항시 마음[心]에 곧음[直]이 있는 것이 덕이다. 이러한 의미에서 이성이 사물의 시비를 가리는 올바른 생각이라면, 덕성은 자신과 외물을 하나로 여기는 올바른 마음이다. 좀 더 구체적으로 말하면 이성이 바른 생각에 관여하는 것이라면, 덕성은 바른 행동에 관여하는 것이다.

이와 같이 인간에게는 중요한 품성이 선천적으로 구비되어 있음에도 불구하고 교육이 필요한 것은 동물적 욕성 때문이다. 욕성(欲性)이 이성과 덕성의 작용을 억제함으로써 인간의 본성을 드러내는 데 어려움을 겪게 된다. 따라서 교육은 결국 이성으로 하여금 욕성을 제어하여 덕성이 작동하게 하는 것이 중심이 된다. 우리가 흔히 사람답게 산다고 말할 때, 그 사람다움은 바로 욕구를 근원적으로 제어하는 능력을 지니고 있음을 나타내는 말이다. 이를 흔히 자제력 또는 절제라고 한다. 따라서 자제력을 잃은 인간은 인간의 핵을 잃은 것이다.

그러나 여기에 한 가지 중대한 문제 사태가 내재한다. 무한한 욕구의 추구는 자제력을 무력화하며, 반대로 극도의 자제력은 다양한 욕구를 무력화하는 것이 그것이다. 그러므로 인간의 삶은 이성과 욕성의 바람직한 조화가 요구되며, 결코 어느 한편으로의 편중은 바람직하지 못하다.

그렇다면 이성과 욕성의 양극단에서 어느 정도의 행동이 바람직한 것인가. 그것은 이성이 그 기준을 이미 간직한다. 그 가변 폭을 임계수준(homeostasis)이라고 한다. 이성과 욕성의 그 적정한 정도 그것을 도(道) 또는 의(義)라고 한다. 또한 이것의 준수를 통한 도의(道義)의 실천, 곧 덕성(德性)의 실현이 교육의 핵심가치에 해당하는 부분이다.

하지만 한편으로는 인간은 과연 정의로운 삶을 영위할 수 있는 능력을 지닐 수 있는 것인가. 다시 말해, 만일 정의롭지 못한 삶을 살아갈 수 있는 환경이 주어져도 '과연 인간은 정의를 지킬 수 있는가' '인간은 육체의 굴레를 벗어날 수 있는 가능성을 지니고 있는 것인가' 또는 '신과 같은 경지에도 이를 수 있는가' 하는 문제가 교육으로 과연 해결 가능한 것인가 하는 의구심을 남기는 것이다.

이를 위해 희랍의 철학자 소크라테스는 다음과 같이 답한다. 그는 인간의 눈은 육안(肉眼)과 심안(心眼)이 있으며, 만일 일상적 육안의 경지에서 벗어나 이성적 심안의 경지로 나아가지 못한다면 불공정한 사회 속에서 개인의 정의로운 삶의 실천은 불가능하다는 것이다. 그는 모든 존재의 참모습은 가시적 외양보다 불가시적 실재가 지니고 있으며, 심안을 통하여 이것을 볼 수 있다면 육체를 가지고 있으면서도 육체가 없는 상태와 동일한 행동이 가능하다고 믿고 있다.

이러한 의미는 인간에게 또 다른 차원의 세계, 즉 심안의 세계가 존재하고 있으며, 이것은 그 어느 것보다 가치로운 것임을 암시한다.

여기에서 육체의 굴레를 벗어나게 하는 심안의 세계란 과연 무엇인가에 대한 의문이 발생한다. 그것은 오직 즐거운 감각을 추구하는 경향을 자제하고 고통스러운 현실적 감각을 적극적으로 극복하려는 마음의 준비에서 찾을 수 있다. 다시 말해, 심안의 세계를 갖기 위해서는 누구나 부단한 자기 연마에 따른 고통의 터널을 통과하여 육체적 감각에서 벗어나야 한다. 항상 육체의 굴레, 즉 감각적 체험이 전하여 주는 즐거움과 고통에 얽매여 있는 한, 심안을 갖추는 일은 요원하다고 할 수 있다.

사정이 이러함에도 불구하고 대다수의 사람은 그러한 고통스러운 연마를 외면한 채 오로지 육체적 쾌락만을 추구하려 한다. 아니 어찌 보면 실생활에서 이것을 벗는 일은 대부분 거의 불가능한 것이라고도 할 수 있다.

그러나 우리가 그리는 이상향이란 온갖 부귀영화를 과감히 뿌리칠 수 있는 심안의 소유자들이 늘어갈 때 가능한 것이며, 우리가 육안을 고집하는 한 정의의 실재를 버리고 부정의의 외양을 따르는 생활을 벗어날 수가 없다.

이러한 의미에서 볼 때, 교육은 일상적 욕구의 육안을 지닌 인간을 불가시적 심안을 갖춘 인간으로 거듭나게 하는 참으로 고되고 어려운 작용임을 알 수 있다.

6. 교육의 단계

세상에는 수많은 물체가 있다. 이를 일컬어 '만물(萬物)'이라고 한다. 이러한 것들은 각자 내·외적 특성을 지닌다. 즉, 외적으로 모양과 크기가 다르고, 내적으로 성질이 다르다. 전자를 중심으로 표현하는 경우는 현상이라 하고, 후자를 중심으로 표현하는 경우에는 물질이라 한다.

하지만 그 어떠한 경우든 한 가지 분명한 점은 그들이 각자인 듯하지만, 실상은 서로 연결되어 있다는 것이다. 길가에 아무렇게 놓여 있는 돌멩이 하나라도 그 자체로 존재하는 것이 아니라 주변의 여건과 긴밀하게 연계되어 있다. 작은 돌멩이라고 할지라도 경사진 곳이라면 구르고 있을 것이며, 추운 곳이면 부피가 줄어들 것이며, 물속이면 바닥에 가라앉아 있을 것이다.

이러한 관점에서 주변의 물체들을 조금 세심하게 관찰해 보면, 현재 우리의 감각기관을 통하여 인식되고 있는 것들은 우리의 감각 이전에 이미 각자의 물체가 스스로 주변과의 관계 설정을 이루고 난 이후의 것임을 알 수 있다.

그렇다고 해서 모든 물체가 그처럼 오직 환경과의 관계 속에서 피동적으로만 존재하는 것은 아니다. 어떠한 것은 그 자체가 능동적으로 환경에 따라 변신을 하거나 환경을 변화시키기도 한다. 각자가 그들의 생명을 계속 유지해 나갈 수 있는지의 여부가 외적 여건보다는 내적 대처 능력에 달려 있다. 동물들이 보호색을 띠거나 땅속에 굴을 파서 집을 마련하기도 하는 것이 그 한 예이다.

이처럼 주변의 상황에만 의존하지 않고 자신의 내적 힘을 발휘하여 변화에 스스로 대처하는 능력을 생명력이라고 한다. 즉, 생명력은 환경과의 일정한 관계를 변화시키는 물체 자신의 내적 힘이다.

따라서 내부에 생명력을 지니고 있는 것과 그렇지 못한 것은 주변 여건과의 관계 설정을 펼쳐 나가는 방식이 전혀 다를 수밖에 없다. 생명의 가치는 바로 이 점에서 찾을 수 있다. 생명력은 자신의 존재를 끊임없이 이어 나가려는 노력을 통하여 항상 새로운 변신을 시도한다.

이처럼 환경의 위협에 도전하고 역경을 이겨 내는 모습이 세상에서 가장 아름다울 수 있는 것은 대자연의 위용에 굴하지 않고 약자의 눈물겨운 노력에 기초한 위대한 승리가 그 속에 이미 내포되어 있기 때문이다. 교육은 바로 이러한 위대한 승리를 이끌어 내는 작용이다.

만일 인간이 누구나 태어나면서부터 쉽게 자신의 삶을 영위해 나갈 수 있다고 한다면 구태여 교육은 필요가 없는 것이다. 따라서 교육이라는 말 속에는 이미 강한 생명이 살아 숨쉬고 있다. 그런데 정작 우리의 현실 교육에서는 그러한 생명력을 도외시한 채 죽은 교육을 하고 있는 바, 이것은 심각한 문제가 아닐 수 없다.

생명력이 역동하는 산 교육의 요체는 두말할 필요가 없이 각자 처한 상황에 올바르게 대처하는 능력을 기르는 것이다. 이러한 능력을 갖추기 위해 다음 세 가지 능력은 필수적이다. 체력, 정신력, 재능 등이 바로 그것이다. 이러한 능력 중 어느 한 가지라도 저절로 얻을 수 있는 것은 없다.

이들은 모두 교육에 따른 철저한 준비의 단계를 요한다. 준비의 단계는 다음과 같이 크게 기초능력 확립의 단계, 자율능력 확립의 단계, 고등 능력의 발달 단계 등의 세 단계로 나뉜다.

1) 기초능력 확립의 단계

기초능력 확립의 단계는 주로 가정교육을 통하여 이루어지며, 경우에 따라 유치원이나 어린이집 등에서도 이루어진다. 유아 이전의 단계가 여기에 속한다.

대부분의 많은 사람이 교육하면 학교교육을 먼저 생각하고, 학교교육하면 우수한 성적을 먼저 떠올리는 것이 상례이다. 하지만 이 대목에서 한 가지 깊이 명심해야 할 사항이 있다. 그것은 다름 아닌 교육은 학교에서 하는 것이 아니라 가정에서 하는 것이라고 해도 과언은 아니라는 점이다.

이것은 일견 잠꼬대 같은 소리로 들릴 수도 있지만 교육에서 무엇보다 중요한 사항임에는 틀림이 없다. 건실한 가정교육은 곧 모든 교육의 다시없는 발판으로 인생의 성패를 좌우하는 관건이 되기 때문이다. 그러므로 가정교육의 실패는 그 어떠한 경우에도 학교교육을 성공적으로 이끌어 나갈 수가 없다.

그럼에도 불구하고 지금까지 많은 사람이 모든 교육의 문제가 오로지 학교교육의 실패에서 비롯되는 것으로 생각하고 각자의 가정교육은 거의 방치한다.

그렇다면 가정교육은 무엇이며, 어떻게 하는 것인가를 살펴보고자 한다. 가정교육이란 한마디로 부모가 자녀의 초기 성장기에 반드시 갖추어야 할 내용을 알려 주고 도와주고 이끌어 주는 것이다. 여기에는 여러 가지 유의해야 할 점이 있지만 특히 기본적으로 다음 세 가지 요소는 반드시 익히도록 해야 한다.

그것은 자녀가 기본적 자질을 형성하는 데 있어 절대적으로 빼놓을 수 없는 중요한 요소들이다.

첫째, 감성적 기초를 마련해 주는 것
둘째, 인간 행동의 기본지침을 알려 주는 것
셋째, 감각 능력을 신장시켜 주는 것

우선 감성적 기초를 위해서는 부모와 자녀 간에 애착을 형성하도록 하는 일이 전부라고 해도 과언은 아니다. 특히 이유기 이전에 엄마의 세심한 보살핌은 애착형성에 다시없는 소중한 의미를 지닌다. 뿐만 아니라 항상 자녀를 정겹게 대하고 부드러운 말씨와 서로 간에 피부를 맞대고 함께하며 한가롭게 눈빛을 교환하는 등의 여유로운 행동이 이어지도록 해야 한다.

인간 행동의 기본지침은 거짓과 이기(利己)가 아예 발붙이지 못하도록 하는 것과 매사에 성실함을 유지하는 것이다. 거짓이란 욕심을 전제로 자신의 생각과 몸이 일치되지 못하는 것이며, 이기란 자신과 다른 사람의 생각을 일치시키지 못하는 것을 나타낸다. 그리하여 만일 이것을 그대로 방치하는 경우 사고는 욕구의 노예로 전락하여 발달에 치명적 손상을 입는다. 소위 얄팍한 거짓으로 간교한 잔꾀만 늘어가게 된다.

그리고 성실함을 위해서는 꾸준한 노력에 기초한 자기 신뢰감이 선행되어야 한다. 이것이 결여되면 추진력이 부족하여 매사가 용두사미(龍頭蛇尾)의 결말로 끝을 맺게 되기 때문이다. 자기 신뢰감을 갖게 하기 위해서는 매사를 자율적으로 처리할 수 있도록 배려해 주는 것이 중요하다. 이를 통하여 자신이 수행해야 할 책무와 혼연일체가 되는 사태를 접하게 된다. 그리하여 자신이 처리하는 일에 대하여 정직하고 성실한 생활 자세를 견지할 수 있도록 하고, 특히 다른 사람들과 함께 어울리는 경우에 기본적으로 타인을 배려하는 행동을 생활화하도록 해야 한다.

그리고 감각 능력의 신장을 위해서는 다양한 감각 체험의 기회를 제공하여 시각, 청각, 미각, 후각, 촉각 등의 다섯 가지 감각 능력을 균형 있게 발달시켜야 한다. 이러한 능력의 발달은 유아 시기 이전에 대부분 이루어진다. 따라서 이러한 능력을 구비해 놓는 것은 집짓기로 말하면 땅을 고르고 다지고 주춧돌을 놓는 것과 같다.

만일 이러한 제반 능력이 어느 한편으로 편중되거나 부족하면 인식 능력이 약화되어 매사가 중심을 잃고 방황하게 되어 결국 정처 없이 떠도는 방랑자의 모습을 벗어날 수가 없다.

이러한 의미에서 가정교육의 성패 여부에 따라 모든 교육의 성패가 달려 있다고 말할 수 있다. 인간의 발달에서 초기 단계인 가정교육이 바로 학교교육의 뿌리가 되는 것임을 절대 놓쳐서는 안 된다.

다시 한번 강조하거니와 만일 가정교육에서 조금이라도 문제가 발생하면 그만큼 학교교육에서 치명적 문제가 나타나는 것임을 명심해야 한다.

2) 자율능력 확립의 단계

자율능력 확립의 단계는 한마디로 자신과 관련된 기본적 문제 해결 능력을 신장시키는 단계이다. 여기에서는 다양한 문제 해결을 위한 기초 체력, 기초 언어능력, 기초 학습능력, 주변 상황과 자신의 관계 파악 능력, 물적·인적 자원 활용능력 등이 요구된다. 이러한 능력은 대체로 초등학교에서 중학교 초기에 이르는 과정에서 서서히 정착되어 나간다.

(1) 기초 체력

기초 체력의 단련을 위해서 놀이, 여행, 운동, 친구들과 어울리기 등 다양한 활동의 기회를 마련해 주어야 하는 것은 말할 것도 없으며, 음식도 가급적 자연식을 중심으로 입맛을 들이도록 안내해 주어야 한다.

물론 여기에서도 중요한 것은 소위 자율성이라는 것이다. 자신의 활동을 전개해 나가는 과정 속에서 보다 효과적인 방안을 생각해 내고 직접 그것을 시도해 보고 그에 따른 성취감을 충분하게 경험해 보는 기회를 가져 보아야 한다.

(2) 기초 언어능력

다음에 절대적으로 요구되는 능력이 기초 언어능력이라는 점을 알아야 한다. 이러한 능력의 준비가 없이 공부를 하려고 하는 것은 마치 필기도구 없이 글씨를 쓰려고 하는 것과 같다. 기초 언어능력의 증대를 위해서 부모는 자녀의 이야기에 진지하게 귀 기울여 주고, 서로 간 대화의 기회를 자주 마련하는 한편, 매사 언어활동에 모범을 보여 주어야 한다. 물론 이러한 언어활동에서 독서는 기본이 아닐 수 없다. 생활 속에서 가족들이 자연스럽게 독서를 습관화하는 것보다 언어능력에 도움이 되는 것은 없다.

그러나 대부분의 가정은 학교 성적에 얽매여 자녀들이 독자적으로 자유롭게 이러한 행동에 접할 수 있는 기회를 박탈하고 틀에 박힌 공부에만 거세게 몰아붙임으로써 박제형의 인간을 만드는 데 급급한 현실에서 헤어나지 못한다. 소위 마마보이, 공부벌레, 시험박사 등은 이러한 현상의 전형적인 하나의 예이다. 그저 안타까울 따름이다.

(3) 기초 학습능력

다음은 기초 학습능력을 길러 주어야 한다. 앞서 언급한 기초 체력이나 언어능력을 위해서도 물론 기본적으로 자율성을 고려해야 하지만, 특히 기초 학습능력을 갖추기 위해서 자율성은 거의 절대적 의미를 지닌다고 할 수 있다. 학습능력은 원천적으로 자신이 학습을 행하여 보는 가운데 절실하게 깨달아 익힌 것이 아니면 안 되기 때문이다.

그러므로 이 단계에서 스스로 문제를 설정하고 탐구해 보고 그 결과를 자평해 보는 등의 경험을 통하여 학습능력을 갖추지 못하면 아무리 대학교까지 공부를 한다고 해도 결코 만족할 만한 성과를 얻을 수가 없다.

따라서 이 단계에서 교사나 부모가 절대 삼가야 할 것은 매사에 간섭하는 일이다. 분명한 하나의 원칙은 부모는 가급적 도움 요청이 있을 때까지 참고 기다려 주는 것이다. 그렇다고 하여 이러한 때에 수수방관하거나 무관심해서는 안 된다. 지나친 관심도 안 되지만 무관심은 더욱 안 된다. 자녀가 관심을 갖고 하는 일에 방해가 안 되도록 성의 있게 지켜보아 주는 것이 가장 좋다.

부모가 자녀의 행동에 참여하는 일 중의 하나는 일의 성취에 따라 적절하게 보상을 해 주고, 다소의 문제가 있으면 함께 생각해 보는 것이다. 즉, 가시적 성과가 있을 때에는 자녀가 정신적으로 시간적 여유가 있는가를 살펴서 가급적 빠른 시일 내에 칭찬을 해 주고, 다소의 문제가 있을 경우에는 나름대로 의견을 넌지시 제시하여 참고할 점을 일깨워 줌으로써 그동안 교사나 부모가 일의 추진 과정을 어느 정도 소상하게 파악하고 있었음을 간접적으로 알려 주어야 한다. 매사에 성급한 판단이나 지나친 우려는 모두 해가 될 뿐이다.

(4) 관계 파악 능력

주변 상황과 자신의 관계 파악 능력을 갖추어 나가야 한다. 이것은 대부분의 경우 소홀히 취급하고 있으나 이 역시 중요한 자율적 능력이기에 많은 관심을 기울여야 한다. 이것은 어릴수록 다양한 분야에 관심을 갖도록 해서 자신의 주변 상황을 개략적으로 파악할 수 있도록 하는 것이다. 대개 어린아이가 어느 한 분야에 두각을 나타내면 마치 영재인 듯 착각하고 흥분하여 적극 지원하기 위해 노력하는데,

이것은 한마디로 눈치 없는 아이로 성장시키는 것이다. 아이는 그것이 전부로 생각하고 다른 것은 거들떠보지도 않기 때문이다. 그렇게 되면 자신의 관심사 외의 주변 상황을 파악할 수 없게 되어 아이의 정상적인 성장 발달에 치명적인 영향을 준다.

그러므로 가급적 아이의 자율적 관심에 따르되 다양한 활동을 통하여 주변 상황을 파악할 수 있도록 해야 한다. 이러한 가운데 자연스럽게 주변 상황과 자신의 관계를 파악할 수 있는 능력이 형성된다.

(5) 물적 · 인적 자원 활용능력

마지막으로 물적 · 인적 자원 활용능력은 자율적 활동의 총체라고 할 수 있다. 앞에서 언급한 제반 단계를 충실하게 경험하게 되면 자연히 자신감이 형성되어 자신이 하고자 하는 것을 스스로 계획하고 판단하여 실행에 옮길 수 있게 된다. 이러한 경우 추진하고 있는 일이 자신의 계획대로 성공할 수 있는가의 여부는 바로 주변의 물적 · 인적 자원을 얼마나 잘 활용할 수 있는가에 달려 있다. 이러한 의미에서 자율성의 확보는 결국 자신감의 확보와 깊이 연계되어 있다고 할 수 있다.

3) 고등 능력의 발달 단계

고등 능력의 발달 단계는 자신의 정체성 확립, 강건한 체력, 진로 설정, 주변 상황 등의 총체적 분석, 각종 판단에 따른 고도의 비판 및 언어논술능력, 장 · 단기 예측과 계획 수립에 따른 실행 능력 등을 신장시키는 단계이다. 이러한 단계의 제반 능력 중에서 가장 중요한 것은 고도의 비판 및 논술능력이다.

논술능력을 효율적으로 신장시키기 위해서는 앞서 언급한 바와 같이 독서가 필수적이다. 다양한 서적에 대한 관심을 키워 나가며 수준에 알맞은 책을 선택하여 읽을 수 있도록 많은 기회를 마련해 주어야 한다. 이때에 주위의 대형 서점이나 규모가 큰 도서관을 자주 출입하는 경험을 반드시 해 보는 것이 좋다. 교과서는 물론 그와 관련된 참고 서적들을 역사, 철학, 문학, 예술, 과학, 사회 등을 중심으로 꾸준히 읽어 나갈 수 있도록 해야 하기 때문이다. 다시 말해, 기본적으로 대자연에 대한 이해를 위하여 물리, 화학, 생물, 천문, 지리 등의 서적을 읽고, 사회를 익히기 위해서는 정치, 경제, 역사 등의 서적을 읽는다. 또한 인간을 제대로 이해하기 위해서는 생리학과 심리학을 그리고 문학과 예술, 종교와 철학 등의 서적을 중심으로 역사를 읽어 나가야만 한다.

여기에서 한 가지 중요한 것은 교사나 부모가 항상 책을 탐독하는 모습을 보여 주어야 한다는 점이다. 이것이 사정상 어려울 경우에는 학생들의 주변을 청결히 하고 차분하게 가라앉은 분위기를 조성해 주어야 한다. 공부방이나 교실 주위가 각종 소음으로 시끄럽다든지 잔칫집과 같은 축제 분위기에서 공부를 한다는 것은 학생들에게 심한 고문이 되기 때문이다.

요즈음 학교의 연중행사의 하나로 축제 기간을 설정하여 각종 행사를 벌이고 있는 것이 상례이지만 적어도 교내에서만큼은 그러한 행사를 자제해야 한다. 정신없이 굿판을 벌여 놓고 독서를 하라는 것은 어불성설이며, 설령 축제 기간이 지났다고 해도 학교의 면학 분위기 조성은 그만큼 어려울 수밖에 없다. 초등학교 이하에서는 모르되 최소한 중학교 이상에서는 당연히 자제해야 할 일이다.

물론 학생들도 간혹 교외로 나아가 생각을 정리하거나 또는 자연과 더불어 친구들과 교분을 나누며 한가로운 시간을 갖는 것은 중요하다. 하지만 그것이 도를 넘어 광기에 가까운 일탈이 된다면 문제가 아닐 수 없다.

또한 간혹 외국의 실습 위주의 교육을 마치 교육의 전형인 양 착각하여 어수선한 학교 분위기를 당연한 것으로 여기는 사태도 종종 볼 수 있지만 그 어떤 경우에도 비판적 독서와 논술에는 분명한 한계가 있는 것임을 알지 않으면 안 된다.

여하튼 논술은 책 읽기를 중심으로 하며 독서량이 늘어나면 자연히 생각이 늘어나고, 생각이 늘어나면 저절로 글을 지을 수가 있게 된다. 논술은 이처럼 독서를 바탕으로 자연스럽게 나타나는 현상이지 억지로 글재주를 부리는 일이 절대 아니다. 독서량이 늘어나면 자신도 모르게 사고 능력이 어느 정도 신장되는 것을 느끼게 되며, 어떠한 주제가 주어지더라도 그에 대한 예리한 분석과 판단을 통하여 보다 심층적인 그리고 또 다른 시각에서 나름대로의 논리를 지닌 창의적 언어 표현이 점차 자유로워진다. 다시 말해, 논술은 어떠한 경우에도 기존의 의미의 심화, 확대, 창의 등의 범주를 벗어나지 않는 것이다. 하지만 대부분의 사람이 이러한 능력을 먼발치에서 그저 바라만 보는 형편에서 만족할 수밖에 없는 것이 부정할 수 없는 우리의 교육 현실이다.

여하튼 이러한 제반 과정에 따른 능력들이 그 각각의 시기에 맞추어 착실하게 성숙되어 나갈 때, 비로소 주변 상황에 알맞게 대처할 수 있는 생명력을 지니게 된다고 할 수 있다.

그런데 이상하게도 우리의 교육 현실은 이러한 단계와 능력들을 도외시한 채 교과 시험 성적의 수치를 상승시키는 죽은 교육에만 온갖 노력을 집중하고 있으니 이 어찌 학생들에게 참다운 생명력을 지니도록 하게 한다고 할 수 있겠는가. 그러한 일련의 과정을 통하여 이들이 얻게 되는 것은 단지 얼마간의 낱개의 흩어진 지식 조각들과 정답을 알아맞히기 위해 요구되는 순간의 집요한 직감력 이외 과연 무슨 능력이겠는가를 한번쯤 되돌아보아야 할 일이다.

나약하고 시들어 있는 체력, 교과 시험 성적 서열에 따른 열등감과 무력감, 특별한 재능을 지니지 못한 소외감, 삶의 뚜렷한 목적의식 상실 등은 죽은 교육의 대표적 산물이다.

이제 우리 모두는 교육의 몽매에서 깨어나야 한다. 우리가 갈 곳이 어디이며, 지금 어디로 가고 있는 것인가를 다시 한번 명확하게 살펴보아야 한다. 문제 부모와 교사는 있어도 문제 아동과 학생은 없다는 점을 또렷이 인식해야 한다. 그러나 현실은 이와 반대로 문제 아동은 있어도 문제 부모나 교사는 없다. 내 자신이 이미 문제 부모이며, 문제 교사임을 자각할 때 비로소 문제 해결의 실마리를 찾을 수 있다.

부모의 경우 자녀에게 공부할 것을 강요하기 전에 자신의 과욕 때문은 아닌지 또한 자녀의 발달 과정에 대하여 얼마나 관심을 갖고 있는가를 먼저 자문해 보아야 한다. 그리고 교사는 학부모의 무리한 요구에 대응하여 얼마나 자신 있게 학교교육의 방향을 논리적으로 당당하게 제시할 수 있으며, 또한 학생의 심리 상태를 얼마나 이론적으로 잘 헤아려 볼 수 있는가를 살펴보아야 한다.

이러한 문제 제기가 부모들이나 교사들에게 심각하게 부각되어 그 두려움을 뼛속 깊이 느끼게 될 때만이 비로소 교육이 생명력을 찾는 계기가 마련된다.

이상의 의미에서 교육의 단계 역시 무엇보다도 그 뿌리가 되는 영·유아의 발달에 깊은 관심을 갖는 것이 중요하다고 할 수 있다. 이들은 아직 인식 능력이 미흡하여 스스로 생각할 수 없기 때문에 주변의 면밀한 보살핌과 지도가 필요하다는 점을 부모들이나 교사들은 항상 진정으로 잘 기억하여 세간에 만연하여 있는 다양한 교육 언설과 순간적으로 유행하는 학습 모형에 얼을 빼앗기지 말아야 한다.

이제는 더 이상 교육에서 아이들을 볼모로 하여 교육의 유행을 좇아 썰물처럼 빠져나가고 밀물처럼 밀려 들어오는 행태를 재연해서는 안 될 것이다.

⑦ 학교교육

1. 학교교육의 의미

인터넷망이 거의 전 세계에 구축되어 있는 오늘날 학교의 역할에 대한 의구심이 고조되고 있다. 이제는 과거와 달리 구태여 학교에서 지식을 구할 필요가 없다는 것이 주된 이유이다. 물론 인터넷에서 필요한 정보와 지식을 얼마든지 얻을 수 있는 시대가 된 것은 사실이다.

굳이 인터넷이 아니라도 매 순간마다 산더미처럼 쏟아져 나오는 각종 전문 서적을 활용해도 얼마든지 필요한 지식을 습득할 수 있을 뿐만 아니라 다양한 통신망의 각종 강좌를 통하여 혼자서 공부할 수 있는 길도 수없이 열려 있기 때문에 '이제는 학교가 필요 없다'는 주장도 강한 설득력이 있다고 여겨진다.

하지만 이러한 주장은 학교의 역할에 대한 깊은 이해가 결여된 것임을 알아야 한다. 학교가 단순히 지식을 전달하는 기능을 담당하는 것이 아닌 이상 그러한 주장은 옳은 것이라고 할 수 없다. 그렇다면 과연 학교의 역할은 무엇인지 면밀히 따져 보아야 한다.

학교의 역할은 한마디로 말하면 '인간가치의 고양'이다. 광대한 우주와 자연 그리고 자신이 속한 사회에 무엇이든 가치 있는 역할을 담당할 수 있는 사람으로 만드는 것이 학교의 핵심 역할이다.

더 구체적으로 말하면, 학교는 인간을 에워싸고 있는 자연환경인 우주 자연과 인위적 환경인 사회를 체계적으로 알려 주어 그에 합당한 역할을 하도록 조력하는 기관이다. 물론 이러한 과정에서 자신의 정체성을 확립해 나가고, 한편으로는 자신의 역할에 따른 역량을 신장시켜 나가는 것은 필수적이다. 따라서 교육은 우주 자연과 사회의 요구에 밀접하게 부합하는 것이 아니면 안 된다. 그 의미를 차례대로 알아보면 다음과 같다.

우선 우주 자연은 우리 인간의 생활 터전이며, 생명을 유지할 수 있는 근거가 된다. 가까이는 하늘과 대지가 있고, 조금 더 멀게는 이들을 제공해 주고 온갖 만물의 보고가 되는 우주가 있고, 우리의 감각을 벗어나서는 이 모든 것을 생성시키고 소멸하게 하는 숭고하고 신비한 능력을 지닌 그 무엇이 있다.

따라서 인간은 우주 자연으로 하여금 다양한 혜택을 조건 없이 베풀어 주는 신비함에 감사할 줄 아는 마음의 소유자가 되어야 한다. 학교의 역할이 싹트는 것은 바로 이러한 계기에서 찾을 수 있다.

인간은 다른 동물과 달리 이성의 소유자이다. 단순히 먹고 살아나가기에 분주한 여타 동물과는 달리, 새로운 도전을 꿈꾸며 현실을 인내하며 준비하거나 자신의 삶을 반성하고 새로운 각오를 다짐하는 등의 활동을 하는 것이다. 이때 요구되는 것이 자신이 몸담고 있는 지지 기반, 즉 우주 자연의 철저한 분석과 이해이다. 엄청난 비용을 들여 우주에 로켓을 쏘아 올려 화성, 목성, 토성 등에 대한 탐사를 계속하는 이유도 바로 여기에 있다.

이러한 자연에 대한 정확한 이해는 결코 어느 개인의 지속적 탐구만으로는 불가능하다. 기본적으로 인류 문명사 이후의 여러 위대한 인재가 공들여 이룩해 놓은 탐구 결과와 현재 우리가 지닌 지식의 체계를 면밀하게 비교 및 검토하는 과정이 수반되어야 한다. 뿐만 아니라 보다 더 정확한 자연과학 제 분야의 관계적 이해를 요구한다.

이처럼 어떠한 현상에 대한 전후, 좌우, 종횡에 따른 입체적이고도 체계적인 관련을 통하여 얻는 지식을 개념이라 한다. 이것은 오랫동안 심오한 원리와 이론의 탐구를 통한 고도의 숙련된 능력이 있어야 가능하다.

이에 반하여, 보통 우리가 일상생활 속에서 겪게 되는 경험을 통해 얻을 수 있는 지식을 경험이라 한다. 후자가 자신의 능력과 지적 수준에서 산발적 또는 즉흥적으로 얻을 수 있는 단편적인 것임에 반해, 전자는 일정한 수준의 준비 과정을 통하여 얻은 능력을 바탕으로 고도의 지적 조작이 수반되어야만 얻을 수 있는 조직적이고 체계적인 것이다.

학교에서 다루는 대부분의 지식은 이러한 조직적이고 체계적인 이해를 위한 것으로 그러한 지식의 습득에는 논리적으로 정해진 과정과 단계가 필수적으로 내포되어 있다. 이러한 과정과 단계를 결정하는 일은 반드시 어느 정도의 지적 수준에 이른 안목을 소유한 소위 전문가를 선결적으로 요구한다. 교사는 이와 관련한 일정 수준의 능력을 지닌 사람들이다.

따라서 교사는 자신이 소유하고 있는 그러한 지식을 학생들에게 알려 주어 그들이 자연과 사회에 합당한 역할을 할 수 있도록 하는 역할을 담당한다.

우주 자연 다음으로 사회 역시 우리의 삶에서 무엇보다 중요한 의미를 지니는 인적 관계를 형성해 주는 중요한 환경이다. 가정에서는 부모, 형제, 친척의 관계가 형성되고, 이웃에서는 친구, 어른, 지인 등의 관계가 형성되며, 사회에서는 상사, 동료, 부하직원 등의 관계가 형성되어 결국에는 동포, 민족 나아가 인종, 인류 등의 관계가 이어진다.

따라서 인간은 이러한 여러 가지의 인간관계를 원만하게 유지할 수 있도록 노력해야 한다.

그러나 매사가 그러하듯이 특히 인간관계는 상호 간의 이해를 바탕으로 이루어지므로 자신의 이해득실에 따라 분명한 친소(親疏)의 차별 관계가 형성되는 것이 일반적 경향이다. 이러한 차별 관계를 극복하고 조건 없이 다른 사람들을 아끼고 사랑하며, 온 인류를 가슴으로 포용할 수 있는 자애로운 능력이야말로 인간이 지녀야 할 가장 소중한 덕목 중의 하나이다.

이를 위해서는 다른 사람보다 조금 더 뛰어난 능력과 자신의 개인적 욕구를 제어할 수 있는 능력이 동시에 요구된다. 학교의 역할이 싹트는 것은 바로 이러한 계기에서 찾을 수 있다. 다시 말해, 인간과 자연을 온 정성으로 두루 사랑할 수 있는 마음은 인간과 우주에 관한 총체적 이해를 바탕으로 하지 않고서는 불가능한 일이다. 학교교육은 바로 그러한 새로운 차원의 이해를 추구하는 곳이다.

이러한 차원 높은 이해는 자신과 다른 사람의 관계를 또렷하게 인식하고 타인에게 먼저 도움을 마련해 줄 수 있는 뛰어난 능력의 연마와 자신의 개인적 욕구를 제어하기 위한 끊임없는 인격의 수련이 뒷받침되어야 가능하다. 사람들이 수준 높은 교양을 쌓으려 항상 열심히 공부하고 평소 다른 사람들과 교분을 쌓아 나가는 것은 모두가 여기에 귀결된다.

특히 인간은 다른 동물과 달리 세밀한 감성의 소유자이다. 본능적으로 다른 사람들과 서로 애틋한 사랑을 주고받으며, 그들과 좋은 감정을 유지하기 원한다. 하지만 현실은 이와 반대로 각자의 이해득실에 따른 끝없는 쟁투에 직면하게 된다.

이와 같은 사랑과 투쟁의 갈등을 극복할 수 있는 유일한 길은 바로 교육뿐이다. 참다운 심성의 연마와 진솔한 인간관계의 형성은 오직 교육이 있기에 가능한 것이기 때문이다. 이것은 결코 어느 개인의 지속적 노력만으로는 불가능하다.

학교교육을 통하여 오랜 인류 문명사 속에서 위대한 능력을 발휘한 여러 인재의 성취 결과와 그 배경, 현재 우리가 지니고 있는 능력의 한계 등을 면밀하게 분석하는 정교한 검토 과정이 수반되어야 한다. 뿐만 아니라 그러한 검토 과정에 의하여 도출된 바람직한 능력을 연마하기 위해서는 다소 지루하고 험난한 과정을 반드시 극복해 나가야만 하는 바, 이것은 혼자만의 노력으로는 피할 수 없는 한계가 있다.

물론 출중한 능력의 연마를 위하여 무엇보다 스스로 강한 의지를 확립하는 것이 선행되어야 하는 것은 틀림이 없는 사실이지만 더욱 중요한 것은 그러한 능력을 연마해 나가는 과정의 치밀성이다. 기나긴 세월에 걸쳐 단계적으로 정확하게 자신의 능력을 갈고 닦지 않으면 안 된다.

또한 이러한 능력은 단순히 어느 특정의 기능을 습득한다고 해서 되는 일도 아니다. 여기에는 반드시 그러한 기능 이면에 숨겨져 있는 원리와 의미를 정확하게 파악하는 일이 수반되어야 한다. 이러한 일은 이미 어느 정도의 능력과 안목을 소유한 사람이 아니면 안 된다. 학생들에게 교사가 필요한 이유는 바로 이 때문이다.

따라서 학교가 '인간가치의 고양'이라는 소정의 목적을 달성할 수 있는가의 여부는 거의 교사의 능력에 달려 있다고 해도 과언이 아니다. 학생들의 배움에 대한 의지도 의지려니와 그만큼 어려운 과제를 자유자재로 능숙하게 수행할 수 있는 교사가 소중하다.

그러나 인터넷이나 기타 여러 방법을 통해 지식을 얻는 것은 자신의 관심사를 주축으로 이해의 폭을 넓혀 나가는 것일 뿐, 체계적 이해를 위한 엄밀한 단계별 과정에 따르는 장시간의 연속적 연마를 통하여 지식 이해의 총체적 안목을 형성하는 것과는 사뭇 다른 것이다.

이러한 맥락에서 볼 때, 개별적 지식의 축적은 적어도 '인간가치를 고양'하는 일과는 의미가 매우 다른 것이라고 볼 수 있으며, 설령 그것이 인간가치를 드높일 수 있는 방법이라고 해도 그것은 어디까지나 그 질적 수준에 있어 나름대로의 한계를 지닐 수밖에 없는 것이다.

아울러 학교에서 학생들이 이해하기 쉽고 좋아한다고 해서 단순한 경험적 이해를 위한 교과과정에 치중하는 것은 학교의 본질적 기능을 도외시하며, 교사의 막중한 책임을 회피하는 것이다. 경험적 이해는 단순하게 기능적 측면만을 숙련하는 것으로 이러한 경우 우주 자연과 인간관계의 총체적 이해를 결여한 데 따른 자율성의 제약이 수반되는 결정적 취약점이 있음을 결코 간과해서는 안 된다.

주지하는 바와 같이 인간의 자율성은 개개인의 삶에 있어 근본이 되는 중요한 자질로서 이것이 없는 삶은 노예나 다름없다고 할 수 있다.

예컨대, 단순히 기능만을 익힌 경우에 같은 기능을 발휘한다고 해도 상황에 따른 응용과 강약의 조절은 물론 창의적 개선이 어렵게 된다.

따라서 그러한 정도의 이해를 위해서 굳이 학교가 존재할 하등의 이유가 없으며, 만일 그러한 이유로 학교를 존속시키려 한다면 진정 그 깊은 의미를 모르고 있는 수많은 사람을 기만하는 것이 아닐 수 없다.

그런데 이러한 눈속임은 오늘날 교육 현장에서 흔히 일어나고 있는 사태 중의 하나이다. 모든 교육을 오로지 학생들의 성적 올리기 경쟁으로 몰아가고 있다. 학생들은 물론 교사들마저도 여기에서 벗어나기 힘든 상황이라고 보아야 할 것이다.

해마다 수만 명의 초·중등학생이 학교에서 성적이 부진하다고 하여 외국으로 유학을 간다. 또한 성적이 부진한 학생의 일탈행동을 사전에 방지하고 학교생활에 잘 적응할 수 있도록 한다는 명분으로 전국에 다양한 형태의 대안학교를 세우고, 교과 성적을 올리기 위해 각 가정마다 가계 운영에 많은 어려움을 겪을 정도로 사교육에 엄청난 비용을 지출하고 있는 상황에서도 어찌된 일인지 교육의 문제는 날이 갈수록 늘어만 가고 있다.

이러한 문제의 근원적 대안을 모색하려 노력하지도 않고, 어느 누구도 책임지려 하지 않고 있는 현실을 어떻게 받아들여야 할지 답답하기만 하다.

물론 전혀 관심이 없는 것은 아니다. 문제는 무엇인가 나름대로 이러저러한 대책을 세워 개선을 시도하지만 언제나 공연한 헛수고에 그치고 만다는 점이다.

특히 교육부 장관이 바뀔 때마다 화들짝 놀란 토끼처럼 의례적으로 각종 현안을 둘러싼 교육 개혁안을 발표하여 시행한다. 하지만 그 끝은 언제나 용두사미 신세를 면치 못하는 것을 우리는 수차례 보아 왔다.

세칭 교육 개혁(안)의 시행이 한껏 소용돌이치는 기간에 수많은 학부모는 자녀들의 성적 관리를 위해 갈피를 못 잡고 우왕좌왕하고, 일선 학교들은 수업보다 개혁안 실적 보고서 작성에 더 신경을 곤두세워야 하는 고초를 겪는 것이 상례이기 때문이다. 이제는 무슨 개혁안이라는 것은 으레 하나의 통과의례가 되어버린 지 오래이다.

그렇다면 우리는 어떻게 해야 하는가. 그것은 우선 교육 문제의 본질을 정확하게 읽어 내는 일에서 출발해야 한다. 오늘날 공교육 문제의 핵심은 학생들의 마음을 정확하게 읽어 내지 못하는 데서 기인한다. 말로는 '학생 중심 교육' '소비자 중심 교육' '인간 중심 교육' '열린 교육' 등 세상에서 좋다고 하는 용어는 하나도 빼놓지 않고 들이대고 있지만, 실제로는 교과 성적을 의식하여 '문제 중심 교육' '암기 중심 교육' '국어, 영어, 수학 중심의 교육' '단편적 지식 중심 교육' 등 모두가 학생들의 마음을 병들게 하는 교육을 한다.

예컨대, 공교육에서 성적이 부실하다 하여 '방송 교육'을 강화하여 현장 교육을 폐하고, 교사가 다소 문제가 있다 하여 교사를 평가하여 공공연히 학생들 앞에서 결과를 발표하고, 대학입시가 한 해 1회로는 부족하다 하여 연중 수시모집을 하게 하는 등 너무도 교육의 근간을 벗어나는 일들을 서슴없이 하고 있다.

특히 수시모집은 교육 병폐의 온상이라고 해도 과언이 아니다. 학교의 생명은 오로지 면학 분위기가 살아 있는가의 여부에 달려 있다.

또한 적어도 대학 입학 전 마지막 일 년 동안은 자신의 진로에 따른 학과와 대학의 특성에 비추어서 아직 부족한 점을 스스로 차분하게 생각하고 보충할 수 있는 기간이 되지 않으면 안 된다.

설령 그동안 나름대로 열심히 준비하고 노력했지만 시험 당일 그야말로 운수가 사나워 예상한 결과를 얻지 못했다 하여도 본래 인생은 그런 경우도 있다는 것을 받아들일 수도 있어야 한다. 또한 꼭 좋은 점수를 얻는다고 하여 성공하는 것도 아니며, 굳이 더 좋은 점수를 얻고자 한다면 얼마든지 재수, 삼수의 길도 열려 있다.

그런데도 불구하고 그 몇 개월을 못 참고 아직 정규 과정도 마치지 못한 학생들에게 수시로 대학을 선택할 수 있도록 하여 교사나 학생 모두가 들뜬 정신으로 수업에 임하게 하는 것은 도저히 이해할 수 없는 처사가 아닐 수 없다.

교육은 순수하게 학생들의 마음을 헤아리는 본질에서 출발해야 한다. 학생들이 누구인가. 이들은 세상에 태어난지 그리 오래지 않아서 아직 세상의 모든 것이 익숙하지 않은 어린 생명들이다. 이들의 염원은 한결같이 세상을 남들처럼 즐겁고 행복하게 살아가고 싶은 것이다.

이들이 필요한 것은 국어도 영어도 윤리도 음악도 아니다. 그 성적의 높고 낮음은 이들에게 단지 수단적 의미만 지닐 뿐이다. 학생들이 실제로 중요한 것은 앞으로 자신들의 미래 소망을 성취하지 못하는 일이 있어도 지금 당면하고 있는 교육 현실의 고통과 괴로움을 덜어내는 일이다. 다시 말해, 그들의 먼 미래에 다가올 성취의 기쁨보다 현실의 교과 성적에 대한 중압감을 벗어나는 일이 더 시급한 것이며, 아무리 교사가 국어와 수학이 중요한 것이라 해도 그것은 오로지 그들의 소망을 성취하기 위해 의무적으로 겪어야 하는 하나의 고통스러운 절차일 뿐이다.

그런데 우리의 교육 현실은 학생들의 고통을 외면한 채 그와 같은 정반대의 길을 가고 있다. 교과가 중요한 것이기에 무조건 고통을 감수하고 공부해야 하며, 성적이 높아야 좋은 대학에 가기에 영문도 모르고 암기해야 하는 상황을 연출한다. 참으로 심각한 문제가 아닐 수 없다.

따라서 교육은 가급적 학생들의 어려움을 덜어 주고 어떻게 해야 그 소망을 달성할 수 있을지를 소상하게 알려 주는 일에서 출발해야 한다. 학교는 비록 성과가 적어도 또는 사람들의 비난이 빗발친다고 해도 정해진 교육과정에 따라 묵묵히 학생들의 개념적 이해의 수준을 높여 가는 일에 온갖 노력을 경주해 나가야만 한다.

물론 경우에 따라 학생들의 개별적 성향을 고려하여 학교교육을 파행적으로 진행할 수 있는 것도 부인하기 어렵지만 그렇다고 해서 학교 본연의 역할마저 부정할 수 있는 것은 아니다. 시대의 변화에 편승하여 학교교육을 쉽게 펼쳐 나갈 수 있는지는 모르되, 적어도 교육자라고 한다면 학교 본연의 역할을 외면할 수는 없다.

2. 학교교육의 내용

1) 교육내용과 교과서

교사가 학교에서 학생들에게 가르치는 것은 무엇인가 하는 것은 교육에서 너무나도 중요한 핵심적 사안 중의 하나이다. 아마 많은 사람은 이러한 질문 자체를 너무 무미건조한 것으로 여길지 모른다. 아니, 분명 그렇게 여길 것이라는 생각을 지울 수 없다. 누구나 다 알고 있듯이 교육법에 정해져 있는 학교급별 소정의 각 교과서가 이미 마련되어 있기 때문이다.

예컨대, 대부분의 사람이 국어 교사는 국어 교과서, 수학 교사는 수학 교과서 등에 이미 정해져 있는 내용을 가르치고, 학생들은 그것을 배우는 것이라고 생각하는 것이 보통이다.

그리하여 교육은 주로 교사가 각자 자신이 담당하고 있는 교과의 내용을 있는 그대로 하나하나 잘 가르치고, 학생들은 이것을 잘 받아들여 학습해야 하는 것으로 생각한다.

실제로 이러한 사태는 우리의 교육 현장에서 당연시되고 있다. 교사는 교과서의 내용을 면밀히 분석하여 밑줄을 긋거나 또는 핵심 부분을 적시해 가며 학생들에게 알려 주고 있으며, 학생들 역시 교사의 말 한마디 또는 교과내용의 글자 하나라도 놓치지 않으려고 온갖 노력을 다한다.

그런데 이상한 것은 오늘날 그러한 교과서 중심의 학교교육이 온갖 비난의 온상이 되고 있다는 점이다. 그 이유는 바로 학교가 지식 중심, 문제 중심 또는 암기 중심 교육을 하고 있다는 것이다.

여기에서 더욱 이해하기 어려운 점은 학교교육을 그토록 비난하면서도 다른 한편으로는 오로지 문제 중심으로만 수업을 진행하는 학원에는 엄청난 웃돈을 더 얹어 주면서 수많은 학생이 밤낮을 가리지 않고 몰리고 있다는 사실이다. 아니, 몰리는 정도가 아니라 광적 집착을 보이고 있어서 국가가 통제하지 않으면 안 될 정도까지 이르고 있다.

뿐만 아니라 더 놀랄 만한 사태는 학부모들은 물론 학생들까지 학교에서도 그러한 학원과 같은 방식으로 수업을 진행해 달라는 주문을 주저하지 않고 있다. 이것은 아직도 많은 사람이 학교와 학원의 역할과 기능에 따른 특성을 전혀 구분하지 못하고 있다는 증거이다.

일반적으로 학원은 어떠한 일정한 교육과정을 운영하는 곳이 아니라 영리를 목적으로 학원생들의 요구에 따라 보충지도를 행하는 곳이다. 이곳의 치명적 취약점은 특정의 주요 과목에 한정된 내용을 보충하여 가르친다는 점이다.

만일 이러한 보충지도만 이어진다면 학생들의 건전한 인성을 발달시키고 적성을 계발하여 나감에 있어 편중되는 경향을 도저히 피할 수가 없다. 또한 학원의 존립을 위해서는 입학시험 성적 위주의 지도를 행하지 않을 수 없기 때문에 자연히 지식 중심, 문제 중심 또는 암기 중심의 지도도 마다할 수가 없다.

사정이 이러함에도 불구하고 실로 도저히 이해하기 어려운 점은 학원가에서 명성을 떨치고 있는 교과서 분석의 달인이라는 소위 명강사들을 모셔 놓고 문제 풀이 위주로 진행하는 교육방송을 국가가 전국의 학교 수업에 활용할 것을 강요하고 있다는 점이다.

아니, 교육부는 아예 그러한 방송교육이 마치 가장 이상적 교육인 것처럼 호도하면서 정규 수업을 대신하여 활용할 것을 공공연하게 권장하고 있는 실정에 있다. 심지어 이제는 정부가 이것을 교육정책의 매우 성공적 사례 중의 하나라고 자랑스럽게 홍보까지 하고 있는 것을 보면 아연 실색하지 않을 수 없다.

이것은 실로 이해하기 어려운 정도를 넘어서 참으로 경악할 만한 일이 아닐 수 없다. 아무리 사회 현실이 일류 대학 진학을 강요하고 강요당하는 질곡에서 벗어나지 못하고 있다고 해도, 일국의 교육을 관장하는 교육부가 교육의 큰 틀을 제시하고 끊임없이 국민교육이 본질적으로 추구해 나가야 할 이상을 도모하지는 못할망정 이를 보란 듯이 외면하고 현실 여론에 부합하여 교육의 본질을 벗어나 호도하는 데 앞장서는 모습을 어떻게 해석해야 할지 도저히 이해할 수가 없다.

교육의 본질은 누가 뭐라 해도 교사와 학생들 간에 생기 있는 교감에서 찾지 않으면 안 되는 그런 것이다. 그런데도 불구하고 단순히 방송에서 전파를 타고 전달되는 내용만을 충실히 익힐 것을 강요하는 것은 도저히 상상할 수 없는 일이다. 이것은 교육내용에 대한 너무도 무지한 발상에서 비롯된 것이다. 한마디로 교육내용은 그렇게 간단한 것이 아니다.

세상에는 간혹 사악한 수단을 사용해도 좋은 결과를 가져오는 경우도 적지 않게 있다고 여겨진다. 그러나 그러한 것은 단기적으로 볼 수밖에 없는 인간의 착각일 뿐이며, 결국에는 그에 따른 대가를 피할 수 없게 되는 것이 정해진 이치이다.

설령 다른 분야에서는 그렇게 할 수 있다고 해도 교육에서만큼은 절대로 그렇게 해서는 안 된다. 오직 정당한 수단에서만 정당한 결과를 얻을 수 있는 것이 합당한 이치이다. 그리고 오직 이러한 경우에만 인간은 자신의 행동에서 떳떳함을 얻을 수 있다.

국가가 학교교육에 그토록 우매한 정책을 과감하게 펼 수 있는 사태가 발생하였다는 사실이 그저 안타까울 뿐이다. 이러한 문제의 가장 커다란 원인 중의 하나는 교육부 관리를 비롯한 대다수의 많은 사람이 일차적으로 교육내용의 본질을 잘 알고 있지 못하고 있다는 점에 있는 것으로 파악된다. 이제 '교과서 중심 교육'의 근원을 살펴보고자 하는 것은 이러한 배경에서 출발한다.

2) 교과서와 언어

원래 인류의 역사는 한 인간의 일생이라는 결코 짧지 않은 수많은 여정과 여정이 모이고 모여 큰 강물과도 같은 줄기를 이루어 나간다. 그리하여 시작도 알 수 없고 끝도 알 수 없는 것이 역사의 본모습이다. 인간의 삶은 언제나 이러한 총체적 맥락 속에서 생각해야만 한다.

교육도 이러한 의미에서 벗어날 수 없다. 교육을 단지 학교라고 하는 좁은 틀 속에서만 생각해서는 안 된다. 인간이 인간다움을 유지하는 결정적 이유를 여러 가지 측면에서 생각해 볼 수 있지만, 도저히 양보할 수 없는 것 중의 하나는 인간은 기나긴 역사의 틀 속에서도 삶의 맥락을 끊임없이 이어 간다고 하는 점이다. 나의 삶은 단순한 나 자신만의 삶이 아닌 선조들로부터 물려받음과 후손들에게 물려줌이 자연스럽게 이어져 나아가야만 한다.

이러한 정신의 저변을 확대하여 나가는 원동력은 무엇보다 모든 인간이 숙명적으로 지니고 있는 한계를 떨쳐 버리고자 하는 의지의 축적 그 자체이다. 즉, 인간이 스스로 꿈꾸는 완전성을 획득하는 것이야말로 인생 최대의 과업이다. 이것을 실현하기 위해서는 먼저 자신의 한계에 대한 명확한 인식이 선행되고 이를 토대로 자신의 결점을 끊임없이 수정·보완해 나아감으로써만 가능한 일이다.

이처럼 자신의 한계를 극복하고 삶과 삶을 연결하려는 인간의 애끓는 숨결 속에 교육의 숭고한 정신이 담겨 있다. 다시 말해, 교육은 인류 역사를 이어 가는 사회 문화적 맥락을 자신의 한계를 극복하려는 인간의 열정으로 승화, 발전시켜 나가는 과정이다.

이러한 의미에서 우리가 아무리 하고 싶은 것이 있어도 선과 후를 생각하여 때로는 참고 자제해야만 하는 것이 인생의 요체이다. 적어도 배운 사람의 특징이란 현재 자신이 하고 싶은 것과 역사가 자신에게 요구하는 것의 간극이 얼마나 떨어져 있는 것인가를 한번쯤 생각해 볼 수 있어야 한다.

지금 이 순간 우리가 무엇이든 할 수 있다고 해서 하고 싶은 행위를 깊은 생각 없이 마구 자행한다면, 선조들에게 욕됨은 물론 후손들에게 떳떳하지 못함으로 인하여 치욕을 당하게 된다.

특히 언어는 그 나라 민족의 고유한 얼과 정신을 담고 있으므로 대를 이어 갈수록 그 깊이를 더해 가는 것이다. 그러므로 언어를 잃으면 곧 나라의 정체성을 잃어버리는 것과 같은 것임은 이미 주지의 사실이다. 그러므로 특히 외국어 교육에는 매우 신중한 고려가 뒷받침되지 않으면 안 된다. 그럼에도 불구하고 무분별한 외국어 교육이 여기저기 난무하고 있는 것이 오늘의 현실이다.

예컨대, 아무리 관광 수입이 좋다고 해도 제주도 전체를 영어 사용

전용 구역으로 지정하자고 하는 등 철부지의 생각 같은 일은 하지 말아야 한다.

생각이 다소라도 있는 사람들이라면 외국어 교육을 생각할 때에도 먼저 그 언어가 생활 속에서 접하는 대상에 대한 생생한 의미를 얼마나 감각적 체험을 통하여 함축적으로 전달할 수 있는가의 여부를 반드시 고려해야 한다. 즉, 언어가 지닌 개념적 의미와 대상이 전하는 감각적 체험의 일치가 반드시 이루어져야 한다.

예를 들면, 미국인들이 'dog(개)'라고 할 때 우리가 '개(犬)'라고 하는 것과는 그 의미에 엄청난 차이가 있다. 미국인들의 '개'는 가족의 일원으로 거의 사람과 동일한 것으로 생각한다. 하지만 우리의 '개'는 그저 동물의 한 종류일 뿐이다. 집 안에서 애완용으로 기르든, 밖에서 집을 지키는 충견으로 기르든 간에 그것을 가족의 일원으로 생각하지는 않는다.

이처럼 낱개의 단어 하나하나에 그 나라 사람들의 삶과 연계되어 있는 의미가 내재되어 있는 것이 언어이다. 이러한 까닭에 단순하게 외국어를 익힌다고 하여서 외국어를 원어민과 같은 의미로 받아들일 수 있다고 생각하는 것은 크나큰 난센스(nonsense)이다.

이러한 까닭으로 누구라도 그 어떠한 경우에도 모국어를 넘어서는 수준의 외국어를 익힐 수가 없다. 아니, 불가능한 일이다. 실생활과 유리되어 있는 어설픈 외국어 교육은 이러한 점에서 피할 수 없는 한계를 드러낸다. 섣부른 외국어의 사용은 오히려 의미의 혼란을 가중시키는 결과를 초래할 뿐이다.

그러므로 특히 어린이들의 경우, 모국어가 외국어에 떠밀려 주인의식을 잃으면 우선 언어의 의미가 중심을 잃고 방황하게 된다. 중심이 없는 의미는 뚜렷한 갈피를 잡지 못하고 결국 사고에서 혼미함을 벗어날 수가 없게 된다. 외국어 교육에 신중해야 하는 까닭이 바로 여기에 있다.

외국어 교육은 단순히 생활외국어를 구사하는 능력을 길러 주는 것에 몰입해서는 결코 안 된다. 아무리 생활회화 수준의 외국어 교육이라고 할지라도 진정한 대화의 의미 수준까지 고려하여 실행해야 한다. 모든 사람에게 분야별 전문성, 문제 분석과 해결 능력, 정밀한 기획과 추진력, 창의적 사고력, 집단지도력 등의 신장을 위한 수단으로서의 언어능력 수준에 이르도록 외국어 교육을 할 수는 없다고 해도 적어도 그러한 지향점은 분명히 갖고 있어야 한다.

이에 비하여 현재 우리가 사용하고 있는 말과 글은 우리 선조들의 얼이 고스란히 담겨 있는 우리의 것이다. 그것은 이 땅에 태어나 살아가면서 자신을 넘어서고자 한없이 애썼던 우리 선조들의 생각이 대를 이어 나가면서 결실을 맺은 열매이며, 우리의 열정과 삶의 고뇌를 담아내고 있는 보배이다.

바로 이러한 점에서 모국어는 엄청난 강점을 지닌다. 언어가 자신의 사고와 행위를 하나로 겹치게 하는 결정적 수단이 된다. 특히 교육에서 모국어는 인간이 누릴 수 있는 다양한 고등 능력을 제고하기 위한 중요한 도구가 된다는 점을 망각해서는 안 된다. 이것은 아무리 오랫동안 외국생활을 한 사람일지라도 모국어의 자유로움에서 결코 벗어날 수 없다는 점에서 확인해 볼 수 있다.

이러한 의미에서 수천 년의 역사를 통하여 선조들이 물려준 우리의 말과 글을 보존하고 발전시켜 나가는 일이야말로 우리가 해야 할 중요한 일 중의 하나임은 의심의 여지가 없는 것이다. 우리의 말과 글은 그 어느 누구도 함부로 할 수 있는 것이 절대로 아니다. 단지 한반도에서 이 시대를 살아가고 있는 우리만의 것이 아니다. 이것은 우리가 소중히 다루고 다듬어서 후손들에게 물려주어야 할 유산이다.

교육의 문제도 이와 마찬가지이다. 해결하기 어렵다고 해서 도리에 맞지 않는 방법을 동원해서는 안 된다. 어떤 의미에서 문제가 어려울수록 지혜를 발휘해야 하는 것이 도리이다. 먼 훗날 우리 후손들에게 선조들이 교육의 문제를 슬기롭게 대처해 나갔음을 알려 주지는 못할지언정 졸속 처방을 일삼아 그 결과로 왜곡된 교육을 물려주어서는 절대로 안 된다. 지금은 비록 우리가 힘들고 비난을 당하는 한이 있어도 장기적 안목에서 고뇌에 찬 올바른 판단을 통하여 문제를 해결해 나가야 한다.

이것은 기본적으로 언어를 기반으로 한 교과에 대한 바른 이해가 없이는 도저히 불가능하다. 이제 교과에 대한 의미를 살펴보면 다음과 같다.

3) 교과

(1) 교과의 의미

교사와 학생들의 수업 시간에 필수적으로 요구되는 것이 교과서이다. 그래서 교사나 학생들은 한결같이 교과서를 소중하게 여긴다. 하지만 학생들은 교과서에 적혀 있는 내용이 어디에서 비롯된 것이며, 왜 그것을 열심히 배워야 하는 것인지를 정확하게 파악하지 못한다. 이 때문에 많은 학생이 교과서 내용에 대한 이해가 더욱 어렵게 느껴지고, 결국 공부를 할 때 무엇을 어떻게 해야 하는 것인지에 대하여 제대로 알지 못하고 방황하게 되는 것이 일반적 사례이다. 이와 같은 어려움을 다소라도 해소하기 위해 이 절에서는 교과의 본질과 그 성립 배경을 중심으로 살펴보고자 한다.

교육은 어떠한 경우에도 인간의 삶에 필요한 제반 능력을 기르고자 하는 점에서 피해갈 수가 없다. 인간이 바람직한 삶을 영위해 나가기 위한 능력을 고려해 볼 때, 기본적으로 잠재 능력을 지니고 태어난다는 점과 그것을 자신의 삶에 바르게 연결할 수 있는가 하는 문제는 어떠한 의미에서 전혀 별개의 문제이다.

인간의 삶에 있어 가장 중요한 것은 잠재 능력의 유무를 떠나 '과연 얼마나 인간다움을 그의 삶 속에 실현해 낼 수 있는가' 하는 문제이다.

물론 이것은 자신의 잠재된 능력을 최대한 발휘함으로써 가능한 것이지만 더욱 중요한 것은 우선 자신이 나아갈 바를 뚜렷하게 인식한 이후 최선을 다하여 재능을 연마하고 나아가 인류 공영에 헌신하는 것이다. 이를 위해 절대적으로 요구되는 것이 가급적 자신과 주변 사물의 정확한 이해를 통하여 그 관계를 파악하는 것이다.

교과는 바로 이러한 점에서 특유의 가치를 지닌다. 교과는 각 교과별 영역에 따른 주요 관심사를 체계적으로 분석하여 각 요소와 요소 간의 관계를 규명하고 그 원인과 의미를 밝혀 놓음으로써 개념체계의 정치함을 마련함은 물론 본말의 관계를 확연히 인식할 수 있는 틀을 제공한다. 즉, 각 교과는 각각의 탐구 방식에 따른 고유의 개념체계를 지니고 있는 것이다.

따라서 교과를 익힌다는 것은 자신과 주변 환경에 대한 개념적 이해를 통하여 상호 밀접한 관련성을 파악하는 것이 아니면 안 된다.

학생들이 교과를 파악해 나가는 과정에서 다소의 어려움이 따르는 것은 사실이지만 그들을 괴롭히는 도구가 되어서는 안 된다. 그러나 대부분의 학생은 단순히 교과의 이해에만 얽매여 많은 어려움을 겪고 있다.

예컨대, 그토록 이해하기 어려운 수학의 미분과 적분이 도대체 대다수 학생의 삶에 무슨 의미가 있는 것인지를 거의 알지 못한다. 하지만 이것은 본래 주변 사물과 현상을 미시적 관점과 거시적 관점에서 보고 그 관계를 이해할 수 있는 능력을 기르기 위한 것이 목적이다.

이것이 비록 현실적으로는 고난도의 수학 문제를 쏟아 내는 영역으로만 인식되고 있지만, 수학 본래의 분석과 종합의 관계적 의미를 파악하기 위한 중요한 의미를 지니고 있다는 점에서는 이의가 있을 수 없다. 아무리 어려운 미적분이라고 할지라도 결국 수학 교과는 한 마디로 말하여 학생들이 자신의 주변을 보다 체계적으로 이해하는 중요한 수단으로서의 의미를 벗어날 수 없는 것이다. 즉, 삶 속의 다양한 사물과 현상을 일정한 조직 형태에 따라 기술해 놓은 것이다.

여기에서 중요한 것은 조직 형태보다 교육내용이다. 교육내용은 기본적으로 지식인 것으로 원래 지식은 생활 경험을 바탕으로 생성된 것이기에 엄밀하게 말해서 실제와 유리된 순수 지식은 생각하기 어렵다고 할 수 있다. 지식은 언제나 그것을 드러내는 실제와 밀접하게 관련되어 있다.

교과서에 실려 있는 지식의 유형을 그 내용의 실제 특성에 따라 분류해 보면 대체적으로 사실, 논리, 가치, 기능 등으로 구분된다. 이들 모두는 각기 실제의 특이한 현상을 대표한다. 비록 이들 중 논리와 가치는 비교적 지식의 성격이 강하고, 사실과 기능은 경험의 성격이 더 강하다고 볼 수는 있지만 모두가 실제의 현상에 대한 이해를 돕기 위하여 그것을 개념적으로 조직하여 나타낸 것이라는 점에서는 동일하다.

이러한 의미에서 교과는 기본적으로 인류의 다양한 경험을 글로 나타낸 것이다. 그러나 교과의 글은 단순히 경험을 표현한 것은 아니며, 선택성과 조직성 그리고 정련성 등이 부가되어 있는 글이다.

① 선택성

선택성이란 인간의 삶에 특히 요긴하게 활용할 수 있는 것을 중심으로 선정한 것임을 나타낸다. 교과의 글은 사려 깊은 반성적 사고 과정을 통하여 얻어 낸 새로운 생각이 첨가된 수많은 글 중에서 특히 인간의 삶에 보다 편리함을 줄 수 있는 가능성이 높다는 점을 고려하여 선택한 것들이다. 선택의 주요 고려 사항으로는 사용 범위와 빈도 그리고 특히 중요한 것으로 내적 운용성 등이 있다.

내적 운용성은 전자와 달리 조금 더 상세한 의미를 살펴볼 필요가 있다. 아무리 교과가 삶의 편의를 위하여 삶의 현상이나 체험을 글로 나타낸 것이라 하여도 그것은 기본적으로 체험이나 탐구를 통하여 불현듯 깨닫게 되는 현상의 보이지 않는 이면이나 삶의 소중한 지혜를 담아내지 않으면 안 된다. 여기에는 반드시 인간 정신의 보다 자유로운 활동을 가능하게 하는 요소가 담겨 있는 바, 이것을 내적 운용성이라고 한다. 어떠한 의미에서 교과의 가치는 바로 이러한 내적 운용성에 있다고 해도 과언이 아니다.

② 조직성

조직성이란 경험을 논리적으로 조직하여 경험의 의미 및 타당성을 최대한 높여 놓은 것임을 나타낸다. 생활에 긴요하게 활용되는 것일수록 글이 지니는 의미의 맥락이 충실해야 함은 물론 여타 부분과의 다양한 관련성을 모색하지 않으면 안 되기 때문이다.

따라서 개념의 조직체계가 조밀할수록 글 속의 의미가 안정성을 지니며, 반대로 성글수록 안정성을 확보하기가 어렵게 되어 실제의 활용 가능성을 저하시키게 된다. 그러나 조직성이 너무 깊어지면 이해의 난이도가 높아져 학습에 어려움이 발생되는 문제가 나타나게 된다.

③ 정련성

정련성은 글의 갱신 정도를 말한다. 일단 모든 글은 시간과 공간의 한계에 따른 체험의 폭과 깊이의 제약으로 일정한 한계를 드러낸다. 다만, 이러한 한계는 세월을 거듭하여 감에 따라 그 의미가 조금씩 가감이 됨으로써 정교함을 더해 간다.

그러므로 특히 교과의 글은 그 어느 것보다 타당한 경험을 마련하기 위해 수많은 세월을 거쳐 가면서 누적적으로 기존의 경험을 수정 및 보완해 나가는 것이다. 이처럼 오랜 기간에 걸쳐서 인간 경험의 폭과 깊이의 한계, 즉 한 개인이 평생 겪게 되는 경험의 한계를 극복하여 이룩된 글을 정련성이 높다고 하는 것이다.

한마디로 말해 무수한 검증을 통하여 보다 의미의 치밀성을 획득한 것임을 뜻한다. 글의 의미가 정밀해지면 질수록 다른 것과의 관계 설정이 쉽게 이루어지기 때문에 사고의 흐름이 보다 빠르게 진행

된다는 장점을 지닌다.

하지만 그러한 정교함이 고착되면 오히려 새로운 관계 모색을 저해하는 요인이 될 수도 있다는 점에서 필히 유의하지 않으면 안 되는 점이다.

이상으로 논의한 교과는 단순히 일정한 목적의 수단적 의미로써 교육내용이 아닌 교육의 총체적 의미에서 바람직한 인간의 행동 변화를 전제로 한 교육내용을 뜻한다. 이것은 대체로 다음과 같은 인류의 보편적 문제의식에서 크게 벗어나기 힘든 것이다.

- 인간은 무엇을 위해서 사는 것인가.
- 인간은 어떻게 살아가야만 하는가.
- 인간이 만족할 수 있는 삶은 어떠한 것인가.

이제 교과를 이루는 지식과 관련하여 이에 대한 이해를 넓히기 위해서 첫째, 교과의 형성 과정에 따른 경험과 교과, 둘째, 활동과 이론, 셋째, 상식과 학문 등을 통하여 그 관계적 의미를 살펴보고자 한다.

(2) 교과의 본질
① 경험과 교과
우리의 일상적 경험은 교과를 이루는 중요한 바탕이 된다. 여기에서는 그러한 경험이 교과로 연결되는 과정을 살펴보고자 한다. 일반적으로 경험은 자신의 내적 흥미로 인하여 외적 환경과 상호작용하는 가운데 나타난다. 그리고 이러한 경험은 그 결과의 만족도에 따라 가끔 자신의 행동을 되돌아보는 생각, 곧 반성적 사고로 이어진다. 특히 만족스럽지 못한 경우 그 대책을 마련하는 등 더욱 심한 반성으로 이어지는 것이 보통이다.

사람들이 자신의 행동의 부족한 부분을 보완해 나가는 것은 바로 이러한 반성적 사고 때문이다. 이때, 신체적 표현 또는 움직임 등으로 확인할 수 있는 행동을 외현적(外顯的) 경험이라 하고, 그 행동의 결과로 나타나는 반성적 사고에 의한 내적 변화를 내현적(內顯的) 경험이라고 한다.

이러한 의미에서 경험은 외현적인 것에서 내현적인 것으로의 변화가 중심이 되는 것임을 알 수 있다. 그러므로 이러한 변화가 뒤따르지 않는 단순한 외현적 행동은 경험이라고 할 수 없다. 보다 나은 행동의 변화를 가져오는 반성적 사고가 없는 단순한 신체의 움직임은 아무런 의미의 변화를 촉진하지 못하기 때문이다.

물론 단순한 외현적 행동도 자꾸 반복되다 보면 누적되어 어느 일순간 반성적 사고로 이어질 가능성이 있기 때문에 전혀 의미가 없다고는 말할 수 없다. 그러나 여기서 분명한 것은 하여간 경험은 어떠한 행동이든지 간에 반성적 사고의 뒷받침이 있어야 하는 것이다.

여기에서 한 가지 더 생각해야 할 점은 경험의 복합성이다. 이것은 모든 경험은 그것이 아무리 단순한 행동이라 하여도 그 내부에 이미 여러 개의 교과 특성과 두루 관련되어 있는 행동들이 내재되어 있음을 뜻한다.

예컨대, 어린아이가 문방구를 찾아가서 공책을 사오는 과정으로서의 행동을 상정해 보자. 우선 집에서 어느 곳으로 가야 물품을 구입할 수 있을 것인가 하고 생각하게 되는데, 이것은 미리 집에서부터 문방구까지의 길목을 살펴야 하므로 지리와 관련된 행동이 내재되어 있다. 그다음 물건을 사기 위해 몸을 움직여 문방구에 다녀오는 것은 체육과 관련된 행동이다. 그리고 문방구 문을 들어서면서 주인과 조우하며 인사하는 것은 예절로서 도덕과 관련된 행동이다. 공책을 고를 때 그 품질이라든지 색상, 디자인 등의 외양을 살펴보는 것은 미술과 관련된 행동이다. 물품에 대한 정보와 가격을 알아보기 위하여 주인과 서로 이야기를 주고받는 일은 국어와 관련된 행동이다. 또한 구입한 물품과 수량에 맞추어 금액을 지불하고 적절히 거스름돈을 되돌려받는 일은 수학과 관련된 행동이다.

이처럼 공책을 사오는 단일 행동 속에는 여러 교과 관련 행동이 내재되어 있음을 알 수 있다. 즉, 공책을 사오는 과정에 여러 가지 교과 특성의 단순 경험이 복합적으로 내재되어 있다.

그러나 이것은 어디까지나 외현적 행동에 불과하다. 그 일련의 과정에서 어느 분야에 문제 사태, 즉 장애가 발생하면 반성적 사고에 따른 변화가 나타나게 된다. 만일 되돌려받은 거스름돈이 부족하여 부모님으로부터 핀잔을 들었다면 반성적 사고에 따른 내적 변화가 발생하게 된다. 즉, 이러한 순간 대개의 경우 사람들은 수의 덧셈과 뺄셈에 대하여 새로운 관심을 갖게 된다. 이것은 그저 막연히 수학 교과 시간에 의무적으로 덧셈과 뺄셈을 배울 때와는 그 접근 방식에 있어 근본적 차이를 나타내는 사태이다. 전자의 경우는 덧셈과 뺄셈에 대하여 별다른 문제의식이 없으나, 후자의 경우는 실제의 생활 속에서 겪을 수밖에 없었던 고통으로 인하여 덧셈과 뺄셈에 대한 뚜렷한 문제의식을 지니게 된다.

이러한 문제의식은 점차 수에 대한 체계적 탐구의 길에 들어서게 하는 원동력이 되며, 그 탐구의 깊이를 더해 가면 갈수록 학문으로서의 수학이 나타나게 된다. 이것을 그림으로 나타내면 다음과 같다.

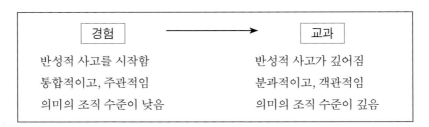

[그림 7-1] 경험과 교과의 관계

이러한 의미에서 볼 때, 경험과 교과의 관계는 그 의미의 조직성 정도에 근원을 두고 있음을 알 수 있다. 다시 말해, 생활 속의 반성적 경험이 깊어짐에 따라 그 의미체계가 정교화되면서 교과가 나타난다.

따라서 경험은 교과의 통합적 성격을 띠며, 교과는 경험의 분과적 성격을 띠게 된다. 또한 경험은 주관적이며, 주체적이고 반성적인 사고를 중심으로 하고 있는 반면, 교과는 보편타당한 객관적인 의미가 중심이 된다.

결국, 교과는 객관적 기호를 사용하는 추상적 관념의 체계이다. 교과에서 보다 깊은 수준의 의미를 구하려 하는 것은 바로 이러한 까닭이다.

② 활동과 이론

인간의 삶은 심신의 활동과 밀접한 관련을 맺고 있다. 좀 더 구체적으로 말하면, 인간은 그가 갖고 있는 정신과 육체의 활동 모습에 따라 각기 서로 다른 삶을 살아가며, 이와는 반대로 삶의 모습에 따라 정신과 육체의 활동에 변화를 초래하기도 한다.

예컨대, 올곧은 정신을 지닌 사람은 대쪽과 같은 삶을, 평소 근검절약의 정신을 지닌 사람은 근면하고 검소한 생활을 이어 가게 된다. 또한 강건한 육체를 지닌 사람은 용맹스러운 일을 즐기며, 연약한 육체를 지닌 사람은 육체적 활동보다 정신적 활동을 선호하는 경향을 나타내는 것이 일반적 사례이다.

그렇다면 인간의 삶과 정신은 과연 어떤 의미의 연관이 있는 것인가를 살펴볼 필요가 있다. 그것은 인간의 삶이란 바로 정신과 육체의 만족을 추구하기 위해 활동하는 과정이요, 그 자체가 바로 생활이라는 점에서 찾을 수 있다.

어느 시대 혹은 사회를 막론하고 비록 삶의 겉모습이 아무리 다양하다 하여도 대부분의 사람이 긍지와 보람과 같은 정신적 만족을 추구하거나 잘 먹고 잘 입으려는 신체적 만족을 추구하고 있다는 점에서는 하등의 차이가 없는 것이다.

이처럼 심신의 만족을 추구하는 심리적 경향을 흔히 욕구라고 하며, 어떠한 의미에서 이것은 삶의 원천이 된다고 할 수 있다. 그런데 욕구는 현재 그의 정신과 육체의 조건 그리고 그의 생활습관, 주변 환경 등에 따라 다르게 나타나게 된다.

여러 가지 욕구 중에는 특히 정신적 만족을 추구하는 욕구도 있다. 흔하지는 않지만 이러한 욕구를 지닌 사람들은 인간의 삶과 관련된 활동에 스며 있는 근본적 원리를 찾아내고자 한다. 이들의 탐구 대상은 사람들의 생활 속에 자연히 나타나는 활동이지만 실제의 주된 관심은 이를 바탕으로 한 구조적이고 체계적인 이론의 세계이다.

생활 속에 나타나는 제반 활동은 기본적으로 욕구 추구 행위로 발생하므로 지극히 수단적 속성을 띤다. 그리하여 자신의 욕구를 추구하기 위하여 대체적으로 비교적 쉽고 간편한 방법을 선호하지만 때로 장애에 부딪히면 강압적 방법도 불사하는 것이 상례이다.

이처럼 인간은 동일한 목적에도 다양한 방법을 동원하여 다양한 활동을 펼쳐 나가지만 그 속에 드리워져 있는 일정한 원리를 찾아내려 한다.

물론 이러한 원리를 찾아내면 그것은 다시 인간의 다양한 행위가 갖는 의미를 쉽게 이해할 수 있는 터전이 되고, 나아가 그러한 행위를 통제하는 기반을 마련하게 되는 것은 피할 수가 없다. 중요한 것은 그러한 과정에 학문이 나타난다는 점이다.

예컨대, 어학의 경우, 일상생활 속에서 무제약적으로 나타나는 다양한 언어활동을 대상으로 하여 그 속에 스며 있는 언어의 체계, 즉 문법이라는 원리를 하나의 언어 형식에 따른 구조이론으로 완성해 낸다. 이러한 이론은 일차적으로 이론으로서 언어생활의 제반 현상에 대한 해석의 틀로 작용하지만 또 다른 중요한 기능의 하나는 생활 속에 나타나는 언어활동 그 자체를 강력하게 제약하는 작용을 하게 된다.

이러한 기본적 맥락에서 볼 때, 생활 속의 일상적 모든 활동은 제반 이론 형성의 기초 자료를 제공하며 여기에서 정립된 이론은 다시 되돌아 일상적 활동 방향의 근거를 마련하게 된다. 이러한 활동과 이론의 역동적 순환 관계가 바로 이론으로서 참다운 모습을 드러내는 계기를 마련한다.

따라서 생활 속의 활동들은 무제약적 다양성을 지니며, 비조직적 특성을 지니기 때문에 효율성이 부족하다. 반면, 이론은 제약적 단일성을 나타내며 핵심적이며 관계적 특성을 지니기 때문에 효율성이 높다. 이것을 그림으로 나타내면 다음과 같다.

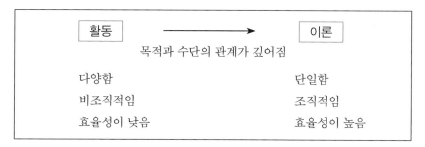

[그림 7-2] 활동과 이론의 관계

교과는 이처럼 생활 속 다양한 활동에 따른 원리들을 일정한 체계에 따라 조직해 놓은 이론이다.

물론 학생들의 교육 수준에 따라 이론의 범위와 깊이를 조정하여 놓은 것은 사실이지만 근본적으로 일상생활의 주요 모습을 논리적으로 탐구하여 조직해 놓은 것임에는 틀림이 없다.

③ 상식과 학문

세상에는 소위 상식이라는 것이 있다. 이것은 굳이 깊게 배우지 않았더라도 대부분 이러저러하다고 알고 있고, 또 그것을 당연한 것으로 알고 지내는 그러한 것이다. 보통 우리는 상식이라는 의미를 그저 사람들 간의 대화 소통에 따른 일정한 기준 설정의 근거로 사용한다.

하지만 상식의 본래 의미는 그리 단순하지 않다. 상식은 동일한 사항에 대하여 비록 각기 서로 다른 견해를 나타는 과정에서도 조금씩

소통 가능한 공통 의견 부분을 일컫는 것이다. 이것을 그림으로 나타내면 다음과 같다.

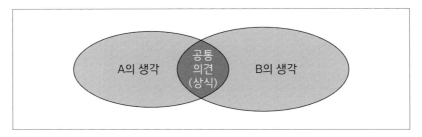

[그림 7-3] 상식

[그림 7-3]에서 예견하여 볼 수 있듯이 상호 간의 공통 의견 부분은 사람들의 수가 증가할수록 작아질 가능성이 크다고 할 수 있다. 사람들이 많을수록 의견의 일치를 보기가 어렵게 되는 것이다.

물론 아무리 동일한 대상이라고 해도 경우에 따라 서로 간에 전혀 다른 의견을 피력하여 공통 부분이 없을 수도 있으며, 반대로 드물기는 하겠지만 완전히 일치할 수도 있다. 그러나 공통 의견에 해당하는 상식이 있든 없든 또는 크든 작든 간에 그것은 우리의 실생활에서 매우 중요한 의미를 지니는 것은 분명하다고 할 수 있다.

상식은 특히 사회적 안정과 깊은 관련이 있다. 상식이 비교적 넓게 형성되어 있으면 사회적 언어소통에 원활한 매개체 역할을 하여 안정된 사회가 조성된다. 반면, 상식이 비교적 좁게 형성되어 있으면 서로 간 의견 충돌이 심화되어 갈등과 투쟁이 이어짐으로써 사회적 불안이 조성된다.

다시 말해, 한 사회에서 모종의 상식이 형성되어 있는지의 여부는 바로 그 사회의 심리적 안정과 변화에 밀접히 관련되어 있다.

상식의 범위가 축소되면 될수록 갈등이 심화되고, 서로 간 안정된 상식을 공유하면 더 이상의 새로운 변화를 기피하는 성향을 나타낸다. 그리하여 때로는 상식이 도전을 방해하는 장애가 되기도 한다. 그러나 그러한 와중에도 일부 상식을 거부하는 사람들은 새로운 변화를 갈망하는 성향을 강하게 나타낸다. 즉, 기존의 상식에 항거하여 새로운 도전에 나선다. 또한 이러한 도전의식이 확대되면 결국 사회의 안정을 해치는 중요한 변수가 되기도 한다.

그런데 문제는 상식은 저 혼자 독자적으로 형성되는 것이 아니라 그 사회가 현재 당면하고 있는 상황과 그 속에서 삶을 영위해 가는 사람들과의 상호 관계에 따라 역동적으로 형성되는 것이라는 점이다.

생활환경이 비교적 단순했던 고대사회와 같은 경우에는 한 무리를 이루고 살아가는 사람들이 대부분 같은 생업에 종사하게 되고 이에 따라 자연히 그들의 생활 모습도 대동소이(大同小異)하게 된다. 이러한 사회에서는 연중 또는 몇십 년 심지어는 몇백 년간이라도 상식의 범위가 비교적 넓게 존재한다. 이러한 근본적 이유는 동일한 생업을 중심으로 활동하기 때문이기도 하지만 평소 익힌 지식 수준, 즉 개념 체계에 별다른 차이가 없기 때문이다.

그러나 오늘날은 산업이 발달하고 교통과 통신의 발달로 몇십 년 간은 물론 단 몇 년도 그들의 이웃과 생활을 같이할 수 없을 뿐만 아니라 같은 가족 간에도 멀리 헤어져 살지 않으면 안 되는 사회가 된 것이다. 이러한 사회에서는 저마다 각기 다른 생활환경이 주어지고 남보다 앞서 나가고 새로운 문화에 탄력적으로 적응해 나가기 위해서 보다 더 나은 능력을 갖추기 위한 새로운 도전에 부단히 나서지 않으면 안 된다.

물론 이처럼 하루가 다르게 변하는 사회 속에서도 항상 과거의 전통을 고집하면서 살아가는 사람도 있게 마련인 것이며, 반대로 아무리 시대의 변화가 없는 전통사회에서도 그중에서 누구인가 상식을 벗어나 새로운 변혁을 시도하려 하는 경우도 있다.

그러나 그 어떠한 경우에도 한 사회에서 동시대를 살아나가는 사람들 간에는 어떠한 형태로든지 간에 의사소통이 필요하며, 이러한 의사소통에는 반드시 일정한 상식의 공유가 요구된다.

그런데 문제는 우리 모두가 현재 당면하고 있는 현대사회에서는 상호 간에 의사소통의 기준으로서 일정한 상식이 존재할 수가 없으며, 설령 상식이 존재한다 해도 극히 일부분에 지나지 않는다는 점이다. 자연히 서로 다른 생각과 가치관을 지니고 살아갈 수밖에 없는 것이다. 입시제도, 빈부 격차, 종교 갈등, 층간 소음, 주차 구역, 스마트폰 사용 등에서 사회 구성원 상호 간 크고 작은 언쟁이 끊이지 않고 발생한다. 즉, 같은 사안에 대해 서로 간에 생각이 전혀 다른 것이다.

이처럼 서로 간에 의견의 불일치에 따른 분쟁이 심화되면 자연히 사회적 불안이 조성되고, 그러한 불안이 점차 고조되면 그것을 해소하려는 움직임이 서서히 일어나게 된다.

학문이 발아하는 것은 바로 이 시점이다. 사회가 상식을 잃고 심하게 혼란이 가중될 때, 안정을 꾀하는 방안은 대체로 강압적으로 무력을 사용하는 방법과 논리와 설득으로 의견의 일치점, 곧 상식을 확보하는 방법뿐이다.

그런데 전자는 일시 방편적이고 강압적이어서 많은 위험 요소를 안고 있는 데 반해, 후자는 인간의 이성과 감정에 호소하여 상식을 구축하는 민주적이고 합리적인 방법이 된다. 학문은 바로 서로 다른 견해차를 합리적인 방법으로 일치시키려는 의도에서 마련된다. 분쟁의 해소를 위하여 과연 무엇이 진실이고, 무엇이 그릇된 것인가를 밝히는 것이 무엇보다 가장 중요하기 때문이다.

이러한 의미에서 볼 때, 학문은 인간의 상식을 구축하는 것으로 사회의 분열을 안정화하는 작업이다. 얼핏 생각하면 학문이란 굳이 이처럼 따져 물을 것도 없는 듯이 보인다. 모든 일이 그러하듯이 평소 알고 있는 대로 생각하고 지내면 그만이기 때문이다. 하지만 이와 같이 누구나 대부분 어느 정도 알고 있는 개념을 구태여 새롭게 조명하려는 것은 우리의 편협한 시각을 넓혀 보다 넓은 시야를 확보하려는 의도의 발로이다.

여기에서 학문에 또 다른 주의를 요하는 점이 있다. 그것은 학문의 이론적 편향성이다.

우리가 학교에서 학생들의 생활 행동을 직접 지도하는 것은 바른 생각과 행동의 일치가 중요하다는 점 때문이다. 이것은 인간의 모든 생각과 행동 간에는 적지 않은 괴리가 있다는 점을 전제로 한다. 학교교육은 자신의 행동이 바른 생각에 일치할 수 있도록 하는 노력이 하나 더 요구된다.

그러나 학문은 생각과 행동 중에서 우선 바른 생각에 초점을 두고 있다. 다시 말해, 바른 생각의 실체를 찾아 나서는 작업이다. 어떠한 생각이 바른 것이며, 어떤 생각이 그른 것인가를 고민하고 그 옳고 그름의 준거를 찾으려 하는 것은 인간의 숨길 수 없는 소중한 천성 중의 하나이다. 학문하는 사람들은 그 시시비비를 가리지 않고서는 몸이 쑤셔 못 배기는 사람들이다.

여기에서 진실을 밝히려는 학문의 두 가지 속성이 제기된다.

첫 번째 속성이 바로 논리성이다. 논리란 다투는 이치이다. 다투는 것은 일치해야 할 것이 일치하지 않거나 또는 그 반대 현상이 일어나는 것이다. 문제는 일치 여부 그 한 가지이다. 두 개의 개체가 일치하는가 그렇지 않은가를 확인하는 일은 사실상 그리 어려운 과제가 아니다. 그 두 개를 겹쳐 각각의 실체를 확인해 보면 금방 알 수 있는 일이기 때문이다.

하지만 실체가 없는 추상적 개념, 원리, 법칙, 이론, 사상과 같은 것들은 문제가 전혀 다르다. 학문은 바로 이 부분에서 가치를 유감없이 발휘한다. 모든 학문은 각각 그들 나름대로 확인하지 않으면 안 될 개념과 원리 그리고 사상을 지니고 있으며, 그 확인하는 특유의 방식을 채택한다. 여기에서 그러한 요소와 방식을 일일이 확인해 보는 일은 필자의 능력 범위를 넘어서는 일이다.

다만, 한 가지 분명하게 알아 두지 않으면 안 되는 것은 모든 두 개의 짝은 결코 완전한 짝을 이룰 수가 없다는 것이다. 이것은 학문에 있어 매우 중요한 사태이다. 아무리 완벽한 두 개의 짝도 그들 나름의 보이지 않는 차이나 틈새를 지닐 수밖에 없으므로 모든 진리는 보다 적은 차이나 틈새를 확인할 때까지 한시적 특성을 지닐 수밖에 없는 것이다. 이것은 학문의 영속성을 대변하는 중요한 속성이다. 따라서 학문의 논리성에는 이미 영속성을 담보하고 있다고 할 수 있다.

두 번째 속성은 자체 목적성이다. 공부하는 것은 저 멀리 잘 살고자 하는 의도가 숨어 있다. 그냥 할 일이 없어 공부한다기보다 이 세상을 보다 충실하게 살아나가기 위해 내 몸의 부족한 점을 바로잡는 일이다. 그래서 공력을 들인다고 하는 것이다. 그러나 이상하게도 학문은 그저 진실에 대한 무한한 열정이 토대가 되어 이룩되는 것이라고 하는 편이 더 정확하다.

예컨대, 만일 암세포를 정상 세포로 되돌릴 수 있는 물질을 찾아나선 과학자가 있다고 하면 우리는 얼핏 보아 그가 그 물질을 상품화하여 돈을 벌기 위해 하는 것처럼 생각하기 쉽다. 물론 그런 학자도 없는 것은 아니다. 하지만 대부분의 학자는 단지 무엇이 암세포를 발생시키는 원인인가를 확인하는 일에 무엇보다 주된 관심이 있다. 굳이 의미를 생각하자면 그로 인하여 암 환자들이 고난에서 벗어날 수 있게 하는 것이다.

이것은 다음과 같은 사실에서도 확인된다. 자신의 고된 탐구 결과로 나타난 연구 성과 자체보다 그것으로 벌어들인 명예나 재화에 더 쾌감을 느끼는 학자들이 과연 있을 수 있겠는가. 아마 요즈음은 세태가 하도 이상해서 그러한 학자들도 심심치 않게 있는 모양인데, 그들은 진정한 의미에서 학자라고 할 수는 없다.

학자는 모름지기 권력과 명예를 초월하여 진리의 탐구만을 위해 정진하는 자가 아니면 안 된다. 다시 말해, 세상의 고락에 일희일비(一喜一悲)하지 않고 오로지 진리의 탐구에 희열을 느낄 수 있는 사람만이 학문의 대열에 동참할 수 있다. 양쪽을 모두 겸비하려는 생각은 진리에 대한 커다란 모독이다. 진리는 그런 사람들에게 절대로 본모습을 드러내지 않는다.

여하튼 학문이란 신비의 베일에 가려져 있는 진실에 현혹되어 그것을 찾아 나서는 일에 다름 아니다. 학자들에게 있어서 그 신비의 베일을 하나둘씩 벗겨 나가는 작업은 경우에 따라 무한한 홍분과 긴장을 자아내는 일이다. 여기에 한번 빠져들면 그보다 독한 마약이 또 있을 수가 없다.

그러나 마약이란 본시 환상적 약 기운이 있을 때 진가를 발하듯이 학문 역시 벗기기 어려운 신비의 베일을 벗겨 나갈 때 더없는 홍분과 감홍을 자아낸다. 하지만 일상적 탐구의 과정은 역시 힘겨운 그 무엇이다. 수많은 좌절과 방황 속에 고독한 자신과의 싸움을 감내해 내야만 한다.

이상에서 학문의 의미를 간략하게 살펴보았는 바, 결국 학문이란 지속적인 노력과 순수한 진실 추구를 바탕으로 하여 상식을 정교화해 나가는 과정이다. 공부는 바로 학문이 지닌 이러한 의미를 깊이 깨닫고 이를 실천으로 옮겨 나갈 수 있게 될 때 비로소 바로 서게 된다.

그러나 앞서 말했듯이 공부는 일정한 삶의 목적하에 하는 것이며, 학문은 이것과는 달리 순수한 열정에 토대를 두는 것이므로 모든 이가 학문을 할 필요는 없으며, 또 아무나 학문을 할 수 있는 것도 아니다.

설령 그렇다 해도 모든 이가 생업을 포기하여 굶어 죽는 한이 있어도 차라리 학문을 해 보고 싶다는 이들이 수없이 많이 나타나는 사회가 돌아왔으면 하는 바람을 가져 보고 싶은 것이 필자의 심정이다.

4) 지식

(1) 지식의 개념

일반적으로 지식은 정보 자료에 대한 이해의 총화(總和)를 의미한다. 아무리 많은 정보를 갖고 있어도 그 의미를 이해하지 못하면 지식으로 생각할 수가 없다. 또한 다양한 정보의 이해가 서로 연계되어 새로운 지식이 형성되기도 한다.

이러한 지식은 오늘날 학교교육의 대명사처럼 여겨지고 있다. 흔히 학교교육을 교과서를 중심으로 한 지식 교육이라고 생각하고 지식인을 이와 연계하는 것을 보면 알 수 있다.

그러나 지식은 보다 면밀한 이해가 필요하다. 우선 교과서에 실려 있는 여러 가지 지식의 원천은 대부분 걸출한 인재들에 의하여 조성된 것이다.

지금 이 순간까지 모든 시대의 일반인들이 농사를 짓고 상품을 생산하는 일에 전념할 때, 수많은 인재는 인간의 삶에 있어서 지식만큼 귀중한 것이 없는 것으로 확신하고 그것을 대를 이어 익히고 탐구해 오고 있다.

여기서 지식이란 뛰어난 인재들이 자신의 삶과 관련하여 줄기차게 의도적으로 관심을 두어 새로운 의미를 탐구한 체계적 과정과 결과이다. 그러므로 그것은 적어도 그들의 체험이 생생하게 담겨 있는 만큼 그들의 생각과 하나로 통합되어 생명력이 있는 지식이었던 것이다. 이것은 단지 외부의 어떠한 것을 이해하는 수준을 넘어 이미 달관(達觀)의 수준에 이른 것이다.

그러나 그것이 일단 제삼자에게 전달되는 과정에서는 자연히 이해에 따른 장애가 발생하여 그러한 생명력이 반감되고 심지어 그저 낱개의 정보 정도에 그치는 경우도 적지 않게 나타나고 있다. 이것은 지식이 앎과 매우 밀접하게 연계되어 있기 때문이다.

이러한 지식의 특성을 도외시한 채, 교과서에 실려 있는 정보 자료를 지식이라고 생각하는 것은 너무도 무지한 발상이 아닐 수 없다. 이것이 지식이 되기 위해서는 반드시 학생들이 충분히 이해하는 과정이 수반되어야 한다. 교과서에 실려 있는 내용, 곧 교과는 학생들에게 바르게 인식되지 못하는 한 의미가 없는 것이다.

따라서 학교교육에서 흔히 말하는 교과서란 교육에 있어 물론 중요한 요소이며, 교육내용과 밀접히 연관되어 있음은 분명하지만 그것은 단순히 교사와 학생들 간에 이루어지는 교류의 매개물일 뿐이다. 이것은 교사와 학생들 간에 서로 의미 있게 교류하게 하는 매체이기에 중요한 것이지 그 자체가 중요한 것은 아니다.

물론 교사의 입장에서 보면 교과서는 일정한 지식의 체계를 갖추고 있는 교수 자료에 해당된다. 그러나 일단 그것을 숙지하기 이전의 학생들에게는 단지 학습을 위한 매개 자료일 뿐이다.

예컨대, 특정의 메시지를 멀리 떨어져 있는 지인에게 전달하려 할 때 전화나 편지 등의 매개수단을 사용하여 그것을 보낸다. 이때, 중요한 것은 두 사람 간에 소통되는 의미이지 특정의 매체에 실리는 소리나 메시지의 문자 자체가 되는 것은 아니다.

그럼에도 불구하고 학생들은 교과서를 금과옥조(金科玉條)로 삼으려 하며, 심지어 교사마저 이것을 자신의 최대의 자산으로 생각하려고 한다.

교과서에 담겨 있는 내용들은 그저 한곳에 모아놓은 낱낱의 정보에 불과하다. 그리고 정보는 문자나 소리 등의 도구를 사용하여 실제의 사실이나 현상의 정황을 묘사해 놓은 것이다.

이러한 정보의 종류는 크게 사실 정보와 가치 정보로 구분하여 볼 수 있는데 전자는 주로 과학적 지식이 되며, 후자는 규범적 지식이 된다. 예를 들어, '오늘 날씨가 흐리다.'라는 것은 사실 정보인데 반해, '이 장미꽃은 아름답다.'라는 것은 가치 정보이다.

이러한 정보들은 어떠한 사물이나 현상의 정황을 나타내고 있는 언표에 불과한 것이며, 이것이 지식으로 탈바꿈되는 정보가 되기 위해서는 반드시 다음 두 가지 조건을 갖추어야 한다.

첫째, 구성 개념들이 실제의 대상을 의미 있게 설명할 수 있는 정밀성이 있어야 한다.

둘째, 구성 개념들 간의 관계가 논리적 타당성을 확보하고 있어야 한다.

이러한 지식에 따른 정밀성과 논리적 타당성은 사실 정보와 가치 정보에 따라 분명한 차이를 지닌다.

우선, 사실 정보에서의 정밀성은 정보의 명확한 근거나 증거를 구하는 것으로 관련 사실과의 실질적 관계 검증과 실험이 요구된다.

또한 논리적 타당성의 확보는 일정한 판단의 기준, 곧 판단을 허용할 수 있는 기준을 명확하게 정립하는 것이다. 물론 이와 관련된 자료를 충분히 확보하여 두지 않으면 안 된다.

예컨대, '한국은 선박 건조능력이 세계 최고이다.'라고 하는 판단은 연간 세계 선박 건조량 대비 한국의 건조량, 건조 선박의 품질 비교

등을 확인하여 정밀성을 확보할 수 있다. 이것을 바탕으로 세계 최고라는 개념의 기준에 비추어 과연 그 판단이 합당한 것인가를 쉽게 확보할 수 있다.

하지만 사실 정보와 달리 가치 정보는 정밀성과 타당성의 확보에 한계가 있기 때문에 지식의 범주에 속하지 않는 것으로 보는 이도 있다.

예를 들면, '장미꽃은 아름답다.'라고 하는 것이 지식이 되기 위해서는 '장미꽃'이라는 의미와 '아름답다'는 의미가 논리적 관계의 타당성이 확보되어야 한다. 이때, 전자는 여러 가지 장미꽃 중에서 어느 종류를 말하는 것인지 사실적 확인이 가능하지만, 후자의 아름답다는 판단은 어떠한 특징으로 대변되는 성질의 것인지에 대한 명확한 의미 규정이 없어서 사실상 타당성의 확보가 어렵다.

다시 말해, 아름다움은 개인의 주관적 가치평가의 결과이기 때문에 보편적 아름다움에 부수되는 모양과 색 등의 객관적 기준을 정하는 것은 사실상 불가능하다.

이러한 의미에서 가치 정보는 사실상 정밀성과 타당성의 확보가 매우 어렵다고 할 수 있다. 그리하여 규범적 지식은 항상 그 조건에 따른 다소 문제의 여지를 남긴다.

그렇다고 하여 사실적 지식이 이러한 문제에서 완전히 자유로운 것은 아니다. 우선 사실적 지식의 정밀성이 언제나 고정적인 것이 아니며, 또한 고정적일 수도 없는 성질의 것이기 때문이다. 또한 교과서나 기타의 책 속에서 접하는 대부분의 추상적 개념들은 특별한 경우를 제외하고는 거의 간접적으로만 실체와의 관계를 검증할 수밖에 없기 때문에 설사 그것이 공공연한 지식이라고 해도 그것은 필연적으로 타당성의 확보에서 한계를 지닐 수밖에 없다.

이처럼 정밀성과 타당성의 확보에서 다소의 문제가 있으면 지식은 그만큼 생명력이 줄어 결국은 사전에 죽은 지식이 되고 만다. 이러한 의미에서 교과서의 정보는 비록 지식이 축적된 형태로서 인간이 생활 속에서 겪게 되는 특정의 과제를 해결해 나가기 위해 생성해 낸 종합적 개념의 체계이다. 하지만 그것은 주로 논리적 의미에 중점을 두고 있을 뿐 실상은 생생한 현실을 외면하는 죽은 개념의 체계이다.

그러므로 교과서의 죽은 지식을 다시 살아 있는 지식으로 탈바꿈시키지 않으면 누구나 도저히 이해할 수가 없는 것이다. 여기에는 무엇보다 그 논리적 의미의 정밀성과 타당성을 다시 확보하는 과정이 요구된다.

이러한 과정에서 학생들의 개념과 그 개념이 실제로 연계되어 있는 실체와 의미 있게 연결하여 보는 기회가 필요하다. 하지만 학교의 수업 현장은 지식의 탐구 수준이 높아질수록 그 실체를 확인하기 어려운 것들이 대부분이기 때문에 그만큼의 한계가 나타나는 것이 현실이다.

교사의 역량은 바로 이러한 한계를 얼마나 축소하여 전달할 수 있는가에 달려 있다고 해도 과언이 아니다. 교사의 역량에 따라 죽은 지식에 대한 이해의 가능성이 열리기도 하고 닫히기도 한다. 그러므로 교사는 교과를 매개로 하여 학생들의 인식과 사고에 모종의 변화를 유도하기 위해 끊임없이 학생들과 신실한 교감을 진행해 나가지 않으면 안 된다.

유능한 교사는 학생들과 다양한 교감을 통하여 단순한 정보를 지식의 관계적 의미 체계에 접목시키는 능력을 지닌다. 다시 말해, 개념과 개념의 관계를 밝혀 개념을 체계화한다. 앎이란 기본적으로 이러한 연계 작용의 과정이다. 그리하여 개념 간의 연계가 원숙한 개념 체계를 형성하게 함으로써 안목 형성의 기초를 마련하게 된다.

이러한 의미에서 앎은 지식을 이루어 가는 과정으로서의 작용과 결과로서의 지식을 동시에 내포하고 있다고 할 수 있다. 지식이 개념의 체계를 중심으로 형성되는 것임을 감안할 때, 한자의 경우 '앎(知)'과 '지식(知識)', 영어의 경우 '앎(know)'과 '지식(knowledge)'을 동일한 어근으로 나타내고 있으며, 독일어의 경우는 아예 '앎(Wissen)'과 지식이 하나로 통합되어 있음은 결코 우연이라고 할 수 없는 일이다.

이제 더 이상 지식의 의미를 들먹이는 것은 의미가 없다. 언제나 아는 자는 행하고, 알지 못하는 자는 행하지 못한다.

노자(BC. 579~499)는 말하였다. "현명한 사람은 도를 들으면 열심히 그것을 행한다. 보통 사람들은 도를 듣고서도 도가 과연 있는 것인지를 확신하지 못한다. 미련한 사람들은 도를 들으면 비웃는다(上士聞道 勤而行之 中士聞道 若存若亡 下士聞道 大笑之)."

(2) 지식의 구조

지식의 가치는 무엇보다 주변 환경에서 나타나는 현상을 비교적 정확하게 파악할 수 있는 능력, 즉 안목 형성에 결정적 기능을 담당한다는 점에서 찾을 수 있다. 중요한 것은 이해할 수 없는 상태에서 지식의 습득을 통하여 이해할 수 있는 상태로 가게 된다는 점이다.

그런데 전통적인 주입식 교과교육은 여기에 문제를 내포한다. 그것은 학습자 밖에 이미 심도 있게 마련되어 있는 지식의 자료를 학습자의 안으로 강제로 주입하려는 교육 방식 때문이다. 즉, 장기간에 걸쳐 정교함을 더해 가며 관계적으로 조직되고 축적되어 온 정보를 학생들이 단숨에 쉽게 학습해서 앎의 단계에 이르기를 기대하는 것 자체가 모순이다. 이것은 이미 앞서 살펴본 바와 같이 지식의 형성 과정에서 구축된 정밀성과 타당성을 순간적으로 파악하는 것에 일정한 한계가 있기 때문이다.

이러한 한계를 극복하기 위해서는 지식의 형성 과정과 결과를 연결시켜 보기 위한 경험의 기회를 직접 가져 보는 것뿐이다. 그러나 고난도의 심도 깊은 추상성의 지식은 그마저도 쉽게 접근할 수 없는 어려움이 뒤따른다.

이러한 문제를 해결하기 위한 방안의 하나로 지식체계를 생각해 볼 수 있다. 즉, 아무리 고난도의 지식체계라 할지라도 처음 그 지식 형성 초기의 지식체계는 매우 간단하였던 것이기 때문이다.

만일 그러한 지식체계가 형성되기까지의 발전 방향을 역 추적하여 각 그 수준에 알맞은 표현 방식을 활용한다면 아무리 어린아이라고 할지라도 얼마든지 초기 이해의 가능성이 열릴 수 있다는 가정이 가능하다.

이러한 접근의 근본적 의미는 지식의 체계적 구조를 면밀하게 살펴서 개념적 정밀성의 미흡과 관계적 타당성의 미확보 문제를 보완하고자 한다는 점이다. 여기에서 지식의 구조가 중요한 의미로 부각된다.

이제 지식의 구조를 살펴보기 위해 우선 구조에 대하여 알아보면 다음과 같다. 일반적으로 구조란 사물 고유의 존재 목적 또는 기능의 효용성을 높이기 위한 꾸밈새를 이루고 있는 주요 요소들 간의 관계의 총칭이다. 여기에서 중요한 것은 구조의 형태와 기능이다.

구조의 형태는 전체성에서 찾을 수 있다. 이것은 어떠한 구조든지 그 구조를 이루는 여러 부분을 발견할 수 있고 이들은 상호 관계적으로 연계되어 총체적 구조에 맞물려 있다는 점이다. 즉, 비록 하나의 구조를 여러 개의 부분으로 구분할 수 있으나 그 부분은 총체적 구조를 떠나서는 의미를 잃게 된다.

다음으로 구조의 기능은 구조가 지닌 형태를 활용하여 주변의 여건에 따라 변형을 꾀하는 자기 조정 능력을 말한다. 물론 이때 구조를 이루는 각 부분 간의 상호 긴밀한 조화와 협력은 거의 절대적이다. 얼마나 변형할 수 있는가 하는 가변성의 정도는 바로 부분들 간의 조화와 협력에 달려 있기 때문이다. 결국 구조의 기능은 구조의 형태에 의하여 좌우된다.

이것을 좀 더 구체적으로 살펴보면, 구조의 형태는 요소 간의 총체적 관계(단일성)와 요소와 요소 간의 특징적 관계(조직성)를 나타내며, 구조의 기능은 그에 따른 작용(기능성) 등의 의미를 나타내는 것임을 알 수 있다.

이러한 의미는 학습 과정에 지식의 구조 형태를 활용할 수 있는 측면을 암시한다. 즉, 지식의 습득은 먼저 구조를 이루고 있는 주요 요소들 간의 관계를 파악하도록 하는 것이 보다 효율적이라고 생각할 수 있다. 여기에서 지식의 구조 형태에 따라 몇 가지 그 표현 양식을 다르게 할 수 있음을 확인해 볼 수 있다.

우선 그 총체적 지적 수준에 따라 작동적, 영상적, 상징적 수준으로 구분할 수 있으며, 개별적 사고의 수준에 따라 감각적 수준, 개념적 수준으로, 또한 이해의 수준에 따라 기억 재생, 전이력, 안목 형성 등의 수준으로 구분해 볼 수 있다.

이러한 표현 양식의 구분에 따른 제반 지식 수준의 개괄적 의미를 5단계로 간략하게 정리해 보면 다음과 같다.

- 1단계: 학생의 경험과 의미 있게 관련될 수 있는 지식으로 흥미에 따른 감각적 체험에서 얻은 단순 생각의 수준이다.
- 2단계: 경험에 따른 반성적 사고 과정에서 얻은 주관적 생각의 수준이다.
- 3단계: 경험적 사고에서 개념적 사고로 전환하고 있는 과정으로 어렴풋한 개념 이해의 수준이다.
- 4단계: 단위 개념의 이해를 통한 주관적 사고의 수준이다.
- 5단계: 개념체계가 형성되어 보편적 개념으로 현상을 의미 있게 볼 수 있는 객관적 사고의 수준이다.

또한 지식의 구조를 기능적 측면에서 생각해 볼 때, 기능은 이미 지식의 구조 속에 내재되어 있다고 볼 수 있다.

예컨대, 아파트, 자동차, 배 등의 구조는 이미 각각 그 기능을 담당할 수 있도록 외부의 형태와도 조화를 이루어 조직되어 있다.

즉, 구조의 기능은 이미 기능을 위한 구조가 먼저 기획되어 나타나는 것으로 기능은 단지 그 작용 결과를 외부로 나타내는 것뿐이다. 그러나 이것을 지식의 구조 측면에서 보면 구조 이전에 아파트, 자동차 등이 있고, 이를 이해하기 위한 수단으로 이에 대한 분석에 따른 세부적 개념들을 서로 관련지어 개념체계가 형성되는 것이다.

이러한 의미에서 지식의 구조는 외부의 자극을 인식하고 그것을 조작하는 일정한 틀이 되며, 이것의 기능은 바로 주변의 대상을 개념적으로 인식하고 사고하는 역할을 담당한다.

좀 더 구체적으로 말해, 지식의 구조는 개념의 특성을 활용하여 주관적 의미를 객관화하고, 감정적 의미를 합리화하며, 특수한 의미를 보편화하는 역할을 담당한다. 이것의 의미는 대상이 지니는 시·공간의 제약 또는 이러한 제약에 따른 주관적이고 개별적인 인식과 감정을 초월하여 보편적이고 객관적이며 합리적인 의미를 제공한다는 점에서 찾을 수 있다. 심지어 가치의 측면에서도 편향적 자세를 벗어나 중립적 태도를 견지할 수 있는 근거를 마련한다는 점에서 찾을 수 있다.

이상의 의미에서 볼 때, 지식의 구조란 결국 개념들 간의 관계에 일정한 질서를 형성하여 인식과 사고의 통일성을 유지하고 새로운 의미의 창출을 유도해 내는 개념 관계의 총칭으로 지식 형성의 주요 개념이라고 할 수 있다.

(3) 지식의 유형

지식의 유형은 대체로 명제적 지식, 방법적 지식, 직접적 지식 등 세 가지로 나누어 생각해 볼 수 있으며, 교과에는 주로 명제적 지식이 담겨 있다.

명제적 지식에서 명제란 판단을 언어로 나타낸 것이며, 판단은 어떠한 사물에 대하여 나름대로의 주장을 확정한 것이다. 여기에는 판단의 대상이 되는 주개념, 대상을 규정하는 빈개념, 그리고 주개념과 빈개념의 관계를 나타내는 연결사 등의 세 가지 주요 요소가 있다.

명제적 지식은 크게 사실적 지식, 논리적 지식, 규범적 지식의 세 가지 형식으로 구분하며 이것은 사실판단, 논리판단, 가치판단 등의 판단에 의해 이루어진 것이다.

- 사실적 지식: 실재의 사물에 대한 감각자료를 토대로 기술한 것이다. 개별적, 특수적, 감각적, 실제적 의미를 지니며, 개별 현상이나 사태에 대한 객관적 정보가 주로 여기에 해당된다.
- 논리적 지식: 실재의 사물과 현상에 대한 분별을 기초로 하여 일정한 관계를 나타내는 것으로 대상의 본질을 꿰뚫고 바라볼 수 있는 관계적 의미를 나타내는 것이다. 수학과 같은 형식 논리, 과학에서 사실의 검증 형식, 현상학에서 주관의 명증과 같은 논리 위주의 지식 형식 등으로 구분된다.
- 규범적 지식: 초월적 논리, 당위, 가치 등의 판단에 따른 지식을 나타내는 것으로 볼 수 있다. 철학이나 윤리학 등이 여기에 해당된다.

특히 사실적 지식과 논리적 지식은 좀 더 각별한 주의가 요구된다. 이들은 감각적 자료를 기반으로 하여 우리의 사고 대부분을 점하고 있기 때문이다. 따라서 여기에서는 논리와 사실의 관계 검증을 확보하는 과정에 관련된 과학이 주요한 의미를 지닌다.

이러한 의미에서 본래 지식은 사실적 또는 논리적 지식에 한정된다. 왜냐하면 이들만이 논리의 정밀성과 조직의 타당성을 확보할 가능성이 열려 있기 때문이다.

이에 반해, 규범적 지식은 엄밀하게 말하여 지식이라고 할 수 없는 것이다. 이것은 의무감이나 막연한 당위의식에 근거하는 것으로 일반인들에게는 단지 정보 이상의 의미를 지니기 어려운 측면을 많이 내포하고 있기 때문이다. 즉, 가치판단이 중심을 이루므로 사실판단과는 달리 과학적 검증이 원천적으로 불가능하다.

특히 당위는 일이 진행되어 가는 바른 도리나 단지 옳음이라는 대의에 대한 열정만 있을 뿐, 그에 대한 구체적 의미나 실행지침을 명확하게 알 수 없는 것이다. 칸트(Kant)가 도덕적 인간 행동의 기본 원칙은 오로지 선의지(善意志)만이 있을 뿐이라고 한 것도 이와 같은 맥락이다.

그럼에도 불구하고 고도의 지적 능력을 지닌 사람들에게는 이러한 당위나 가치의식은 이상적 인간상을 추구하는 이론이성의 중핵을 이루므로 결코 간과할 수 없는 부분이다. 즉, 이것은 일정한 체계를 갖추어 이념으로 정화되고 지식과 결합하여 위대한 사상을 잉태하는 데 없어서는 안 되는 중요한 요소가 되기 때문이다. 좀 더 구체적으로 말하면 이념은 이념의 방향성에서, 지식은 지식의 근거 확보에서 사상이 의도하는 분명한 행동 방향을 제시하게 된다.

예컨대, 소크라테스의 영혼의 정화, 공자의 인, 불타의 자비와 윤회, 예수의 용서와 사랑, 노자의 무위 등은 모두 이러한 과정을 통하여 성숙된 사상이다. 하지만 여기에서 지식의 성격은 약화되고 이념의 성격이 강화되면 근거가 약화되어 자칫 허황된 지령만을 요구하는 근거 없는 도그마(dogma)나 집단의 이익을 전제로 하는 배타적 이데올로기(ideology)로 전락된다. 그 반대의 경우에는 한갓 낱개의 사실적 정보로 전락하는 경우가 나타나기도 한다.

이밖에도 교과서에는 거의 없지만 직접적 지식, 방법적 지식 등의 여러 가지 지식의 형태가 있다.

우선, 직접적 지식은 사실로 검증은 되지만 논리에 합당하지 못한 지식을 말한다. 논리라고 해서 항상 사실의 검증을 확보할 수 있는 것은 아니다. 실제 생활 속에서 논리가 사실의 검증을 얻지 못하는 특정한 예외를 목도하는 경우가 종종 나타나기 때문이다. 이러한 경우 부득이 논리의 한계를 절감하게 되며, 이것을 직접적 지식이라고 한다.

예를 들어, 자신이 평소에 꿈도 꾸지 못하던 단식을 위기 상황에서 한 달 이상 견디어 낸다든지, 어떤 사람은 유리나 철사를 먹고 소화를 시킨다든지 등 아무도 상상할 수 없는 일을 사실로 접하는 경우가 있다. 이처럼 그 무엇으로도 설명할 수 없는 현 사실에 관한 것을 직접적 지식이라고 한다.

다음으로 방법적 지식은 어떠한 사물이나 현상의 조작에 관련되어 있는 지식을 말한다. 즉, 방법적 지식은 문자 그대로 무엇을 어떻게 하는가 하는 방법에 대한 진술을 나타낸다. 이것은 언외가 있다는 측면에서 직접적 지식과 가끔 혼용되고 있으나 직접적 지식은 논리 자체가 언외가 되어 일반화가 불가능하지만 직접 실행을 목도하는 경우에 한한다. 그러나 방법적 지식은 비록 언외의 측면이 있는 것은 사실이나 일반화의 가능성은 열려 있는 경우에 해당된다. 다시 말해, 누구나 어느 정도의 꾸준한 연습으로 실행이 가능한 것을 나타내는 것은 방법적 지식이며, 그렇지 않은 것은 직접적 지식인 것이다.

그러므로 학교에서 교과로서 의미를 지니는 것은 무엇보다 명제적 지식이다. 이것은 삶의 기초 이해를 담당하면서 자신의 모습을 확인시켜 주는 모태가 되기 때문이다. 이러한 명제적 지식의 기본 요소가 바로 개념이다.

(4) 개념의 본질

개념은 한마디로 개별 대상에 대한 공통 요소를 추상하여 그 의미를 종합한 관념이다. 따라서 개념은 기본적으로 개별의 특수화이다. 이러한 인식의 성향은 인간이 환경에 효율적으로 적응하기 위하여 수단적으로 사용하는 데 따른 것이다. 이것을 명확하게 이해하는 것은 교사에게 있어 매우 중요한 과제 중의 하나이다.

세상의 어떠한 생각과 사상이든지 그것의 핵심은 개념이다. 이것이 없이는 어떠한 생각이나 의사소통도 불가능해지기 때문이다. 다시 말해, 이것은 인간이 생각하고 뜻을 나타내는 데 있어 결정적 역할을 담당한다. 그 이유는 말과 글이 특정의 대상을 대치하는 기능, 즉 간접 지시의 기능에서 출발하고 있다는 점에서 찾을 수 있다.

간접적 지시는 앞서 이름과 의미에서 잠시 밝혀 두었듯이 인식 주체에게 객체를 대치(代置)해 주는 것을 말한다. 이때, 대치의 성과는 객체가 지닌 실체를 얼마나 정확하게 주체에게 대치하여 줄 수 있는가에 의해 좌우된다.

그런데 말과 글은 그것의 본성적 결함, 즉 대치한 것이라는 점에서 항상 실체와의 괴리를 벗어날 수가 없으므로 부단히 실체에 다가서려는 성향을 갖는다. 이러한 성향으로 인하여 나타나는 것이 개념의 특수화이다.

따라서 개념이란 실체를 대신하여 그것의 본질 그리고 특성과 속성, 작용과 기능 등을 가급적 있는 그대로 반영해 낼 수 있는 표현을 빌려서 나타내고 그것들을 논리적으로 유목화하고 관련지어 놓은 것이다. 한마디로 말하여 개념은 실체를 보다 명확하게 반영하려는 말들의 체계적 조직인 것으로 궁극적으로는 인식의 결정적 수단이다.

여기에서 한 가지 중요한 사실을 발견하게 된다. 그것은 실체를 대신함에 따르는 근원적 결점을 보충하는 부분에서도 역시 대신을 위한 도구를 활용할 수밖에 없다는 점이다. 따라서 이 세상 어떠한 개념도 사실상 실체의 완벽한 의미를 대신하여 줄 수가 없다. 이 점은 개념을 이해하는 데 하나의 중요한 단서를 제공한다. 즉, 개념은 근원적으로 무엇인가 부족할 수밖에 없으므로 인간으로 하여금 부단히 관심을 갖도록 하는 계기를 마련한다.

여하튼 개념의 사활은 실체와 대신과의 간격을 좁히는 역할을 얼마나 충실히 수행해 내는가에 의존할 수밖에 없다. 이를 조금 더 자세하게 살펴보기 위해서는 개념의 습득 과정을 명확하게 해 두어야만 한다.

우리가 무엇을 보고 인식하는 일은 그저 단순히 감각기관을 통하여 입력된 자료를 인식하는 것이 아니다. 이것은 생각보다 다소 복잡한 과정을 거쳐야만 한다. 한마디로 감각이 아닌 문화를 통하여 인식한다.

문화란 삶 속에서 당면하는 어떠한 문제를 극복할 수 있는 방안을 창출해 내는 정신 그 자체임을 이미 앞서 밝힌 바 있다. 즉, 문제의 요체를 인지하고 그것을 일정 수준에서 해결할 수 있는 새로운 생각을 해내는 정신이다. 그리하여 문화는 곧 정신이라고도 하지만 아직도 문화의 본뜻을 정확하게 반영하고 있지는 못한 상태이다. 보다 명확한 의미를 파악하기 위해서는 우리의 인식 과정에 대한 조금 더 깊은 통찰이 수반되지 않으면 안 된다.

우선 모든 사람이 어떠한 경우에도 동일한 실체를 결코 동일한 것으로 인식하지 않는다는 심리적 사실을 확인해 둘 필요가 있다. 다시 말해, 때와 장소에 따라 각양각색의 수단적 인식이 이루어진다. 이것은 문화 이전에 욕구가 선행하는 인간의 특성 때문에 나타나는 피할 수 없는 현상이다. 만일 인간이 아무런 욕구가 없다고 한다면 아무런 문제의식을 지니지 못할 것이며, 자연히 문화라는 것이 싹트게 될 하등의 이유가 없다.

하지만 인간은 매 순간 무엇인가를 끊임없이 갈망하며 살아가는 존재이다. 그러한 갈망 속에는 반드시 요구가 따르고 그 요구는 자신과 환경의 제약으로 인한 문제를 느끼기 때문에 필연적으로 문화가 나타나는 것이다.

이처럼 생활 속에서 각자 처한 자신의 모습과 주변 환경의 여건에 따라 다양한 욕구를 드러내는 것은 어찌 보면 지극히 자연스러운 현상이다. 즉, 인간이 아무리 객관적 인식을 도모한다고 해도 도인의 경지를 획득하지 못하는 한 생태적으로 수단적 인식의 틀을 저버리지 못한다.

이러한 수단적 인식의 특성은 실재를 있는 그대로 인식하는 것이 아니라 자신의 욕구에 따라 특정 목적의 도구로 인식한다는 점에 있다. 즉, 목적에 기여하는 측면을 지정하여 실재를 인식한다. 따라서 개념은 근본적으로 주관적 속성을 갖는다.

예컨대, 허기진 사람은 사과를 단지 하나의 음식으로 인식하는 데 반해, 화가는 그것을 그림의 소재로 인식하는 것이다. 전자는 사과의 맛과 양의 측면이, 후자는 모양과 색깔의 측면이 부각되어 인식되고 사과의 총체적이고 객관적 인식의 여지는 자리 잡을 틈이 없게 된다.

따라서 특정한 경우를 제외하고는 인간의 모든 인식은 주관에 따른 왜곡을 피할 수가 없게 된다. 결국 각 개인의 특정 목적에 따른 인식은 서로 다른 개념을 형성한다.

그러나 더욱더 중요한 한 가지 사실은 그가 이미 습득한 개념의 성숙도에 따라서도 특정 대상의 인식에 왜곡이 발생한다는 점이다. 이것은 기본적으로 인간의 인식 패턴이 개념적 인식에 의존한다는 점에 기인한다. 인간은 감각으로 입력되는 자극 사태를 매 순간마다 그대로 해석하여 인식하는 것이 아니라 이미 입력되어 있는 개념적 틀, 즉 '도식'이라는 도구를 활용하여 감각적 자극 사태를 해석하여 인식한다.

예를 들어, 과수원에서 수십 년간 사과나무를 키우며 살아온 사람과 난생 처음으로 사과를 접하는 사람과는 자연히 서로 다른 인식을 하게 된다. 후자는 사과에 대한 일정한 개념적 틀이 없이 인식하는 반면, 전자는 일반인들과 비교할 수 없는 정밀한 사과의 도식, 즉 개념을 통하여 사과를 인식하는 것이다. 다시 말해, 일반적으로 인식의 수준은 그가 지니고 있는 감각자극에 대한 기존의 개념 수준이 좌우한다. 결국 기존의 개념 수준만큼 인식할 수밖에 없는 것이 인식의 숨길 수 없는 속성이다.

이러한 의미는 아이러니하게도 개념이 단순하게 주관적 속성만이 아닌 객관성을 갖게 되는 단초를 제공한다. 즉, 동일한 환경에서 경험의 패턴이 동일한 경우 인식의 동일성을 얻을 수 있기 때문이다. 실재와 개념의 간극에 대한 다양한 검증을 통하여 경험의 동일성을 확보한다.

이와 같이 이상적 환경에서 최고의 검증 수준에 따르는 인식의 동일성을 전제로 얻어 낸 객관적 인식의 세계가 학교에서 주로 다루고 있는 교과라고 볼 수 있다. 진정한 개념의 파악이 어려운 것은 이처럼 주관성과 객관성에 따른 각자의 의미가 혼재하고 있다는 사실에서도 한 가지 이유를 찾을 수 있다.

결론적으로 인식은 곧 개념이며, 개념은 지식이 되며, 지식은 곧 문화가 되며, 문화는 곧 정신활동이 된다. 그러나 개념은 무엇보다 의미를 중핵으로 하고 있는 것임을 도외시할 수 없다.

(5) 의미의 본질

의미는 기본적으로 특정 사물에 대한 지시가 요구될 때, 그 지시하는 사람의 상대적 의도를 담아내는 것을 말한다. 우리말의 뜻, 한자어의 의미(意味), 영어의 의미(meaning), 독일어의 의미(Sinn) 등이 모두 한결같이 마음속의 수단적 생각 또는 의도를 나타내고 있음은 결코 우연이라고 볼 수 없다. 이름이 지시를 위한 표현 수단이라면, 의미는 지시에 숨어 있는 의도이다. 그러나 중요한 것은 이름은 항상 의미를 수반한다는 사실이다.

비록 그것이 때와 장소에 따라 변하고 용도에 따라 달라지기는 하지만 이름은 단지 지시의 대용 이상의 의미를 지닌다. 이러한 의미는 이유와 근거, 의도와 동기, 목적과 수단 등을 나타내는 표현적 의미와 본질과 성질, 구조와 기능, 양과 형태 등에 대한 정보를 나타내는 인식적 의미가 있다. 그리고 인식적 의미는 사실적 관계를 나타내는 질료적 의미와 단순히 논리적 관계를 나타내는 논리적 의미로 구분된다.

이러한 의미에서 볼 때, 설령 이름은 같다고 해도 지시의 순간 수반되는 의도는 사람에 따라, 또는 같은 사람이라고 하여도 시간과 장소에 따라 얼마든지 다를 수가 있다. 여기에서 의미 파악의 어려움이 발생한다.

하지만 정상적인 사람은 동일한 대상에 대하여 비교적 일관되게 자신의 고유한 의도를 유지하는 경향을 나타내며, 이것을 주관성이라 한다. 이것은 인간 사고의 특징을 드러내는 매우 중요한 사태로서 자아개념에 그 뿌리를 두고 있다.

인간은 다른 동물들과 달리 자신을 대상화하여 인식할 수 있는 능력을 소지하고 있음으로써 자아개념을 형성하고 그것을 바탕으로 일관된 인식의 터전을 마련한다. 좀 더 구체적으로 말하면 자아개념이 명확할수록 주관의 안정성을 확보할 수가 있으며, 이를 바탕으로 외계의 사물을 인식함으로써 사고의 가능성을 열어 간다. 역으로 말해 주관의 안정성이 무너지면 인식의 안정을 얻을 수 없게 됨으로 해서 자연히 사고가 불가능해진다.

한편, 동일 대상에 대한 변화무쌍한 의미의 다양성을 특정 상황에 입각하여 한 가지로 고정시키는 것을 객관화라고 한다. 이론은 의미를 객관화하여 고정시키는 대표적 장치이다. 흔히 많은 사람이 이론을 사물과의 관계를 밝히는 이치 정도로 알고 있으나 실상은 의미의 다양성에 그 뿌리를 두고 있다.

예컨대, 프로이트(Freud, 1856~1939)의 정신분석이론은 나름대로의 독특한 의미를 지니는 것은 분명하지만 그것은 근본적으로 인간의 정신을 바라보는 다양한 이해의 시각을 논리에 준하여 한 가지로 정형화한 것이다. 즉, 각각의 이익에 기초한 사람들이 인간의 정신을 지시하는 의도는 역시 각각일 수밖에 없다. 각각의 이해관계에 따라 정신의 본질, 기능 등에 대한 평가가 다른 것이다. 이러한 경우 각각의 이해관계를 벗어나 정신의 본질을 찾는 과정이 정신분석이론이다. 이러한 지시의 접근 자세를 객관적 태도라고 한다.

여기에서 한 가지 더 생각하지 않으면 안 되는 것이 있다. 그것은 자신을 스스로 인식의 대상으로 삼아 인식하는 소위 대자화(對自化)라고 하는 것으로 인간의 본질을 나타내는 중요한 점이 아닐 수 없다.

물론 특정의 대상을 지시하여 알아보는 것은 모든 생명체의 공통된 성향이다. 비단 식물이라고 해도 아무 곳에나 가지를 뻗거나 잎을 키우지 않는다. 그들도 나름대로 정교한 생존방식을 지니고 있으며, 이것은 그들 자신만의 대상 지시 성향이 없이는 불가능하다.

예를 들어, 해바라기 꽃이 끊임없이 태양을 향하거나 호박 넝쿨이 먼저 의지할 곳을 정하여 지지 기반을 튼튼하게 마련한 후에 뻗어 나가는 것 등이 그것이다.

그러나 이들과 달리 사람은 자신도 지시의 대상으로 여길 수 있다는 점이다. 세상의 그 어떠한 것들도 자신을 지시의 대상으로 여기지 못한다. 그러나 사람은 자신을 대상화하는 정도가 아니라 그렇게 하지 못하면 아예 사람이 되지 못한다. 바로 이 점은 의미의 이해에서 관건이 되는 점이므로 각별한 주의를 요한다.

사람이나 짐승이 어떠한 대상을 단순히 지시만 하는 경우는 없다. 지시에는 항상 그에 따른 의도가 숨겨져 있다. 공공연히 의도를 드러내는 경우도 없는 것은 아니지만 대부분의 경우 의도는 숨겨져 있다. 이것은 자신과의 이해관계가 내포되어 있기 때문이다. 즉, 모든 생명체의 지시는 먼저 자신의 이익을 돌봄에서 출발한다.

따라서 이익에 비례하여 지시하고 주의를 기울인다. 이익이 사라지면 언제든지 주의를 철회한다. 이때, 지시 대상에서 예견되는 이익의 정도나 실재의 결과 또는 그 영향을 의미라고 할 수 있다. 이처럼 의미는 자신과의 관계가 필연적으로 붙박아 있게 된다.

예컨대, 내 앞에 하나의 물컵이 있다고 가정하자. 그 컵은 나에게 어떠한 의미가 있는가. 그것은 평소 커피를 마시기 위해 즐겨 사용하던 것인가, 아니면 매각하는 경우 고가의 수입도 가능한 몇백 년 전의 골동품인가 등에 따라 그 의미가 달라진다. 그러나 만일 커피를 마시는 일이나 많은 돈이 필요 없다면 그 컵은 나에게 아무런 의미가 없다.

결국 이해관계를 벗어나면 의미는 존재하지 않는다. 다시 말해, 의미란 본래 철저하게 주관적 성격을 지닌다. 이러한 의미에서 장자(BC. 369~286)의 제물론 편에는 아무리 인간에게는 아름답게 보이는 여인일지라도 물속을 노니는 물고기나 하늘을 나는 새들에게는 그저 한갓 두려운 적이 될 뿐이라고 지적한다.

대체로 모든 생물은 거의 자신의 이해관계에 따라 상대를 의식하는 경향을 지닌다. 그러나 인간은 그러한 이해를 벗어나서도 인식이 가능하다. 이러한 인식은 인간에게 특수한 의미를 나타낸다. 이러한 의미를 조금 더 구체적으로 살펴보면 다음과 같다.

일반적으로 이해관계 속에서 외부 대상은 쉽게 가치 평가가 가능해진다. 자신의 의도를 기준으로 하여 이해의 정도를 가늠하면 되기 때문이다. 하지만 자신이 대상화되는 순간은 이야기가 판이하게 달라진다. 여기에서는 다음과 같은 두 가지 특성을 검토해 볼 수 있다.

우선, 자신에 대한 평가는 그 평가의 결과에 상관없이 무조건 받아들일 수밖에 없다는 점이다. 평가하는 자신이나 대상화된 자신이 절대로 별개일 수 없다고 하는 특이한 상황이 초래하는 결과이다. 다시 말해, 인간은 평가자이며 동시에 평가 대상이라는 특수 상황에서 어떠한 평가를 하든 그것이 곧 의미가 된다는 단서가 포착된다. 이것은 인간의 인식 능력이 갖는 독특한 점이다.

그러므로 인간은 스스로 자신이 교사라고 이름 지어 평가한 이상 만일 교사의 역할에 따른 의미가 부정되면 자신의 존재 자체가 부정되는 사태에 이른다. 또한 교사로서의 명예가 실추되면 교사의 역할을 담당할 수 없게 된다. 즉, 이름[名]과 의미[實]가 일체화되어 있다. 이러한 이름과 의미의 일체화 현상은 특히 자신의 평가에서 더욱 심한 경향을 나타낸다.

비록 다른 사람이 자신을 어떻게 인식하고 있는가에 따라 자신의 평가에 영향을 주는 것은 사실이지만 최종적으로 결론짓는 자신의 평가는 거의 절대적으로 이름과 의미가 하나로 통일된다. 따라서 스스로 존재 의미를 지니고 있지 못하는 사람은 결국 자신의 존재 가치를 상실하게 된다. 즉, 사람을 제외한 여타 존재는 그 이름과 관계없이 의미가 객관적으로 부여되므로 다양한 평가가 가능한 것임에 반해, 인간은 오직 자신이 스스로의 평가에 의하여 자신의 내면적 의미를 창출한다. 즉, 자신에 대한 외부로부터의 그 어떠한 평가도 자기 스스로의 평가를 넘어설 수가 없다. 그럼에도 불구하고 오로지 외부의 평가에 현혹되어 자신의 평가를 도외시하게 되면, 결국 파멸을 자초하는 현상이 나타난다.

예컨대, 한때 인기에 현혹되어 자신을 잊고 있다가 인기가 철회되면 자살하는 연예인이 가끔 나타나는 것이 그것이다.

이처럼 인간에게 있어서 존재 의미와 존재가 하나로 연계되어 있다는 점은 매우 중대한 사태로 인간은 자신의 존재 가치를 스스로 창출해 내야 하는 것임을 암시한다.

그러나 사람들은 이것을 알지 못하고, 다른 사람이 자신에게 의미를 부여하는 것으로 알고 자신의 노력은 외면한 채 쓸모없는 공명심을 얻기에만 매달려 있으니 안타깝기 그지없다.

이외에도 자신에 대한 스스로의 평가는 그 평가 정도가 여타의 의미까지 좌우한다는 점을 내포한다. 즉, 자신에 대한 평가가 여타 존재의 의미 발견의 발판이 된다. 다시 말하면, 자신에 대한 평가를 긍정적으로 생각하는 경우와 그 반대의 경우에 따라 서로 상반된 삶의 모습을 초래한다.

예컨대, 긍정적 의미를 얻으면 외적 대상도 가급적 긍정적 의미로 받아들이게 되며, 반대의 경우에는 역시 반대의 결과를 초래하게 된다. 그런데 문제는 긍정적 평가는 대체로 긍정적 결과를, 부정적 평가는 부정적 결과를 부른다는 사실이다.

그렇다면 어떻게 자신에 대한 긍정적 평가를 얻어낼 것인가. 이것은 한마디로 말하여 스스로 자신에게 들이는 진솔한 공력의 정도 여하에 따른다고 할 수 있다. 스스로 오랜 기간 참된 지식을 얻어 내기 위한 공력을 들일수록 긍정적 평가의 가능성이 열린다.

의미가 무엇인가를 살펴보다가 여기까지 오게 되었다. 의미는 개념을 근거로 하여 형성되며, 의도가 중심이 된다. 그러므로 책을 읽을 때 의미를 파악하는 것이 가장 중요하다. 그런데 이를 위해서는 먼저 내 몸에 일정한 공력을 쌓아 가는 과정이 필요하다는 점을 알아야 한다.

여기에서 독서의 아이러니를 생각해 볼 필요가 있다. 의미는 흔히 알고 있는 것처럼 책을 읽어서 깨닫는 것이 아니라 의미를 알고 있기에 책을 읽는 것이다. 과연 이 노릇을 어찌한단 말인가!

3. 학교교육의 방법

1) 수업의 의미

어떻게 보면 교육은 가르치는 일에서 시작되고 배우는 일에서 끝이 난다. 만일 가르치는 일에서 잘못되면 아무리 열심히 배운다 해도 그것은 오히려 학생들에게 해가 될 수 있다. 해마다 사범교육을 받고 갓 졸업한 수많은 교사가 어린 학생들 앞에 선다. 교사로서의 자질과 적성은 차치하고라도 주변의 수많은 교육의 문제를 극복해 나가는 가운데 교사의 역할을 감당해 나가야 한다. 이러한 상황에서 교사의 역할 중 핵심 부분이라고 할 수 있는 수업만큼은 절대로 양보할 수 없는 것이어서 여기에 그 의미를 밝혀 두고자 한다.

수업은 문자 그대로 무엇인가를 학생들에게 알려 주어 변화를 일으키는 행위이다. 그러한 의미에서 가르친다는 것도 이와 별로 다를 바가 없다. 비록 수업을 가르친다는 것의 한 형태로 생각하는 경향이 있기는 하지만 원래 수업(instruction)과 가르친다는 것(teaching)의 분명한 차이는 없다. 수업의 어원을 살펴보면 그 의미를 조금 더 명확하게 알 수 있다. 그것은 '바로 세우다' '물건을 쌓아올리다' '조정하다' '만들다' 등의 의미를 지니고 있던 라틴어(instruere)에서 유래한 것이다.

그리하여 오늘날에는 '훈련' '지시' '명령' 등의 명사로 사용되고 있다. 이에 비하여 가르친다는 것은 '훈육하다' '깨닫게 하다' '훈련하다' 등의 의미를 지닌다.

이상의 의미들을 정리해 보면 두 가지 중요한 점을 확인할 수 있다.

첫째, 교사가 준비하여 마음속에 간직하고 있는 어떤 것을 전달한다는 점
둘째, 학생들로 하여금 무엇인가를 깨닫도록 한다는 점

가르친다는 것은 이러한 의미를 두루 지니고 있다. 따라서 여기에서는 수업보다는 가르친다는 것을 중심으로 논의를 펼쳐 나갈 예정이다.

이미 앞서 살펴본 바와 같이 가르친다는 것은 두 가지 사태에 직면하게 되는데, 그 하나는 무엇인가를 전달하는 것이요, 다른 하나는 그것을 깨닫도록 하는 것이다. 이것을 더 구체적으로 말하면, 첫째, 교사는 전달해야 할 것을 전달해야 하며, 둘째, 그것이 무엇인지를 학생들이 잘 알 수 있도록 해야 한다. 이러한 가르침의 의미를 구체적으로 살펴보면 다음과 같다.

(1) 무엇인가를 전달하는 것

우선 '무엇인가'와 '전달하다'의 두 가지 의미로 구분해 볼 수 있는데, 전자는 이미 앞서서 교육내용, 교과, 지식, 개념, 의미 등을 통하여 밝힌 바 있으므로 여기에서는 전달한다는 것의 의미를 중심으로 살펴보기로 한다.

전달이란 언뜻 생각하기에 매우 간단한 일처럼 보인다. 특히 어떤 물건을 전달하는 경우에는 문제가 될 것이 없다. 아마 요즈음 만연해 있는 택배나 퀵 서비스 정도로 생각해도 무방할 듯하다.

하지만 교사가 학생들에게 전달하는 것은 물건이 아니라 정신적 의미이다. 물건은 완성품으로 전달이 가능하지만, 개념의 총체적 의미는 오직 부품으로만 전달이 가능하다는 점에서 주의를 기울일 필요가 있다. 따라서 학생들은 각종 의미의 부품을 전달받아 스스로 완성품을 만들어 내야 한다. 즉, 교사는 학생 스스로 총체적 의미를 조작해 내는 능력을 생성하는 단계에까지 이르도록 해야 한다.

이뿐만이 아니다. 의미의 부품들은 수시로 변하는 특성을 지니므로 이들을 하나의 완성품으로 만들어 내는 일은 그야말로 고난도의 정밀한 작업이다. 그 이유는 앞서 살펴본 바와 같이 개념 형성의 과정에서 찾을 수 있다. 기본적으로 개념 형성은 결과가 아닌 과정이라는 점에 유념해야 한다. 즉, 모든 개념은 영원히 수정에 수정을 거듭해 나아간다. 논리적으로 말하여 시간이 끊임없이 지속되고 있는 한 언제나 동일한 의미의 개념은 없다.

예컨대, '부모'라고 하는 개념은 유아기, 청소년기, 청년기, 결혼 후, 아이를 낳은 후, 자녀를 결혼 시킨 후, 손자를 본 후, 부모가 돌아가신 후, 자신이 운명할 때 등에 따라서 변화된다.

이것은 개념이 지니고 있는 의미란 유동적인 것임을 나타내고 있다. 그러나 의미를 전달하기 위해서는 부득이 이처럼 유동적인 것을 일순간 개념으로 고정해야 한다. 원래 개념은 그 의미가 유동적이라는 점에서 생명력을 지니는 것인데, 그것을 전달하기 위해 일순간이라도 고정되는 순간 그 의미가 생명력을 잃게 된다. 교사가 아무리 살아 있는 개념을 전달하려고 해도 전달하는 순간 이미 죽은 개념이 된다. 바로 이러한 점에서 교사의 가르침에는 근원적 딜레마(intrinsic dilemma)가 존재한다.

사정이 이러함에도 불구하고 무분별한 문제풀이식의 교육은 이 점을 기정사실화하고 완제품으로서의 죽은 개념만을 무비판적으로 그대로 마구 전달하기 때문에 더욱 문제가 된다.

예를 들어, 수학능력시험을 위해서 방송교육을 강화하는 것은 이 것의 대표적 전형이다. 모두가 진정으로 교육에 뜻이 있는 것이 아니라 오로지 학생들의 성적 관리에만 관심을 집중한다.

이러한 상황은 교사의 입지를 더욱 약화시킬 뿐이다. 비록 주변의 여건에 여러 가지 어려움이 있는 것은 사실이지만 교사는 정녕 어떻게 항상 살아 있는 의미를 학생들에게 전달할 수 있는가를 모색해야만 한다. 이것은 문제 그 자체 속에서 찾을 수 있다. 즉, 교사는 무엇인가 전달하는 순간을 생동적 사태로 전환시킬 수 있어야 한다. 이러한 기술이 바로 아무나 범접할 수 없는 교사의 고유한 존재 가치 중 하나에 속한다.

교사가 개념에 생기를 불어넣기 위해 전달하는 상황에서 살펴보아야 하는 것은 학생들의 언어에 동참하는 것이며, 개념과 실재를 일치시키는 것이다.

교사는 우선 무엇보다 교사의 언어가 아닌 '학생들의 언어로 다가서는' 노력을 기울이지 않으면 안 된다. 여기에서 학생들의 언어란 학생들이 사용하는 언어를 말하는 것이 아니다. 그것은 학생들이 현재 형성해 가고 있는 개념의 구성 과정에 따른 각각의 개념 수준을 의미한다. 다시 말해, 그들이 겉으로 나타내 표현하는 말과 글이 아니라 현재 특정 개념에 대하여 파악하고 있는 의미의 수준, 즉 이해의 정도이다.

따라서 교사의 역할은 가급적 이러한 이해 정도를 정확하게 가늠하는 것에서 출발해야 한다. 이것은 마치 의사가 환자의 병세를 정확하게 진단하고자 하는 성의와 능력에서 치료가 시작되는 이치와 같다.

그러므로 소위 학생들에 대한 진단이 정확한 단계에 이르지 못하면 그 어떠한 경우에도 학생들이 기존에 이미 지니고 있던 그 개념의 의미 수준에서 단 한 걸음도 더 진전시킬 수가 없다.

따라서 교사는 무엇보다 다음과 같은 학생들에 대한 관심과 교수의 열정이 요구된다.

교사는 우선 학생들의 사고 수준을 가능한 정확하게 파악해야 한다. 이를 위해서 조금 더 구체적으로 그들의 감각, 지각, 인식, 사고 등의 능력을 느낌으로 알 수 있을 정도에 이르도록 노력해야 한다. 이것이 비록 단 시간에 이루어지는 것은 아니지만 가르침의 필수 전제 조건이기에 절대로 피해 갈 수 없다.

감각은 주로 시각과 청각 능력을 점검해 보고, 지각은 공간, 형태, 색, 움직임, 기호, 소리, 방향, 고저, 장단 등의 순간적 파악 능력을 의미하나 주로 부분과 전체의 관계 파악 능력을 확인해 볼 필요가 있다. 인식은 개념의 이해력을 통하여 살펴보고, 사고는 평소 창의적 행동과 독창적 성향을 확인해 봄으로써 가능하다.

이러한 것은 원칙적으로 개인별로 종합적 특성을 파악해야 한다. 그렇게 되면 그들의 각각의 약점과 장점을 알 수 있고, 이것을 기초로 정확한 의미를 전해 줄 수 있게 된다.

(2) 무엇인가를 깨닫도록 하는 것

다음은 가르쳐서 깨닫도록 하는 방안에 대한 탐색을 할 수 있는 기초가 마련되었다.

많은 사람이 흔히 타고난 재치와 유머가 넘치는 입담으로 가르치는 것을 명강의라고 하며, 이것을 잘 가르치는 것으로 오해한다. 그러나 학생들을 가르친다는 것은 먼저 그들로 하여금 바른 사고를 할 수 있도록 하고, 그를 통하여 맑은 정신이 깃들도록 하는 것임으로 그 과정은 매우 솔직하고 성실해야만 하는 것 이외에 다른 길이 없다.

잘 모르는 사람들이 학생들을 가르치고 공부시키는 방법에 무슨 뾰족한 수가 있다고 착각하고 일없이 학생들의 환심을 사는 교수법이야말로 최상이라고 호도하는 것을 간혹 목도하게 되고, 심지어는 이것을 강요당하기까지 하는데, 이는 매우 안타까운 일이다. 물론 때로 걸출한 입담이 요구되기는 하지만 그것이 주류가 되어서는 안 된다.

학생들이 학습을 통하여 깨닫는다는 것은 기본적으로 교과의 중심이 되는 개념을 자신의 개념체계에 삽입하여 일정한 구조를 이루게 하는 것이 전부이다.

이미 앞에서 언급한 바와 같이 가르침에 있어 중요한 것은 먼저 학생들이 바른 생각을 할 수 있는 길을 열어 가는 일이다. 이것은 기본적으로 학생들 스스로 특정 대상에 대한 의식의 집중과 인식 그리고 그에 따른 사고활동의 작동이 요구된다.

그런데 의식을 집중하든 생각하든 간에 이 모든 것은 학생 스스로의 자율적 판단과 능력에 의해 이루어진다는 점을 주시해야 한다. 교사는 다만 이러한 일련의 과정이 보다 명확하게 또는 보다 올바른 방향으로 진행되어 나가도록 돕는 역할을 담당한다.

이를 위하여 교사는 기본적으로 먼저 파악한 학생들의 사고 수준에 알맞은 교수 자료를 제공하고, 다음은 학생들의 생각이 그것과 어떠한 차이가 있는가를 살펴볼 수 있는 기회를 충분히 제공하는 것이 필요하다. 이에 대하여 조금 더 구체적으로 살펴보면 다음과 같다.

교사는 우선 교과의 개념은 그 자체가 특정의 문화이고, 이것은 또한 그 나름의 일정한 개념체계를 요구한다는 점을 분명하게 인식하고 있어야 한다. 뿐만 아니라 학생들 또한 먼저 그와 연계되어 있는 문화적 배경지식이 선행되지 않으면 안 된다. 이러한 배경지식의 파악에는 그것의 관계된 개념의 실재를 직접 경험해 보는 것이 무엇보다 중요하다.

그러나 교과서에는 이러한 배경지식이 배제된 채 오로지 개념의 의미체계만을 나타내고 있기에 개념보다는 실재의 세계에 보다 익숙한 학생들은 자연히 인식의 한계를 드러낼 수밖에 없다. 다시 말해, 교과서의 내용들은 학생들에게 의미 없는 개념들의 나열에 불과하다. 이것은 어떤 의미에서 학생들에게는 당연한 현상일 수밖에 없다.

따라서 학생들의 인식에 생동감이 넘치도록 하기 위해서는 배경지식의 파악은 물론 개념과 그 실재가 하나로 일치되도록 해야 한다. 그러나 이러한 사태는 그렇게 쉽게 형성되는 것이 아닐 뿐만 아니라 개념은 이미 실재를 벗어나 추상화된 상태이기 때문에 실재의 확인에 한계가 나타난다. 이처럼 실재와 개념의 괴리를 직접 확인할 수 없는 상황이 교육 사태에서는 비일비재하다.

이러한 상황에서는 설령 학생들이 어떠한 개념을 인식했다 해도 그것은 단지 암기 수준의 죽은 지식의 상태로 남아 있게 된다.

따라서 교사만큼은 적어도 실재와 개념의 괴리를 뚜렷이 인식하고 그에 따라 지식의 구성 개념들을 현실에 정확하게 반영할 수 있어야 한다. 이를 위해서는 개념의 논리적 타당성을 가급적 현실에서 찾지 않으면 안 된다.

비록 학생들에게 직접 경험의 기회는 제공하기 어렵다고 해도 개념의 내포와 외연을 명확하게 구분해 주고, 다양한 사례와 직접 검증해 볼 수 있는 방안들을 알려 주어 학생들 스스로 확인해 보고 이해할 수 있을 때만이 비로소 깨달을 수 있는 단계에 이른다. 모든 배움이 기본적으로 과학의 성격을 벗어나기 어려운 것은 바로 이러한 이유 때문이다.

따라서 학생들이 스스로 개념을 정리할 수 있도록 교사의 사고 수준과 연계된 교수 자료와 학생들의 사고 수준에 따른 검토 결과를 상호 비교할 수 있는 기회를 조성해 주어야 하는 것은 필수적이다. 상호 어떠한 의미 차이가 있는가를 확인할 수 있도록 하는 것은 바로 실재와 개념의 괴리를 확인하는 과정을 대변하는 성격을 띠는 것이기 때문이다.

그러므로 교사가 지도하고자 하는 개념에 대하여 사전 사후에 어떠한 생각의 변화가 나타나는지를 발표할 수 있도록 기회를 마련해 주는 일이 중요하다. 이러한 때에는 그렇게 된 근거나 합당한 이유를 열거할 수 있도록 유도해야 한다. 어떠한 의미에서 교사의 역할은 여기에서 끝이 난다.

이러한 과정이 어느 정도 반복적으로 이루어지면 이제 학생들은 교사와 비교하는 과정이 없어도 자신이 지니고 있는 개념이 여러 가지 문제가 있음을 스스로 의식하는 단계에 이르게 된다. 이 단계에 들어서야 비로소 맑은 정신을 확보하는 계기를 마련하게 된다.

이러한 수준에서 계속 정진해 나가면 세상을 볼 수 있는 새로운 사고의 틀이 저절로 형성되고 여기에서 한발 더 성숙하면 감히 다른 사람들이 쉽게 넘볼 수 없는 단계에까지 이르게 된다. 이 단계의 한 가지 분명한 특징은 이제 감각자극을 벗어나도 인식하게 된다는 점이다.

교사가 학생들을 가르치는 궁극의 목표가 바로 이 지점이라는 것을 명확하게 인식하지 못하는 한 그 어떠한 가르치는 방법에 대한 강구도 공염불에 그치고 만다.

모든 교사가 이러한 단계에 이르는 제반 과정을 명확하게 인식할 수 있는 날이 하루속히 오기를 목마르게 고대할 뿐이다.

여기에서 한 가지 더 확인해 둘 것은 앞서 언급한 교사의 제반 교수 능력은 기본적으로 자신의 전공을 자유자재로 다룰 수 있는 실력에서 비롯된다는 점이다. 다시 말해, 교사의 교수활동은 학생들로 하여금 교과서의 내용을 과학으로 변환하여 그 의미를 스스로 이해하여 살아 있는 지식으로 승화될 수 있도록 하는 경우에만 비로소 의미가 있는 것임을 놓쳐서는 안 된다.

이쯤 되면 무엇인가 의미를 전달한다는 것과 깨닫도록 한다는 것은 결국 동일한 실체의 다른 표현임을 알 수 있을 것이다. 즉, 교사는 가르치고자 하는 것에 대하여 그 누구보다도 철저하게 관련 개념체계를 과학적으로 파악하는 것이 곧 잘 가르치는 것이 된다.

그러므로 교사가 학생들의 개념 수준을 비교적 명확하게 파악하고 동시에 전달할 내용에 관계되는 개념의 실체를 제대로 알고 있다면 가르침의 반은 확보된 셈이다. 다시 말해, 항상 교재 연구에 진지하게 몰두하는 열정적 자세, 학생들의 마음을 직감적으로 파악할 수 있는 능력 이 두 가지는 세상의 모든 교사가 절대 놓칠 수 없는 그런 것이다. 교사의 존재 가치는 바로 여기에서 찾을 수 있다. 가르치는 일은 이와 같은 맥락에서 결코 벗어날 수 없다.

제 아무리 좋은 교수 기술이 도처에 산적해 있다고 해도 이러한 점에서 실패하면 아무런 의미를 찾을 수 없다. 교사가 가르친다는 것이 무엇인지를 좀 더 깊이 생각해 볼 필요가 바로 여기에 있다.

하지만 이 순간에도 남모르게 교사 본연의 역할에 충실하기 위해 노력하고 계신 분들이 많이 있다는 생각은 감출 수가 없다.

2) 수업의 목적

사회가 교사에게 요구하는 것은 한두 가지가 아니다. 생활상담, 인성지도, 학과지도, 특기지도, 사회봉사, 교과 연구, 각종 행정업무처리, 진로지도, 여가선용 및 취미지도, 건강지도, 예절지도 등 이루 헤아릴 수가 없을 정도이다. 하지만 이러한 요구 이전에 먼저 교사 자신이 자문해 보고 명확하게 알고 있어야만 하는 것이 있다. 그것은 바로 가르치는 일을 도대체 왜 하는가 하는 것이다.

물론 교사도 생활인이기에 일반 직장인들처럼 소정의 급료를 바라고 정해진 교안대로 교과를 가르치면 그만인 것처럼 생각할 수는 있다. 하지만 교사의 생명은 끊임없는 자기반성을 통하여 매일 자신을 보다 사람다운 사람으로 거듭날 수 있도록 매진해 나가면서 동시에 학생들에게 그러한 삶을 보여 주는 존재라는 점에 있다. 교사가 만일 이 점을 소홀히 한다면 그 순간 그는 이미 교사의 자격을 상실하게 된다고 볼 수 있다.

이러한 의미와 관련하여 교사가 학생들을 가르치는 이유를 조금 더 구체적으로 살펴볼 필요가 있다.

이미 교육목적과 관련하여 밝힌 바 있듯이 후학들에게 무엇인가를 가르치는 확실한 이유 중의 하나는 그들이 잘 살아나갈 수 있도록 하기 위함이다. 그런데 잘 산다는 것은 말처럼 쉽게 알 수 있는 것은 아니다. 그저 간단히 줄여서 말하면 천지 만물과 함께 조화를 이루어 가며 살아가는 것으로, 조금 더 정확히 말하여 자신의 삶의 질을 높여 나감과 동시에 천지 만물의 삶에 보탬이 되도록 하는 삶이어야만 하는 것이다. 그 이유는 자연 자체의 의미에 내재하여 있다.

우리가 세상에 태어나기 이전에 이미 자연은 거기에 있었다. 요즈음은 초등학교 교과명도 많이 바뀌어 자연이라는 교과가 없어지고 그 대신 과학이라고 하지만 그 옛날에는 자연이 있었다. 그 교과에는 배추흰나비의 한살이, 날씨의 변화, 지구의 공전과 자전, 별자리와 은하수 등 문자 그대로 자연이 있었다. 듣기만 해도 좋은 자연 바로 그것이었다.

하지만 요즈음의 자연은 지구의 공전과 자전만이 겨우 명맥을 유지한 채 배추흰나비는 농약으로 찾아보기 어렵다. 날씨의 변화는 엘니뇨(El Niño)와 라니냐(La Niña) 현상으로 대치되고, 태양광선은 오존층 파괴와 온난화로 얼룩지고, 바다의 밀물과 썰물은 쓰나미(つなみ)나 적조 현상으로, 장마는 무차별 홍수와 게릴라성 호우로, 산과 들은 지진과 붕괴 등 이상 현상이 속출되고 있다. 또한 맑은 하늘의 별자리와 은하수는 공기 오염으로 고성능 천체 망원경으로나 볼 수 있게 된 것이다. 자연과 관련된 이와 같은 각종 신조어의 등장은 인간이 자연을 배신한 업보이다.

원래 자연은 그냥 자연이었다. 모든 존재를 구성하는 원료가 지니고 있는 기(氣)의 일정한 조건을 스스로 형성하고, 이것이 형성되면 그에 따른 생성과 소멸의 변화를 거듭하는 것이 자연이다. 이러한 변화는 어느 한 개체의 입장에서 보면 생성과 소멸의 현상이 되는 것이나 자연 본체에서 보면 생멸이 아닌 기(氣)의 변화에 불과한 것이 된다. 다시 말해, 생사라고 하는 사태가 각 개체에게는 절체절명의 문제이지만 자연에게는 일상의 상대적 변화 과정이 된다.

　그리하여 모든 자연의 존재는 본원적으로 동일한 것이나 다만 형상이나 기능이 다를 뿐, 때가 되면 또 다른 형상으로 변해 가는 불완전한 존재이다. 이러한 의미에서 자연은 유한한 인간의 언어로 형용할 수 없는 그 무엇이다. 다만, 인간은 자연에서 그들의 삶을 조명하기 위한 수단적 준거로서 다양한 의미를 취하는 것뿐이다.

　여기에서 인간의 의미는 무엇인가. 아무리 인간이 자신을 만물의 영장이라고 외쳐도 인간도 역시 자연이다. 다른 생물과 같이 어느 순간 덧없이 태어나고 덧없이 죽어 가는 하나의 생명체이다.

　이러한 점에서 인간도 분명 자연임에도 불구하고 다른 생명체와 구분되는 점이 한 가지 있다. 그것은 인간 이외의 모든 자연은 전적으로 자연의 틀 속에서 존재하나 인간만큼은 그것을 거부한다는 점이다. 모든 생사에 따른 생성과 소멸을 자연의 변화 과정에 따르는 여타 존재와는 달리 인간은 꾀를 내어 그것을 거부하려 한다.

　이러한 꾀는 대체로 이기(利己)와 창의성의 두 가지 요소를 지닌다. 문제는 바로 이기에서 나타난다. 자연은 오직 그 자체 변화를 주도하여 나가는 가운데 창의적 또는 창조적 요소를 지닌다. 하지만 여기에 이기라는 것은 본원적으로 존재하지 않는다. 자연은 단지 무심한 변화일 뿐 어느 특정의 개체에 의미를 부여하지 않는다. 이를 노자는 천지불인(天地不仁)이라고 하였다.

그럼에도 불구하고 인간은 이기를 고집하여 자연의 준엄한 법칙을 거부하려 한다. 이로 인해 과욕을 꿈꾸고, 자연을 파괴하여 자신과 타인을 파멸로 이끄는 결과를 초래한다. 따라서 여기에 바로 '이기심의 통제'라고 하는 인간의 본질 문제가 대두된다. 이것은 얼핏 생각하면 매우 간단한 일로 보인다. 하지만 인간에게 있어 이처럼 극복하기 어려운 난제는 또 다시 없다고 보면 거의 틀림이 없다.

우리가 사람을 가르치는 이유는 바로 여기에 있다. 사람을 사람답게 만든다는 것은 다름 아닌 자신만을 생각하는 이기심을 적절하게 통제할 수 있는 능력을 지니도록 만드는 것이다. 이러한 통제력이 생기면 다른 사람을 나의 입장에서 고려하고, 하찮은 동식물도 소중하게 생각할 줄 아는 사람이 된다.

그러므로 국어를 가르치는 것은 단순히 말을 잘하라고 가르치는 것이 아니라 언어를 활용하여 보다 반듯한 생각을 할 수 있는 능력을 갖도록 하는 데 주목적이 있다. 여기에 아름다운 시, 수필, 소설 등이 요구되는 것임을 분명히 알아야만 한다.

또한 수학을 가르치는 것은 단순히 순발력 있는 계산 능력을 가르치기 위함이 아니라 치밀하고 정직한 생각을 할 수 있는 능력을 갖도록 하는 데 주목적이 있는 것이다. 여기에는 수, 도형, 길이, 부피, 무게 등의 관계를 명확하게 이해할 수 있는 능력이 요구된다.

특히 과학은 자연의 엄연한 변화의 법칙을 통하여 자신의 정체를 명확하게 깨닫도록 하는 것이 주목적이지, 온갖 기교를 찾아내 자연을 통제하는 능력을 기르게 하는 것이 결코 아니다. 그럼에도 불구하고 날이 갈수록 학교교육은 첨단 기술이라는 기치를 앞세워 수많은 젊은 인재를 기술 개발의 경쟁 속으로 내몰고 있다.

다시 한번 강조하여 말하자면, 우리가 후학들에게 무엇인가를 가르치는 확실한 이유 중의 하나는 그들이 천지 만물의 자연과 함께 조화를 이루어 가며 잘 살아나갈 수 있도록 하기 위함이다. 그것은 오로지 자신의 삶의 질을 높여 나감과 동시에 천지 만물의 삶에 보탬이 되도록 화육(化育)에 동참하는 삶이어야만 한다. 그 이유는 우주 만물은 그 근원이 하나로서 기(氣)에 따라 순간적으로 그 모습을 달리하고 있으므로 그 어느 것이나 서로 하나가 되려는 경향성을 지니고 있기 때문이다. 그 경향성의 본질은 사랑이고, 그것은 자신과 타자를 동시에 살리는 힘이 된다.

그러나 많은 사람이 자신의 이기심으로 이러한 삶에서 멀어지고 결국은 파멸을 자초하는 불행을 면치 못한다. 따라서 적어도 이러한 분명한 이유를 알려 주는 일에 성공하지 못한 교육은 실패한 교육이다.

이러한 의미에서 교사는 국어, 영어, 수학, 과학, 예체능 등 어느 교과를 가르치든 그것이 학생들의 잘 사는 삶, 즉 자신의 삶을 살찌우고 동시에 그것이 타인의 삶과 조화를 이루는 삶으로 연결되지 않는다면 그 가르침은 한갓 헛된 일에 지나지 않을 뿐이다.

그러나 문제 풀이 중심의 교육, 학생들을 하나의 인적 자원으로 생각하는 무지한 태도, 첨단 기술 개발에 인생을 담보하는 젊은이들을 양산하는 교육, 교육은 곧 취업이라는 등식을 당연시하는 사고방식 등의 풍조가 이 땅에서 사라지지 않는 한, 아마도 진정한 교육은 허공을 맴도는 하나의 환상에 지나지 않는다는 생각이 든다.

3) 수업의 심리적 구조

교사의 여러 가지 역할 중에서 가르치는 일이야말로 핵심적인 것이 아닐 수 없다. 아무리 여러 가지 능력을 지닌 교사라고 할지라도 만일 가르치는 일에서 실패한다면 교육의 모든 것이 허사로 끝을 맺게 된다. 따라서 교사는 한번쯤 학생들을 어떻게 가르쳐야 하는 것인가를 생각해 보지 않을 수 없다.

주지하다시피 가르치는 일은 두 가지 사태가 혼재하는 상황을 말한다. 그 하나는 교사가 가르치는 것이고, 다른 하나는 학생들이 학습하는 것이다. 그런데 이러한 교수-학습 상황에서 대부분 전자에 많은 관심을 쏟는 것에 비해, 상대적으로 후자에는 다소 소홀하게 생각하려는 경향을 지닌다. 그 까닭은 교사는 교수가 우선이고, 그 후에 나타나는 학습은 학생의 개별 문제라고 간단히 여기는 것으로 판단된다.

여기에서 한 가지 중요한 사실을 발견할 수가 있다. 교사가 기본적으로 학생들의 학습은 자신의 가르침에 종속되어 있다고 생각하면서도 학습의 결과는 학생들의 책임으로 여긴다는 점이다. 다시 말해, 학습의 결과가 좋을 때는 자신의 교수 능력으로 생각하면서 그 반대의 경우에는 학생들의 학습 능력으로 생각하는 것이다. 이러한 모순은 교수-학습에 대한 정확한 이해의 부족에 기인한다. 교수-학습은 학습이 교수에 종속되는 것이 아니라 교수가 학습에 종속되는 것이라는 점을 알지 않으면 안 된다. 다시 말하면, 학습이 발생하지 않는 상황에서 교수는 무의미하다.

따라서 교사는 학습이 발생하는 상황에 대한 정확한 이해를 요한다. 학습은 기본적으로 새로운 내·외적 상황을 감각하여 인식하고 그것을 사고하는 과정이다. 이러한 과정을 도표화하여 나타내면 다음과 같다.

```
┌─────────────────────────────────────────────────────────────┐
│ ┌────────┐                                                    │
│ │ 신체 기능 │  신체 → 신경 → 의식 → 정신 → 신체 → 신경 →        │
│ └────────┘         ↘    ↕↓   ↕↓    ↘                        │
│ ┌────────┐                                                    │
│ │ 정신활동 │          감각 → 지각 → 인식 → 사고 → 감각         │
│ └────────┘                                                    │
└─────────────────────────────────────────────────────────────┘
```

[그림 7-4] 신체와 정신의 관계

[그림 7-4]는 신체와 정신의 중층구조를 나타내고 있다. 이것을 조금 더 구체적으로 설명하면 다음과 같다.

먼저, 정신활동에 의한 사고에 이르기까지의 단계를 보면 사고는 감각에 기초하고 있음을 알 수 있다. 감각은 신체의 감각기관과 신경조직의 협동 작업에 의해 이루어지며, 단위 신호가 발생하여 신경을 자극하는 사태를 말한다. 그러나 이것은 의식이 발아되어 최고의 신체 기능인 정신이 발현된 이후가 아니면 안 된다.

지각은 감각에서 이루어진 단위 신호들이 모여 뇌에서 일정한 그룹을 형성하는 것을 의미한다. 이것은 감각과 달리 다소 정신의 통제가 요구된다. 물론 이때 발생된 신호들은 각 감각기관에서 바로 전기적 신호로 변환되고 뇌에 전달된 이후 바로 다시 본래의 단위 신호로 변환된 이후 그룹을 형성한 상태로 보아야 한다. 하지만 아직까지는 감각되었을 때의 원시 신호를 그대로 유지하고 있는 상태이다. 따라서 이때는 주로 형상적 신호의 모습을 띠고 있다.

인식은 원시 상태의 그룹 신호를 분석한 후 단위 신호별로 각자 기호로 변환하여 대상의 본질에 대한 다양한 탐색과 검증을 완수한 단계를 의미한다. 여기에서는 감각적 신호와 일정한 기호들이 이성의 합리나 당위의식이 개입되어 조직됨으로써 나름대로의 의미체계가 형성된다. 이러한 상태를 흔히 개념이라 한다.

사고는 감각과 관계없이 이미 형성되어 있는 개념과 개념 간의 관계를 새롭게 조명해 보는 것을 말한다. 간단히 말하면 개념 간의 관계를 새롭게 설정하는 것이다.

다음으로 신체 기능에 의한 정신이 형성되기까지의 흐름을 보면 이것은 인간의 신체 구조 자체에 뿌리를 두고 있음을 알 수 있다. 신체 조직에는 이미 일정 부분 신경조직이 구성되어 있다. 이 중에서 감각기관이나 뇌는 정보의 접수와 처리를 담당한다. 이러한 신경조직이 일상생활 속에서 건강한 신체를 유지하면 모종의 의식이 싹트게 되는데, 이것은 자신을 기준으로 하여 내·외적의 사물들이 자신과 하나가 아닌 다른 것임을 감지하는 일종의 분별 능력으로 정신의 기초가 된다.

의식은 신체 상태가 양호해짐에 따라 점차 활성화되기 시작한다. 따라서 신경조직이 활성화되어 감각이 예민해지는 것은 의식이 고조되는 것에 따른 것이다. 이러한 의식은 비록 정도의 차이는 있으나 모든 동물에게서도 찾아볼 수 있다.

정신은 신경을 통제하는 본부이다. 이것은 신경조직이 의식을 부르면 그 의식이 고조되는 상태로서, 한마디로 신경조직 내에서 각종 정보의 소통이 원활하게 이루어지는 상태를 말한다. 이러한 상태에서는 소통되는 정보의 특성이나 수량을 가늠하고 통제할 수 있는 능력이 생성된다. 다시 말해, 특정 정보에 대하여 의식을 집중하거나 도외시하게 되고 또는 소통 정보의 정도를 조절할 수도 있게 된다. 이것은 신경이 집중되어 있는 조직인 뇌가 지닌 일종의 능력으로 어디까지나 신경의 작용이 활성화됨으로써 가능해진다.

물론 순서상으로 볼 때, 먼저 신체가 조화롭게 형성되고 그에 따라 신체 각 부위의 활동이 원만히 진행되어 의식이 발생되고 의식이 싹틈에 따라 정신이 깃들고 정신이 있어야 신경이 활성화되는 것이지만, 이 모든 과정은 근본적으로 신경의 작용에 의해 비로소 가능하다.

그런데 정신은 신경의 활성화에 의한 것임에도 불구하고 바로 그 신경을 통제하는 기능을 담당한다는 점에서 특기할 만한 존재이다. 어떤 의미에서 정신은 바로 신경의 활동 그 자체라고도 할 수 있다.

정신은 단지 여기에서 그치는 것이 아니다. 정신은 사고 수준과 밀접한 관계를 갖고 있다. 이것 또한 정신의 특기할 만한 점이다. 간단히 말하면 신경이 예민해야 바른 감각이 이루어지고 이것이 가능해야 올바른 사고에 이를 수 있다. 이때, 신경이 바르게 작동하도록 명령하는 것이 맑은 정신이다.

그런데 이러한 맑은 정신은 올바른 사고 수준을 유지할 수 있을 때 비로소 가능해진다. 따라서 감각, 사고, 정신은 상호 불가분의 밀접한 삼각관계를 형성하고 있으며, 이 가운데서 정신이 핵심적 의미를 지니고 있음을 알 수 있다. 즉, 정신은 사고와 신경의 총체적 지휘체계이다. 교사가 정신에 특히 관심을 두어야 하는 이유가 바로 여기에 있다.

그러나 어찌하랴! 누구나 개념적 인식에 의한 사고보다 감각적 자극에 의한 쾌감이 더 분명하게 다가오는 것을……

4) 맑은 정신 심어 주기

그렇다면 교사가 진정으로 가르쳐야 하는 것은 무엇인가. 그것은 학생들에게 자양분이 되는 맑은 정신이어야 한다. 한마디로 말해, 교사는 학생들에게 맑은 정신을 심어 주는 일을 담당하는 전문가이지 않으면 안 된다. 맑은 정신이란 무엇인가. 이것은 기본적으로 실체를 가급적 있는 그대로 볼 수 있도록 하는 개념체계를 형성하는 능력이다. 이것은 다음과 같은 세 가지 단계를 거쳐서 형성된다.

첫 번째 단계는 목적과 수단의 연결하에 형성된 개념체계를 형성하는 것이다. 이것은 삶의 지극히 자연스러운 단계로 다른 사람들이 자신의 목적 달성을 위해 그에 따르는 장애와 난관을 어떠한 수단과 방안을 강구해 극복해 나갔는가를 살펴보고, 자신도 그렇게 행하여 봄으로써 기존의 개념 세계를 숙지해 나가는 단계이다.

이러한 과정을 통하여 주변 사물에 대한 기본적 개념을 형성하게 된다. 따라서 이 단계에서의 개념 특징은 현실적 이익을 우선적으로 고려하여 형성된 것으로 편협한 인식을 내포하고 있다는 점이다. 그리하여 이 단계에서의 결정적 약점은 끊임없이 목적과 수단의 연결고리가 형성됨으로 인하여 목적 설정은 물론 목적과 수단의 정당성에 대한 가치판단의 구속을 벗어나지 못한다는 점이다. 좀 더 구체적으로 말해 자신의 요구는 올바른 것이며, 그를 얻기 위한 수단 역시 합당한 것인가에 대한 고려를 미처 인식하지 못한다.

두 번째 단계는 보다 정당하고 합리적인 요구와 수단의 강구는 무엇인가에 대한 반성이 깊어지면서 나타나는 반성적 단계이다. 이 단계에서는 자신이 당연한 것으로 생각하고 있던 목적과 수단의 틀에 연계된 개념이 실체를 반영하는 데 많은 문제가 있는 것임을 깨닫고 자신이 지금까지 추구해 오던 목적과 그 수단을 통렬히 비판하는 수준에 이르게 된다. 그리하여 지금까지의 목적과 수단의 연결고리를 허물고 과연 인간이 일생을 통하여 실현해야 하는 것은 무엇인가 또는 어떻게 실체의 진실한 모습에 한발 더 다가설 수 있는가 등을 심각하게 생각하게 된다.

이러한 단계에 이르러 생각이 더욱 깊어지면 두 가지 특징적 현상이 나타난다. 인식 대상에 대한 시야의 폭이 확대되어 관계적 의미를 찾아 나서고, 또한 장기적 관점에서 사물을 생각할 수 있는 능력이 싹트게 된다. 한마디로 주관적 틀을 벗어나 보편적 의미를 추구할 수 있는 세 번째 단계에 이르게 된다.

이 단계가 어느 정도 성숙되면 세상의 여러 가지 현상을 비교적 편견 없이 바라보고 그 본질을 꿰뚫어 볼 수 있는 능력을 지니게 된다. 이러한 능력이 형성되면 지금까지의 개념체계와는 전혀 다른 새로운 개념체계를 자신의 몸속에 형성해 나감으로써 비로소 맑은 정신의 소유자로 변신이 가능하게 된다.

교사의 황금보다 빛나는 존재 가치는 바로 자신과 남을 이러한 인간의 숭고한 가치로 변환시키는 연금술사라는 점에서 찾을 수 있다.

이러한 의미에서 볼 때, 우리가 흔히 고등학교까지의 보통교육이라는 것은 첫 번째 단계에서 목적과 수단의 연결하에 형성되는 개념체계를 충실하게 익히도록 하고 나아가 그러한 것들의 문제를 어느 정도 인식할 수 있도록 하는 것으로 볼 수 있다. 또한 대학 이상의 고등교육이라는 것은 그러한 방편적 인식의 틀을 벗어나 자유롭게 진실을 추구해 나가도록 하는 두 번째 단계의 연마를 통하여 성숙되는 세 번째 단계의 맑은 정신의 소유자를 기르는 것임을 알 수 있다. 대학을 일컬어 '진리 탐구의 전당'이라는 것은 바로 이 때문이다.

　사정이 이러함에도 우리의 교육 현실은 밤낮 첫 번째 단계 수준의 기본적 개념 형성에도 실패하고 있는 실정에 있으니 이 어찌 염려하지 않을 수 있겠는가. 하늘이시여 부디 우리 한민족만이라도 굽어 살피시옵소서!

찾아보기

저자 소개

함세정(Ham Sei Jeong)

경인교육대학교 졸업
동국대학교 교육학과 졸업
동국대학교 대학원 졸업(교육학 박사)
내기초등학교 교사
한국교육개발원 연구원
충청대학교 유아교육과 교수
출강: 경인교육대학교, 서울교육대학교, 충북대학교, 한국교원대학교,
　　　홍익대학교 등

교육과 공부
INQUIRY AND PRAXIS A Primer on Education

2019년 4월 10일 1판 1쇄 인쇄
2019년 4월 15일 1판 1쇄 발행

지은이 • 함세정
펴낸이 • 김진환
펴낸곳 • (주) **학지사**
　　　　04031 서울특별시 마포구 양화로 15길 20 마인드월드빌딩
대표전화 • 02)330-5114　　　　팩스 • 02)324-2345
등록번호 • 제313-2006-000265호

홈페이지 • http://www.hakjisa.co.kr
페이스북 • https://www.facebook.com/hakjisa

ISBN 978-89-997-1820-5　93370

정가 14,000원

이 도서의 국립중앙도서관 출판시도서목록(CIP)은 서지정보유통지
원시스템 홈페이지(http://seoji.nl.go.kr)와 국가자료공동목록시스템
(http://www.nl.go.kr/kolisnet)에서 이용하실 수 있습니다.
(CIP 제어번호: CIP2019012357)

교육문화출판미디어그룹 **학지사**
심리검사연구소 **인싸이트** www.inpsyt.co.kr
원격교육연수원 **카운피아** www.counpia.com
학술논문서비스 **뉴논문** www.newnonmun.com
간호보건의학출판 **학지사메디컬** www.hakjisamd.co.kr